LA SŒUR MARIA

DE LA CONGRÉGATION

DES SŒURS DE SAINT-PAUL

DE CHARTRES

Par M. ABEL GAVEAU

PRÊTRE

PARIS
E. PLON et Cie, IMPRIMEURS-ÉDITEURS
RUE GARANCIÈRE, 10

—

1877
Tous droits réservés

LA SŒUR MARIA

L'auteur et les éditeurs déclarent réserver leurs droits traduction et de reproduction à l'étranger.

Ce volume a été déposé au ministère de l'intérieur (sect de la librairie) en janvier 1877.

Paris. — Typographie de E. Plon et Cie, rue Garancière, 8

LA

SOEUR MARIA

DE LA CONGRÉGATION

DES SŒURS DE SAINT-PAUL

DE CHARTRES

Par M. ABEL GAVEAU

PRÊTRE

PARIS

E. PLON et Cie, IMPRIMEURS-ÉDITEURS

10, RUE GARANCIÈRE

—

1877

Tous droits réservés

DÉCLARATION.

Je soumets cet humble écrit au jugement du Saint-Siége, et je désavoue à l'avance ce qui, contre ma volonté, ne serait pas entièrement conforme à la doctrine de l'Église. Vivre et mourir dans la plus filiale obéissance à cette auguste Mère et à son Chef suprême infaillible, est ma seule et très-douce ambition.

PRÉFACE

Le souvenir de la Sœur Maria est resté gravé en caractères ineffaçables dans le cœur de tous ceux qui l'ont connue.

C'est là que nous avons puisé tout le contenu de ce volume.

Souvent, quand il se rencontre un grand caractère, un esprit élevé, des mains respectueuses sont là pour recueillir par écrit, à mesure, ses paroles et les traits de sa vie. C'est la consolation élémentaire de l'admiration et de l'amour.

Rien n'a été écrit par les Religieuses de Saint-Paul sur la Sœur Maria, de son vivant. La pieuse Congrégation semble vouloir tout sacrifier au bonheur d'être oubliée; et ainsi, nous le répétons, sauf les lettres de la Sœur Maria et quelques pièces officielles, il n'y a eu d'autres archives pour écrire sa vie que les cœurs de ceux qui l'ont connue intimement.

Ils sont nombreux.

On comprendra sans peine à quel point c'était pour nous une chose touchante d'entendre ces milliers de dépositions émues, de la bouche de religieuses, de magistrats, de prêtres vénérables, d'hommes du monde, de femmes distinguées, de pauvres surtout, d'enfants, de personnes enfin appartenant à toutes les classes de la société.

Les sept ou huit années de silence qui s'était fait autour de la mémoire de la Sœur Maria, depuis son heureux départ pour la céleste patrie, n'ont rien enlevé à la vénération et à l'amour que les pauvres et les amis des pauvres lui ont voués.

Nous l'avons pleinement constaté.

Et toutes ses paroles, tous ses actes nous ont été transmis avec toute la fraîcheur du jour où ils se sont produits, mais aussi avec ce cachet précieux de recueillement et de solennité que le temps donne toujours à ce qu'il marque de son sceau. Oui, en entendant ceux qui nous parlaient d'elle, et en écrivant en quelque sorte sous leur dictée, nous aurions cru tout ce qui était raconté arrivé seulement hier, tant l'impression est demeurée vivante !

C'est le caractère original de ce récit.

Rien, au reste, n'a été épargné, nous croyons pouvoir le dire avec simplicité, pour avoir la vérité. Avec ces âmes qui aiment tant Dieu, et qui font au pauvre, auquel Dieu se substitue, tout ce qu'elles feraient à Dieu, objet de leur virginal et incomparable amour ; avec ces âmes, disons-nous, le narrateur chrétien a toujours, pour intéresser et attendrir son lecteur, assez de choses pour ne pas mettre dans le choix de celles qu'il lui présente la plus austère discrétion. Il est peu de traits dans cette histoire que nous ne nous soyons pas fait répéter au moins par dix personnes différentes de position, d'habitation, et de caractères divers. La ressemblance des témoignages avait un degré saisissant.

Nous osons penser que ce livre vient à son heure. Oui, en face de l'ingratitude contemporaine, — c'est tout ce que nous voulons dire ici sur ce douloureux sujet, — cette douce apparition de la charité, dans la personne de la Sœur Mariâ, n'est pas sans à-propos. C'est Chateaubriand qui, à la vue de femmes admirables comme celle-ci, s'écriait : « Nous avouons notre incapacité à trouver des louanges dignes d'elles: des pleurs et de l'admiration sont tout ce qui nous reste. Qu'ils sont à plaindre ceux qui veulent détruire la religion, et qui ne goûtent pas la douceur des fruits de l'Évangile! »

LA SŒUR MARIA

CHAPITRE PREMIER

Naissance de Louise-Marie, 19 septembre 1791. — Son baptême. — Les premières peines dont son cœur fut atteint. — Les horreurs de la révolution. — L'enfant s'applique à venir en aide à sa mère. — Elle apprend à prier à ses frères. — Les premiers traits de son caractère se dessinent. — Ses succès à l'école. — Elle comprend la nécessité de la lutte contre elle-même, et elle entre résolûment dans cette voie. — Différents défauts qu'elle avait à combattre. — Sa première communion en 1802. — Elle reçoit le sacrement de confirmation.

Une matinée de l'an 1769, Pierre Rouyrre et Marguerite Bourgeois s'agenouillaient dans le sanctuaire avec de grands sentiments de foi, pour recevoir le saint sacrement de mariage. En s'unissant l'un à l'autre, ils entendaient, avant tout, servir Dieu et sauver leur âme, dans la condition de fortune fort médiocre où ils allaient se trouver. Pierre Rouyrre ne s'était pas enrichi dans l'armée, où il avait été sous-officier; et en choisissant pour épouse Marguerite Bourgeois, il n'avait eu égard qu'à la réputation sans tache et à l'angélique piété de cette douce personne. Leur résolution à tous les deux, au saint autel, fut de porter toujours d'une manière digne de Dieu, en menant une vie honnête et laborieuse, le joug sacré qu'ils s'imposaient.

A ce mariage, contracté dans des vues si religieuses, le Seigneur daigna donner la fécondité, récompense ici-bas de la pureté de l'âme et du corps. Le 19 septembre 1791, à Versailles, où ils habitaient, ces époux chrétiens rendaient grâce au ciel, le cœur tout ému, de la naissance d'une charmante petite fille qui sera plus tard la *Sœur Maria*. C'était leur septième enfant. Et les sept autres qui leur vinrent après furent accueillis, comme elle, avec la plus vive allégresse; et tous grandirent sous leurs regards attendris et heureux, à l'abri divin et toujours si sûr de la confiance en l'adorable Providence.

Au moment où vint au monde l'enfant qui va faire le sujet de ce récit, les mauvais jours avaient commencé pour l'Église, et beaucoup de prêtres fidèles persécutés ne pouvaient plus déjà exercer leur ministère que dans le secret. Son père la porta sans bruit à un de ces vénérables ecclésiastiques, et une tristesse solennelle plana sur la cérémonie de son baptême. Des larmes se mêlèrent sur son front à l'eau régénératrice. Sa mère avait voulu qu'on l'appelât du nom de la sainte Vierge. Elle fut nommée au baptême Louise-Marie.

La tempête révolutionnaire gronda autour de son berceau. Elle avait à peine un an lors du massacre des nobles et des prêtres insermentés renfermés aux

Carmes ; scène cruellement sanglante qui fut suivie du procès et du martyre de Louis XVI.

Quand l'enfant, plus âgée, entendit pour la première fois ses parents prononcer devant elle le nom de Dieu, elle remarqua vite qu'une émotion profonde et contenue accompagnait ce nom sacré. Elle les supplia de lui dire pourquoi ils ne pouvaient parler sans pleurer du bon Dieu que son cœur, encore sous l'influence de la grâce baptismale, lui avait révélé si aimable et si tendre pour tous. Après avoir maintes fois éludé la question, pour ne pas initier trop tôt à tant d'angoisses leur tendre enfant, ils durent à la fin satisfaire, dans la mesure que comportait sa jeune intelligence, une si touchante curiosité. La petite Louise-Marie apprit d'eux en fondant en pleurs les affreux malheurs de la France. Le premier amour de son cœur avait été Dieu et sa chère patrie ; les premières larmes de son amour furent pour Dieu et son pays.

A mesure qu'elle grandissait, le régime de la terreur devenait de plus en plus cruel ; le sang des plus illustres et des plus saintes victimes coulait à flots ; les méchants avaient entrepris, dans une folie inconcevable, de bannir Dieu du sol français, comme si une main mortelle, quelle que fût sa puissance, avait la moindre prise sur ce Roi immortel des siècles.

Dans des circonstances si douloureuses, on conçoit facilement quelle devait être l'émotion de l'excellent

Pierre Rouyrre et de sa pieuse femme, en face d'une enfant qui, avec la naïveté de son âge, les interrogeait à chaque instant, le cœur déjà plein d'angoisses, sur les événements tragiques dont elle entendait parler. Elle voyait sur les places, indignement brisé et outragé, le crucifix tant recommandé à son amour par sa mère; et cette image sacrée qu'elle entourait dans la maison paternelle de tant de vénération, et que, avec cette pure fraîcheur de sentiments qui caractérise si divinement bien l'innocence, elle couvrait de tendres baisers, ne lui apparaissait en public que sous les dehors de l'abandon et de l'ignominie. La petite Louise demandait des explications. Combien de fois ne supplia-t-elle pas sa mère de la conduire à l'église, où celle-ci lui avait dit que le bon Dieu résidait personnellement! Sa mère essayait de lui faire comprendre la situation; mais l'enfant ne pouvait se faire à la pensée « qu'il y eût au monde des méchants capables de chasser Dieu de sa maison et d'en fermer les portes ». Ce qu'elle désirait surtout voir, c'étaient les ministres de la religion; elle s'attendait à déposer dans leur cœur avec tant de consolation les premières douleurs naïves de sa conscience; et plus tard à recevoir de leurs mains la divine Hostie. « Ils gémissent pour la plupart dans les prisons », disait la mère avec un accent de tristesse solennelle; « quelques-uns nous restent encore, cachés comme des malfaiteurs, et exposés à chaque instant, si on les découvrait, à porter leur tête sous la hache. Quand la nuit est bien sombre et bien silencieuse, ils nous disent la messe et nous administrent les divins sacrements. » L'enfant se calmait alors avec la gravité d'une personne qui sent qu'elle doit prendre le dessus sur une affliction trop grande sans doute pour être consolée, mais aussi trop sublime pour n'être pas portée avec noblesse et dignité. Au milieu de ce cortége de malheurs sans nom, la religion lui apparaissait touchante dans un degré souverain. Son cœur en fut dès lors si tendrement épris que toute sa vie se ressentit de ces fortes émotions de son enfance.

Aussitôt que Louise-Marie put faire quelque chose, elle se voua avec un cœur charmant au soulagement de sa mère. Ses yeux attentifs cherchaient avec une sollicitude délicieuse à voir, parmi les différents soins du ménage, ce que ses forces pouvaient lui permettre de faire. Quand sa mère, voulant bien qu'elle l'aidât, lui permettait d'habiller ses petits frères, elle était ravie; et elle y mettait une vivacité empressée et une dextérité sans pareille. Souvent, au milieu de tous ces jeunes enfants qu'une si petite distance d'âge séparait les uns des autres, la pauvre femme avait de la peine à conserver son calme, surtout quand quelque souffrance amenait un concert de cris. Louise-Marie, qui avait une intelligence déjà profonde du chagrin, regardait sa mère avec une expression de visage qui voulait dire : « Oh ! pauvre mère ! » Et aussitôt elle s'ingéniait à consoler tout ce petit monde; et tous les cris s'épanouissaient bientôt dans de joyeux éclats de rire.

Mais ce en quoi elle excellait et était touchante, c'est dans le soin qu'elle mettait à apprendre à ses frères à prier Dieu. « Avec une douceur sans pareille », nous dit-on, « et avec un accent inimitable elle tirait de son cœur d'une manière si sentie les mots sacrés de la prière, pour les mettre sur les lèvres de ses petits frères, que rien n'était plus émouvant. » Déjà, en soi, cette tradition de la prière à l'enfant, au foyer domestique, a quelque chose de saisissant; mais faite de cette manière, c'était une ravissante scène.

Elle apprit vite à se servir de l'aiguille. Le travail des mains devait tenir une grande place dans sa vie. D'ailleurs son cœur accélérait naturellement les progrès. Elle ne rêvait que d'aider sa mère qui avec tant d'enfants se trouvait si occupée. Portée au jeu en raison de son âge et de son caractère, elle n'y donnait que très-peu de temps, afin de travailler davantage aux vêtements de ses frères.

Telle était Louise-Marie à huit ans. A cet âge, la physionomie de son caractère était déjà complétement dessinée en traits tranchés. Dans cette jolie petite fille espiègle, toujours en mouvement, au regard spirituel et fin, on remarquait un grand cœur; et dans ce grand cœur des trésors de sensibilité. A je ne sais quoi de doux, d'innocent, de gai, de paisible, de turbulent parfois, se mêlait quelque chose de ferme, de décidé, uni à un grand fonds de raison. Déjà se montrait en elle un besoin impérieux qui ne tardera pas à devenir en quelque sorte le mobile de toute son existence : le besoin du bonheur des autres ; et une pente très-prononcée à l'oubli de soi commençait à s'accentuer en elle. A un âge si tendre, elle ne regardait déjà plus ni à ses privations, ni à ses peines, ni à ses souffrances, pourvu qu'elle pût faire plaisir à quelqu'un et le rendre heureux. « Je crois bien qu'elle eût alors », assure un témoin digne de foi, « donné tout son sang comme une goutte d'eau, pour verser une goutte de bonheur dans un cœur. » Il y a en effet de ces natures-là sur la terre.

Son bonheur fut grand quand, à l'âge de neuf ans, elle put être mise à l'école. Il serait difficile de peindre surtout le vif plaisir qu'elle éprouva, lorsqu'elle arriva d'elle-même à trouver dans les livres un sens aux mots. Elle atteignit ce résultat très-vite, et sans donner grande peine à ses institutrices, car elle avait une extrême facilité. On remarquait que sa joie était sans mesure quand une petite récompense était accordée à ses efforts. C'est que, avec cet aimable et joli objet, elle allait pouvoir faire plaisir à quelqu'un de ses frères ou à sa sœur. Louise-Marie ne gardait rien pour elle, et personne n'eut jamais moins qu'elle la science d'accaparer. Durant tout le cours de sa vie, elle recevra d'une main pour donner de l'autre; et, parce que son bonheur de donner sera toujours sans égal, sa gratitude envers ceux qui, en lui donnant, favoriseront cet attrait de son cœur, sera touchante au dernier point.

La scène était donc charmante, quand, voyant leur sœur revenir de l'école, tous ces enfants se groupaient autour d'elle pour l'embrasser et recevoir, avec ses caresses, quelque petit présent. Toutes ces voix pures et enfantines l'appelant à l'envi avec une douce et triomphante harmonie avaient quelque chose d'attendrissant. Mais pour être caressé et avoir l'image ou l'objet donné à leur sœur en récompense de son application, il fallait faire voir si l'on avait bien retenu les prières. Alors, les plus petits montant sur ses genoux, les plus grands se pressant près d'elle, chacun se mettait à montrer son savoir-faire pieux. Louise-Marie jouissait de voir tous ces yeux limpides regarder déjà le crucifix avec amour, et ces lèvres candides lui donner déjà de doux sourires et de tendres paroles. Quand c'était fini, chacun avait son petit mot et sa caresse, et personne ne ressentait de jalousie pour celui auquel Louise-Marie croyait devoir accorder sa récompense, tant déjà elle savait donner en tendresse ce qu'elle ne pouvait donner en cadeau.

Cette piété communicative qui a besoin de se multiplier dans les autres, montre en germe l'esprit d'apostolat dont plus tard elle sera à un si haut degré animée. Au reste, tous les dons naturels qui servent si admirablement bien l'apostolat éclatent en elle dès son enfance : le besoin de rendre les autres heureux, la sensibilité pour les maux du prochain, l'oubli de soi, l'activité. Rien n'est curieux et frappant comme cette vie qui, dès son début, se dessine avec une si rare netteté. Il est facile, après ce qui vient d'être dit, de prévoir ce que cette enfant sera plus tard.

En grandissant au milieu de ces soins pieux, le cœur partagé entre la douleur que lui causaient les malheurs de l'Église et de la France, et la tendresse active et généreuse dont elle entourait sa famille, Louise-Marie marchait, presque sans s'en douter, dans les sentiers les plus élevés de la vertu. On ne l'aurait jamais deviné en respirant le doux parfum de sensibilité exquise et d'amour si pur qu'exhalait son âme. Mais personne à un âge si tendre ne lutta en réalité plus vigoureusement contre soi-même. Quelque bien doué qu'on soit du côté de la nature, tout n'est pas toujours bon en nous. Il y a dans l'âme humaine un côté fâcheux, et le moindre est sans doute « le défaut de nos qualités », pour nous servir des propres expressions que plus tard cette enfant devenue religieuse emploiera fréquemment, en inculquant la nécessité du combat pour tout le monde. Louise-Marie n'était pas aveugle sur ces défections de notre nature. Elle les sentait au contraire très-vivement en elle; et c'est à les réprimer qu'elle mettait son souverain bonheur. Elle n'était pleinement heureuse que quand elle avait à apporter à Dieu un sacrifice de ce genre. La prière dont le résultat divin est de répandre dans l'âme sinon toujours des ineffables délices, au moins un calme réparateur qui tient lieu de tout, la prière eût été moins douce pour elle, si elle s'y fût présentée sans avoir auparavant dompté en quelque chose « sa méchante nature », comme elle disait. Il y avait donc l'impatience, et quelque chose d'un peu impétueux, un rien suffisant quelquefois à provoquer un orage dans son cœur : il y avait la susceptibilité, la ténacité de volonté, et mille autres petits défauts qu'elle se faisait une joie de combattre ; il y avait jusqu'au bonheur de se sentir aimée ; cette âme délicate rejetait cette satisfaction innocente. Or, à l'œil attentif et jaloux de ne rien laisser subsister de ce qui déplaît à Dieu, ces choses bien que continuellement battues en brèche reparaissent avec opiniâtreté, et quiconque les veut détruire a fort à faire. La douce enfant patiente et courageuse mettait dans ce long et sublime travail une persévérance capable d'émouvoir le cœur de Dieu.

On était en 1802 ; Louise-Marie avait onze ans. Or, depuis longtemps cette enfant paraissait doucement préoccupée; et, plus que jamais recueillie, pieuse, détachée, aimante et active, elle semblait sous le coup d'une vive impression. C'est que, pour elle, s'approchait le moment fortuné de la première communion ; et profondément pénétrée de la grandeur de cet acte, elle s'y préparait avec un sérieux dont on n'aurait pas cru son âge susceptible. Elle écoutait avec avidité les instructions saintes faites à elle et à ses compagnes par les ministres de Dieu échappés à la persécution ; et le jour qu'elle s'assit à la table des anges, elle apporta au divin agneau eucharistique la douce fleur de son innocence immaculée, rehaussée par les grâces charmantes et candides d'une enfance encore dans toute sa fraîcheur. Elle eut grand soin de dire à son doux Sauveur, aussitôt qu'il entra dans son âme, « *qu'à jamais ici-bas elle l'aimerait par le sacrifice, et que son cœur n'aurait d'attrait que pour l'immolation constante d'elle-même à lui* ».

Sa première communion eut lieu dans des circonstances moins cruelles que son baptême. Elle n'eut pas la douleur d'être obligée d'aller chercher son Dieu dans une grange ignorée, la nuit, dans les mains d'un prêtre persécuté et toujours sous le coup d'une mort imminente. Dans ces nuits sacrées qui rappelaient les catacombes, nos saints mystères étaient célébrés à voix basse, avec de pauvres lumières toujours trop éclatantes ; et c'est en tremblant qu'on allait recevoir Dieu, l'emportant vite de peur d'être surpris dans cet acte sublime. La mort en eût été le châtiment. Mais ce temps était passé. Les églises étaient ouvertes, et l'on commençait à célébrer les saintes solennités. Sans doute, toutes les ruines n'étaient pas relevées; les temples pillés n'avaient pas eu le temps de reprendre leurs splendides parures; le deuil encore planait partout; mais enfin on pouvait prier publiquement Dieu.

A la grâce de la première communion vint bientôt s'en joindre une autre pour Louise-Marie, celle de la réception du sacrement de confirmation. Cette double faveur ne va pas tarder à porter d'admirables fruits

CHAPITRE DEUXIÈME

Louise-Marie se sent appelée à la vie religieuse. — Le cas qu'elle fait de sa vocation. — Raisons qui la portaient à se faire sœur de charité. — Elle communique son dessein à ses parents. — L'ajournement. — Son père meurt. — Nouveau délai et dévouement admirable à sa famille. — Elle va à Paris, comme sous-maîtresse, dans l'ouvroir tenu par mademoiselle Loquet. — M. l'abbé Pointeau la dirige. — Sur l'avis de ce digne prêtre, elle entre dans la Congrégation des Sœurs de Saint-Paul, de Chartres.

Un des moments les plus solennels de la vie de cette jeune fille fut celui où, encore sous l'impression de la première communion et de l'Esprit-Saint qu'elle venait de recevoir, elle entendit pour la première fois la voix de Dieu, lui disant avec une infinie douceur de se faire religieuse. Elle avait environ treize ans. Cet appel souverain auquel rien ne devrait résister, tant il a d'harmonie et de délicieuse beauté, trouva dans son âme un écho profond. Elle ne connaissait les religieuses que sous le jour de la persécution ; elle savait qu'on les avait exilées, noyées, assassinées dans toute la France. Bien des personnes n'eussent pas aimé à entrer dans une carrière dont le sang n'était pas encore lavé. C'est précisément ce qui lui allait, à elle. Instruire les pauvres, soigner les malades, secourir les abandonnés par amour pour Dieu, et payer de son sang ce bonheur, elle ne trouvait rien au monde de plus beau et de plus enviable.

A cet appel du Seigneur, qui répondait à toutes ses aspirations, Louise-Marie tressaillit donc, pensant au doux et noble emploi qu'elle allait pouvoir faire de son cœur si désireux de se dépenser tout entier à faire aimer Dieu aux hommes, en leur prodiguant toutes les tendresses d'un dévouement sans bornes, et ainsi à exercer l'apostolat sous le manteau de l'amour.

Ce n'était au reste qu'une première ouverture de Dieu. La possibilité de réaliser un si grand dessein n'était pas encore donnée à cette enfant, vu son âge si peu avancé. En outre, à cette époque, les couvents sortaient à peine de leurs ruines, les religieux et les religieuses que la tempête révolutionnaire avait emportés et dispersés à tous les vents du ciel se cherchaient pour se réunir et reprendre leur vie d'abnégation. Rien n'était encore définitivement rétabli.

Malgré cela, Louise-Marie informa tout de suite son confesseur, M. Demai, de ce qui se passait en elle. Son pieux directeur, après avoir reconnu l'action divine, lui dit de toujours prêter une oreille humble et attentive à la voix de l'Esprit-Saint; et il lui recommanda de traiter avec un immense respect cette grâce de la vocation, de la conserver précieusement dans son cœur, et de mettre tout en œuvre pour se rendre digne d'y répondre un jour.

Louise-Marie atteignait sa quinzième année. Pensant le moment venu de mettre son saint projet à exécution, elle s'en ouvrit d'abord à sa mère. Sa mère pleura. C'est, hélas! l'éternel accueil des âmes même pieuses aux avances de Dieu. Sa mère lui objecta sa jeunesse, son inexpérience. « Et ton pauvre père », lui dit-elle, « qui a tant de peine à élever ses enfants, et à ne pas tomber dans la détresse, tu n'en as donc pas pitié? Crois-tu qu'il consente jamais à se séparer de toi qu'il aime si tendrement? » Elle lui demanda avec instances d'ajourner son projet, de donner plus de temps à la réflexion ; et elle employa pour la vaincre toutes les ressources que possèdent la prudence et l'amour maternel. L'affliction de sa mère fut extrêmement sensible à la jeune fille. Le père n'intervint que pour lui montrer sa nombreuse famille, lui disant qu'elle n'aurait jamais le cœur de l'abandonner. Louise-Marie eut l'âme brisée. C'était la première fois que ces braves gens montraient de la défaillance dans leur confiance en Dieu jusqu'ici inébranlable.

Ainsi placée entre Dieu et sa famille, entre les affections de la terre les plus ardentes et celles du ciel plus vives encore, Louise-Marie était assez forte pour se décider en faveur de Dieu; et elle allait le faire, lorsque son directeur lui demanda pour ses parents quelques années encore de sa jeunesse. La jeune fille, dont l'intelligence nette et vive distinguait tout aussitôt, souscrivit sans regret à cette décision suprême, parce que, au-dessus de la famille, au-dessus de la vie religieuse, elle voyait une chose qui seule eut toujours son amour sans réserve : la volonté de Dieu. Et tranquille, comme on l'est toujours, quand contamment avec un œil simple on regarde cette souveraine boussole de la vie, elle reprit auprès de ses frères, de ses sœurs et de sa mère ses soins accoutumés.

Ses parents si religieux, témoins chaque jour du dévouement sans réserve avec lequel elle s'appliquait à les seconder dans la tâche pénible d'élever leur nombreuse famille, se sentaient souvent émus jusqu'au fond de l'âme. Malgré tout le soin que la jeune fille mettait à dissimuler son chagrin de n'être pas religieuse, ils voyaient, non sans une peine secrète, leur chère enfant profondément contristée de ne pouvoir, à cause d'eux, suivre l'attrait de son cœur.

Peu à peu ils s'étaient accoutumés à la pensée de ne l'avoir plus auprès d'eux; et ils s'attendaient un jour ou l'autre de lui accorder la permission tant désirée, quand un événement douloureux vint encore une fois désoler ses espérances, en retardant pour longtemps encore peut-être son entrée en communauté. Le 28 mai 1819, son père mourut. Elle avait alors dix-huit ans. Quoique une maladie assez longue l'eût préparée à ce coup, elle en fut vivement frappée. Elle ferma les yeux à ce père chéri, et elle n'oublia pas de faire prier pour lui au saint autel.

Cet homme vénérable disparaissait avant que sa tâche fût terminée; plusieurs de ses enfants étaient encore jeunes; les aînés travaillaient pour eux; et ainsi le plus pénible restait sur les bras de la pauvre mère. Louise-Marie comprit sans peine qu'elle ne pouvait pour le moment la quitter pour embrasser la vie religieuse. Frappée ainsi dans ses affections les plus chères et dans ses espérances les plus douces qui, sur le point d'être réalisées, devaient encore être ajournées indéfiniment, la jeune fille montra un esprit mûr et une rare fermeté. C'est dans cette circonstance surtout qu'on put voir tout ce que ce cœur renfermait d'énergie et de tendresse. La mère, qui demeurait ainsi seule à la tête d'affaires difficiles et d'une nombreuse famille, s'affligeait sans mesure et sans relâche. Louise-Marie la consolait et la raisonnait afin de lui persuader d'être encore heureuse pour le bonheur des siens. Elle releva par ses fortifiantes paroles le courage de tout son monde; et par son activité, son industrie et ses mille soins elle devint, sans jamais le faire sentir, l'âme de la maison. Toujours elle se réservait à elle-même le travail le plus rude.

Cependant, au milieu de cette vie d'un dévouement sans bornes et d'un oubli d'elle-même complet, elle se permettait une douceur. Et elle avait presque peur que cette douceur ne lui fît trop plaisir : c'était le soin de préparer ses frères à la première communion. A cette œuvre de touchante patience et de sublime beauté elle mettait une attention délicate, un intérêt de premier ordre, un inénarrable amour; et tout, jusqu'à la toilette extérieure de ces chers petits enfants pour la table sainte, éveillait sa sollicitude. Avec quels yeux elle les suivait quand ils avaient reçu le pain des anges, et avec quel respect elle les traitait! Puis, quand venait pour eux le moment de l'apprentissage, sa tendresse était encore émue, et avec quelle activité elle cherchait pour eux une maison où leur vertu serait le mieux à l'abri!

La mission d'élever ses frères et ses sœurs étant à peu près terminée, Louise-Marie pensa que le temps de quitter le monde était enfin venu pour elle. Son confesseur dut encore se prononcer dans cette question qui, en raison des circonstances, ne laissait pas d'être fort délicate. L'homme de Dieu pensa que, après avoir tout fait pour donner à ses frères le pain du ciel et le pain de la terre, elle avait encore d'autres sollicitudes à épuiser à leur égard. A un certain âge, quelque chose de plus que les tendresses et les soins domestiques devient nécessaire : ce sont les ressources d'argent pour remplir le temps qui s'écoule entre l'apprentissage et le moment où l'on peut gagner de quoi subvenir complétement à ses besoins. Un autre acte de dévouement s'imposait donc à la jeune fille; et au lieu de satisfaire le plus cher de ses désirs en entrant dans une communauté religieuse, elle alla remplir dans une maison honorable un emploi qui lui permit de donner à ses frères l'argent dont ils avaient besoin.

Il y avait à Paris, dans le faubourg Saint-Germain,

un ouvroir où se trouvaient réunies une foule de jeunes filles que leurs familles avaient confiées à la garde de la religion. Cet établissement précieux était dirigé par une femme intelligente, capable de donner au bien une grande impulsion, mademoiselle Loquet. Cette personne réellement distinguée exerça une influence considérable; et la société des religieuses du Sacré-Cœur la compte parmi les saintes âmes qui abritèrent son berceau de la plus ardente sympathie. Fort instruite, au reste, elle composa dans le genre allégorique, en vogue à cette époque, différents petits volumes, comme *Cruzamante, le Voyage de Sophie et d'Eulalie au palais du vrai bonheur, les Entretiens de Clotilde, les Entretiens d'Angélique*, etc. L'ouvroir qu'elle patronait était assez considérable pour demander plusieurs maîtresses en second, à l'effet de veiller avec plus de soin à la perfection des travaux confiés à la maison et à l'éducation pieuse des jeunes ouvrières. C'est là que la divine Providence amena Louise-Marie. Elle fut reçue dans l'établissement comme sous-maîtresse, avec une rétribution annuelle raisonnable.

Dieu jusqu'ici l'avait toujours conduite par la main, avec d'autant plus de bonté qu'elle se laissait mener avec une délicatesse de docilité véritablement exquise, ne voulant jamais absolument rien d'elle-même, et s'en remettant complétement à lui pour vouloir à sa place. Or, en paraissant une fois encore l'éloigner du but, il l'en rapprochait sensiblement. C'est là, en effet, à Paris, que l'impulsion définitive et efficace pour la vie religieuse va lui être donnée.

Dans la paroisse de Saint-Thomas d'Aquin se trouvait alors un prêtre vénérable dont la vertu exerçait autour de lui une influence précieuse. A l'époque douloureuse de la constitution civile du clergé, M. Pointeau avait quitté Blois pour prendre le chemin de l'exil. La catholique Pologne l'avait accueilli avec sympathie; et bientôt Mgr l'évêque de Kaminiek, après l'avoir admis parmi son clergé, lui conférait la dignité de doyen du chapitre de sa cathédrale. Les jours mauvais ayant passé, M. Pointeau avait pris congé avec un grand déchirement de cœur des nombreux amis qu'il s'était faits sur la terre étrangère, et il était revenu en France. Depuis 1801 il résidait à Paris, attaché au clergé de Saint-Thomas d'Aquin, quand Louise-Marie, touchée par tout ce qu'on racontait d'édifiant sur lui, le choisit pour le directeur de son âme.

M. Pointeau, dès la première ouverture qu'elle lui fit, reconnut dans les grâces dont elle avait été comblée le gage d'un avenir qui ne pouvait pas être vulgaire. Il cultiva avec un soin attentif le don de Dieu en elle, sa vocation sacrée; il chercha à pénétrer avec une grande délicatesse d'investigation les desseins du ciel sur cette jeune fille privilégiée, et il l'affermit constamment dans sa résolution. Sous sa direction, le cœur de Louise-Marie s'éleva encore, s'ennoblit et s'ouvrit aux sentiments les plus magnanimes. Franchissant en esprit l'espace qui la séparait encore de la carrière de dévouement où Dieu l'appelait, avec quelle complaisance elle se voyait d'avance tout entière au bonheur de s'occuper de Notre-Seigneur dans la personne des pauvres, souffrants, ignorants et délaissés! Comme elle se trouvait contente à la pensée d'être dans la gêne, le dénûment, la douleur « au profit du bon Dieu présent dans les malheureux »! Enfin, combien elle éprouvait de joie en se laissant aller à ces rêves infiniment doux de la charité dont l'amour divin aime tant à bercer le cœur!

Son directeur, si éclairé et si vertueux, fut surtout frappé de la manière positive et nette avec laquelle elle menait la lutte contre elle-même. Énergique, intrépide, tout ce qui s'élevait en elle et ne s'ajustait pas exactement avec la volonté de Dieu, elle le brisait avec une persistance de patience peu ordinaire; et sa volonté, dans cette lutte, acquérait chaque jour une grande force. M. Pointeau, qui fut ainsi l'heureux témoin de tout ce qu'il y avait dans cette âme de généreux, de fervent, de désintéressé, garda toujours pour elle un souvenir d'admiration. Plus tard, quand, rappelé à Blois, dans sa ville natale, pour être curé de la cathédrale, ce digne prêtre parlait de l'impression que cette enfant lui avait causée, il disait:

« Il était impossible de n'être pas touché de l'état de cette pieuse enfant. Son langage, l'épanchement de son âme m'ont souvent ému jusqu'aux larmes. » Et de son côté, Louise-Marie ne cessa, durant toute sa vie, de lui être reconnaissante pour l'intérêt et l'affection qu'il lui avait témoignés. Elle n'en parla jamais qu'avec la plus tendre et la plus profonde vénération.

Voici le souvenir que Louise-Marie a laissé de son séjour dans l'ouvroir du faubourg Saint-Germain. C'était, nous a-t-on assuré, un ange de pureté et d'innocence qui se cachait sous le voile de la simplicité la plus commune. Les grandes âmes connaissent bien ce voile chéri, et elles s'en font un doux abri, afin que l'œil seul de Dieu les discerne. Il est vrai que, sans le savoir, — et grâce à cette aimable illusion, son cœur avait la paix, — elle se faisait admirer par sa piété, par sa sagesse, par sa modestie, autant que par l'élévation de son esprit et par sa rare beauté. Ce dernier don que les larmes accompagnent ou suivent presque toujours, quand on le possède à un degré extraordinaire, elle le garda dans sa chaste et délicate candeur, au milieu du monde, sans jamais avoir à pleurer dessus.

Le temps fixé par le Seigneur pour l'entrée de Louise-Marie en religion était arrivé. Les âmes sincèrement chrétiennes et filialement abandonnées à la conduite de la Providence ont un tact exquis pour saisir les moments de Dieu. Le saint confesseur et la pieuse pénitente comprirent tout de suite ; et il fut convenu que l'affaire serait négociée sans retard.

Il n'y avait plus à résoudre que la question de l'Institut que Louise-Marie embrasserait.

A l'époque même où, pour la première fois, l'appel de Dieu s'était fait entendre à elle, une famille religieuse dispersée par la révolution se relevait de ses ruines : c'était la *Congrégation des Sœurs de Saint-Paul de Chartres*. Ces vénérables mères avaient payé d'une manière touchante leur tribut à la persécution. En 1793, on les avait expulsées de leurs couvents ; et on les avait cruellement emprisonnées à Rambouillet. C'était au chevet des malades qu'il avait fallu les arrêter, ou dans l'exercice de quelque fonction charitable au profit du pauvre peuple. Mais à la révolution il fallait sinon leur sang, du moins leurs larmes pour expier leur charité. C'est littéralement les larmes aux yeux que cette bonne ville de Chartres, qui n'avait pu prendre leur défense, les avait vues partir, et un souvenir attendrissant de ces religieuses était resté au cœur de toute la population. Grâce à ces sympathies si bien méritées, l'emprisonnement de Rambouillet ne fut pas de longue durée ; et sous des habits laïques plusieurs sœurs revinrent bientôt à Chartres exercer, à la grande consolation de tout le monde, leur ministère de charité. La Mère Josseaume, la dernière supérieure, était de ce nombre.

Dès 1802, M. Delaître, préfet d'Eure-et-Loir, sachant qu'elle était là, négocia avec elle le rétablissement de la Congrégation ; et, en 1803, la communauté était installée dans l'ancien couvent des Jacobins.

Cette coïncidence de la vocation de Louise-Marie avec la renaissance de l'ordre de Saint-Paul n'était-elle pas un signe divin ? Quoi qu'il en soit, un attrait puissant inclinait la jeune fille vers cette pieuse congrégation. Le nom de saint Paul dont elle est décorée indique son but : l'apostolat ; et le moyen qu'elle adopte pour l'atteindre, c'est l'instruction des pauvres, le soulagement des malades indigents, et le travail des mains. Enfin son esprit réside tout entier dans cette noble formule du grand apôtre : « Je suis le dernier de tous », *Mihi omnium minimo ;* paroles augustes qu'elle traduit ainsi dans ses constitutions :

« La communauté est établie uniquement pour suppléer à ce que d'autres communautés plus considérables dans l'Église ne peuvent entreprendre pour l'instruction des enfants et le soulagement des malades.

» Préférer les plus petits endroits aux villes mêmes ; préférer les sujets les plus pauvres aux autres ; travailler et vivre pauvrement, afin de faire l'œuvre confiée le plus gratuitement possible.

» Outre les devoirs qui leur sont communs avec les autres communautés, elles doivent s'appliquer continuellement au travail, et y former les enfants dans les écoles aussi bien que dans les hôpitaux.

» Pour honorer la pauvreté de Jésus-Christ et de sa sainte Mère, on préférera les filles pauvres qui auront les qualités nécessaires à celles qui auraient du bien et même quelque naissance. »

Rien ne pouvait s'accorder davantage avec les aspirations de Louise-Marie qu'un tel but, que de tels moyens, et surtout qu'un tel esprit. Comme son humilité allait être heureuse dans une congrégation qui se considère comme la dernière de toutes ; qui met sa gloire à glaner derrière les autres ordres bénis de l'Église, et qui inscrit dans ses constitutions un article indiquant cela avec une grande netteté, article qui, à nos yeux, est le diamant de l'Institut de Saint-Paul, et qui assure à jamais la fécondité de son apostolat! L'humilité partout opère des merveilles; donnée pour base à l'apostolat, elle produit les plus abondantes moissons d'âmes.

M. Pointeau donna son approbation au choix que Louise-Marie fit de l'Institut des sœurs de Saint-Paul, et il fut décidé qu'elle irait à Chartres dans le plus court délai.

Elle dut se rendre tout d'abord à Versailles pour faire part à sa mère de sa résolution désormais irrévocable. « J'ai bien consulté Dieu », lui dit-elle; « le temps, la réflexion, la prière ne m'ont pas manqué. La volonté du Seigneur connue, j'obéis avec joie et sécurité. » La mère s'inclina en pleurant; mais elle avait reçu de cette chère enfant tant de gages d'un amour si profond; Louise-Marie s'était dévouée à elle et à sa famille d'une manière si touchante, lui immolant sans jamais le lui faire sentir les meilleures années de sa vie, que la bonne mère n'eut pas la force de la prier de lui faire plus longtemps le sacrifice de son bonheur. La jeune fille remerciait Dieu de toute son âme, car elle savait bien que lui seul avait été capable de toucher le cœur de sa mère. Après quelques jours passés dans sa famille, au milieu de la plus profonde affliction, elle prit congé de ses parents. Les adieux furent mêlés de larmes. La pauvre mère surtout ne se lassait pas d'embrasser sa fille chérie; et Louise-Marie pleurait amèrement de quitter sa mère. L'amour de Dieu et la piété filiale s'alliaient en elle dans des proportions trop harmonieuses pour qu'à la joie ineffable de se consacrer au Seigneur, ne se joignît pas la douleur causée par la rupture des liens naturels les plus touchants et les plus doux. Toute sa vie, au reste, cette femme admirable donnera ainsi dans son cœur asile aux affections de la terre et à celles du ciel; avec une facilité merveilleuse elle les tiendra toujours à leur place respective; et bonne jusqu'aux dernières limites dans l'ordre de la nature pour tous ceux avec lesquels la Providence la mettra en rapport, elle sera pour Dieu, comme il est juste, infiniment meilleure encore et plus tendre,

CHAPITRE DEUXIÈME.

offrant ainsi un rare exemple de ce que peut faire pour la terre et pour le ciel une âme intelligente, noble et entièrement livrée à la grâce.

Louise-Marie embrassa avec effusion une dernière fois sa mère, et elle monta dans la voiture qui la conduisit à Chartres.

CHAPITRE TROISIÈME

Louise-Marie entre à la communauté des Sœurs de Saint-Paul, le 19 août 1816. — Le premier mois d'épreuve. — Elle est reçue au rang des postulantes. — Idée générale de l'institut des Sœurs de Saint-Paul. — La postulante travaille avec énergie à reproduire en elle le type renfermé dans les constitutions. — Elle prend l'habit et commence son noviciat. — Les lumières qu'elle reçoit du ciel. — Comment elle comprend la mortification. — Elle est envoyée à l'hospice de Mantes. — Soins touchants qu'elle a pour les malades. — Son grand esprit de foi. — Son angélique piété au saint sacrifice de la messe, et sa confiance dans la sainte Vierge. — Aucun de ses malades ne meurt sans sacrements. — Son vif attrait pour la parole de Dieu. — Témoignage de sa supérieure. — Elle fait profession, 2 août 1818. — Après trois années passées à Mantes, elle est nommée supérieure de l'hôpital de Dreux, en remplacement de la Sœur Charamont.

Le 19 août 1816, Louise-Marie se présenta à la maison mère. La supérieure générale l'examina avec un intérêt mêlé de tendresse. Elle vit non sans émotion que cette jeune fille apportait comme préparation à l'état religieux toute une vie de dévouement magnifique. Elle ne douta pas de sa persévérance, et, après en avoir conféré avec les supérieurs, elle l'admit dans la maison.

Une sage disposition de la règle veut qu'on laisse un mois s'écouler avant de recevoir les jeunes personnes au rang des postulantes. Durant ce temps, on peut voir si l'on se fera au genre de vie de la communauté; et, si l'on est généreux envers Dieu, si au moins on se sent la volonté de le devenir, on s'accoutume.

CHAPITRE TROISIÈME.

Ce mois d'épreuve s'écoula pour Louise-Marie au milieu d'une joie paisible et d'une tranquillité profonde. Tout de suite elle s'acquit la sympathie de toutes ses compagnes par sa douce et son aimable cordialité.

La Mère Josseaume se réjouissait en Dieu à la vue des précieuses ressources qu'elle découvrait dans cette jeune fille. Elle n'avait pas été naturellement la dernière à être frappée de sa piété angélique, de sa rare intelligence et de son grand cœur. Elle vit surtout combien était profond dans cette âme d'élite le besoin de faire aimer Dieu; et comme au service de cette suprême pensée de son cœur, Louise-Marie apportait toutes les qualités désirables, l'ardeur, la délicatesse, un jugement très-fin, une énergie peu commune, et, ce qui est toujours précieux, une remarquable distinction de manières, la Mère Josseaume pensa qu'un jour elle serait pour la congrégation une grande bénédiction. Elle l'admit donc avec joie, au temps voulu, parmi les postulantes. Louise-Marie se montra infiniment reconnaissante d'une faveur qui la plaçait de plus en plus dans son élément.

C'est durant le postulat et le noviciat que les jeunes personnes destinées à devenir *Sœurs de Saint-Paul* étudient à fond l'esprit de l'Institut. On mit donc sous les yeux ravis de Louise-Marie les constitutions de la congrégation, d'où se dégage, dans une netteté frappante et lumineuse, le type vénérable de la famille religieuse dont elle ambitionnait de faire partie.

2.

Saint Paul, nous l'avons déjà indiqué, est l'idéal que l'Institut décoré de ce nom est appelé à reproduire.

Traçons ici les grandes lignes qui constituent l'auguste figure de l'incomparable apôtre. Il est merveilleux de voir comme chacune de ces lignes est rendue vivante dans les différents articles dont se composent les règles de l'ordre :

I

« Je suis attaché à la croix avec Jésus-Christ. »

« Je porte dans mon corps les marques des plaies de Jésus-Christ. »

« Ni la mort, ni la vie, ni aucune créature ne me séparera de l'amour de Jésus-Christ. »

« Je vis ; non, ce n'est pas moi qui vis, c'est Jésus qui vit en moi. »

« Ma vie est transportée dans le ciel. »

Voilà les sentiments et la vie intérieure du saint apôtre dessinés à grands traits. Or, telle est précisément, d'après les constitutions, la vie intérieure et personnelle des sœurs de Saint-Paul.

II

« Serviteur de Dieu, apôtre de Jésus-Christ, envoyé pour faire connaître aux élus de Dieu la véritable piété. »

« Vase choisi pour porter le nom de Jésus-Christ devant les gentils, les rois et les enfants d'Israël. »

« J'ai souffert de longues veilles, la faim, la soif, les jeûnes multipliés... »

« J'ai couru mille dangers de toutes parts. »

« Je me réjouirais et je me trouverais heureux s'il fallait être immolé pour leur salut, et répandre mon sang sur le sacrifice de leur foi. »

Telle est la vie apostolique de l'illustre docteur des nations divinement résumée; et c'est encore sur ce type qu'est calqué l'apostolat des sœurs de Saint-Paul, avec ses fatigues, ses sacrifices et ses gloires...

III

« Je me suis fait petit au milieu des fidèles, comme une mère qui nourrit ses propres enfants. »

« Je travaille nuit et jour tandis que je prêche l'Évangile, afin de n'être à charge à personne. »

« Je prêche Jésus-Christ où il n'a pas encore été annoncé, de peur de bâtir sur le fonds d'un autre. »

« Je suis le dernier des apôtres, indigne de ce nom; je ne suis rien. »

Voilà le grand apôtre avec cette marque très-particulièrement touchante et forte de l'humilité, du travail, du dévouement sous les formes les plus admirables; et les constitutions font de la sœur de Saint-Paul une copie exacte de cet idéal.

C'est ainsi que le cœur dans le ciel, ayant en soi la vie de Jésus; clouée comme lui sur la croix, et porrant, par la mortification, l'empreinte de ses plaies sacrées; aimant Jésus plus que sa vie, la sœur de Saint-Paul est investie de la mission de faire connaître aux élus de Dieu, c'est-à-dire aux pauvres, la véritable piété, cachée dans son sublime apostolat sous les traits de la charité. Elle pénètre jusqu'aux rivages les plus reculés de la terre, pour porter aux païens, aux rois barbares, le nom de Jésus-Christ : heureuse de souffrir dans ce ministère sacré la faim, la soif, la mort. Elle se proportionne avec une infinie tendresse aux besoins de tous, pour les gagner tous à Jésus-Christ. Elle travaille afin de n'être à charge à personne; et sa profession de foi est que, étant la plus petite dans l'Église de Dieu, elle n'a d'autre ambition que celle de « suppléer à ce que les autres ordres, plus considérables qu'elle, ne peuvent faire ».

Dans ces quelques lignes se trouve tracé le portrait de la Sœur de Saint-Paul, telle que les constitutions la veulent; et ce type sacré, l'aspirante à la vie religieuse sous la règle des Sœurs de Saint-Paul doit le fixer dans son âme, au postulat et au noviciat, par le moyen d'une contemplation assidue, afin que, durant le reste de sa vie, elle le reproduise et en rende avec le plus de perfection possible les traits admirables.

Par ce que nous connaissons de Louise-Marie, il est facile de comprendre combien un pareil type souriait à son cœur, et avec quelle complaisance émue elle l'étudia dans le recueillement de la prière. Sa haute intelligence ne lui permit pas de se faire illusion sur la grandeur de l'œuvre qu'elle entreprenait; mais elle avait en Dieu une confiance sans bornes, et persuadée que la grâce d'en haut ne manquerait jamais de féconder ses moindres efforts, avec l'esprit éminemment positif et pratique qu'on remarquera toujours en elle, elle se mit tout de suite à couper et à tailler dans sa nature tout ce qui ne cadrait pas avec le plan qu'elle avait sous les yeux, tout ce qui ne s'ajustait pas parfaitement avec l'idéal qu'il lui fallait reproduire. Rien sans doute n'est beau, grand, sublime comme ce travail de l'âme sur elle-même, surtout quand il est conduit, sous la direction des supérieurs, avec intelligence, énergie et générosité sans bornes. Et parce que ces grandes choses qu'on appelle la *décision,* la *fermeté,* l'*intrépidité* au besoin, pour se défaire des imperfections qui sont autant d'obstacles à un si noble but, furent toujours très-familières à son âme, plus tard elle aura souvent ces mots sur les lèvres ou sous sa plume; et, dans une variante naturellement nécessitée par les besoins des personnes auxquelles elle s'adressera, ces expressions reviendront invariablement. C'est que, en effet, tout est là, et pour les affaires du temps, et pour celles de l'éternité. Jamais on ne le répétera assez : ceux-là seuls réussissent qui sont gens d'action, qui n'ont pas peur à leur peine, et se montrent constamment plus grands que les difficultés qu'ils ont devant eux.

Après être demeurée au rang des postulantes le temps prescrit par la règle, Louise-Marie vit avec grande joie s'ouvrir devant elle les portes du noviciat.

L'entrée au noviciat est marquée par la réception du saint habit. Cette circonstance fait toujours couler des larmes de grand attendrissement. La sœur Maria se présenta pour la cérémonie en compagnie de six autres jeunes filles comme elle revêtues de robes blanches. Le vénérable M. Barentin, qui était le supérieur, prit la parole pour interpréter les sentiments de tous. A la vue de ces jeunes filles radieuses de bonheur au pied de l'autel, il pensa aux « sept étoiles » dont parle l'Apocalypse, « qui sont les sept anges de l'Église de Dieu »; et, dans une délicate et gracieuse allusion, il montra ce que devait être une véritable fille de Saint-Paul. L'instruction demeura profondément gravée dans les cœurs. Le texte de l'Apocalypse surtout ne fut pas oublié, et le nom d'étoile parut si bien convenir à la sœur Maria, qu'il lui resta longtemps, et que, dans la suite, quand ses compagnes voulaient la désigner, elles l'appelaient « l'étoile de mil huit cent seize ».

La jeune postulante répondit avec fermeté et douceur aux questions d'usage dans la cérémonie solennelle du dépouillement des vêtements séculiers; et elle écouta dans une attitude pleine de respect et de joie les graves paroles du célébrant. Elle apparut visiblement émue au moment où, un cierge à la main et revêtue du saint habit, elle prononça dans l'allégresse d'une espérance maintenant réalisée ce que son cœur avait tant de fois murmuré tout bas à Dieu : « Nous voulons nous attacher à la vérité, à Dieu, à sa loi sainte, aux règles de la maison, aux vertus de notre saint état, pour devenir de vraies sœurs hospitalières, de dignes épouses de Jésus-Christ, des victimes de son zèle pour le soulagement des pauvres et l'instruction des enfants. » Et quand elle vit sa déclaration accueillie par ces paroles solennelles : « Le ciel et la terre, la communauté ici rassemblée et tous les assistants ont entendu ce que vous venez de dire », l'émotion de son âme arriva à son comble. Avec quelle joie elle supplia Dieu d'apposer un sceau immortel à sa promesse! La cérémonie terminée, elle alla embrasser avec effusion, comme cela est prescrit, la Supérieure générale, la maîtresse des novices et les autres sœurs.

La prise du saint habit produisit sur la sœur Maria une vive impression; et sa joie fut grande de se voir officiellement dépouillée « du vieil homme », c'est-à-dire de toutes les inclinations de la nature, et revêtue des insignes de la justice, de la sainteté et de la vérité. Appelée à suivre l'Agneau et à marcher sans tache dans cette voie sacrée, elle comprit avec quel soin jaloux il lui fallait toujours conserver dans sa fraîche et éblouissante blancheur le lis de sa virginale innocence; et, à cet effet, elle s'arma courageusement des précautions délicates et toutes célestes qui sont absolument nécessaires pour arriver à vivre en ange sur cette terre désolée par la corruption. La vie qu'elle devait mener désormais se trouvait trop visiblement symbolisée par l'abandon qu'elle venait de faire des parures mondaines, par l'austère robe noire dont on l'avait revêtue, par le fichu d'une blancheur de neige qui couvrait sa poitrine, par le voile de toile fine et blanche aussi dont sa tête était modestement abritée, pour qu'elle pût jamais oublier un seul instant la grandeur et la noblesse que l'Église venait de lui conférer si miséricordieusement, en la recevant au rang des vierges chrétiennes.

Dieu se plut alors à la combler de ses plus précieuses faveurs. Au reste, il en est ainsi, on le sait, pour toutes les âmes qui, sortant du monde, viennent avec générosité se donner à lui, et attendent durant ce temps qu'on nomme le noviciat, sous l'influence des plus douces et des plus consolantes bénédictions du ciel, le moment où la porte de la vie religieuse leur sera définitivement ouverte. En effet, tout dans le noviciat est d'une fraîcheur exquise, même les larmes qu'on pourrait avoir à répandre sur le passé. Le Seigneur semble vouloir que ce temps béni soit fécond en douceurs, en lumières vives, en héroïques desseins, en immolations sublimes, afin qu'il projette sur tout le reste de la vie comme une ombre délicieuse, et y répande un charme sur lequel les années n'auront pas de prise. Et ce souvenir ineffaçable est une grâce d'un genre tout à fait à part, dont la vertu est de maintenir le religieux dans la ferveur jusqu'au dernier soupir.

Devenue novice, la Sœur Maria se recueillit profondément en elle-même. « Il s'agit maintenant pour moi », se dit-elle, « de fermer définitivement toutes les avenues de mon âme aux choses de la terre, et de ne respirer réellement que du côté du ciel. » Elle le fit. Chez elle, toute sa vie, l'acte suivra toujours de très-près la pensée. Il serait du reste difficile de rendre les mystères de son amour pour Dieu à cette époque. Tout ce qu'on peut dire, c'est que, avec une activité infatigable, elle déracinait de son âme les moindres mouvements de la nature. Et en récompense de ce mâle courage, Dieu l'éclairait suavement. Le bonheur de la souffrance et de l'humiliation; les consolations ineffables de l'obéissance; l'honneur d'être l'amie et la servante des pauvres; toutes ces splendeurs de la vie surnaturelle lui apparurent successivement dans une inénarrable clarté. Et les vertus religieuses s'épanouirent en elle avec le plus suave éclat, à la faveur de ces grâces de choix. On nous a dit qu'alors elle était d'une humilité sans pareille, se regardant comme la dernière de toutes. Sa docilité avait un caractère de simplicité exquise; et son amour de l'obéissance donnait à ses actes une grâce merveilleuse. Elle avait pour la mortification un grand attrait; et si l'on ne l'eût retenue, elle fût allée loin dans ce chemin royal, rendez-vous sacré des saints illustres. Mais on lui fit comprendre que la Sœur de charité trouve naturellement, sans avoir besoin de recourir aux austérités sanglantes, l'immolation de son corps virginal, dans ses veilles auprès des malades, et dans sa vie passée au milieu des épidémies et de tous les maux qui affligent l'humanité. Elle se rendit avec une grande docilité, les yeux fermés, à la volonté de ses supérieurs; mais elle fut toujours très-exacte à saisir les occasions de mortifications qui se présentaient à elle, sans les chercher. Elle ne se démentira jamais sous ce rapport durant sa longue vie. Jamais on ne la verra demander pour elle le moindre adoucissement. La faim, la soif, le froid, le manque de sommeil, loin de tirer de sa bouche l'ombre d'une plainte, la rendront toujours extrêmement joyeuse dans son intérieur. Et pour qu'elle satisfasse ces besoins légitimes de la nature, il faudra souvent que d'autres les devinent et l'y contraignent. Ce parti pris de faire ainsi taire les exigences du corps par une énergie sourde et profonde dont l'œil de Dieu seul avait le secret, tant, dans cette répression, la jeune Sœur mettait de calme et de force, annonce une grandeur d'âme qui touche de près l'héroïsme.

Au reste, au milieu des autres Sœurs ses compagnes, la pieuse novice était simple et douce. Le besoin de rendre heureux qui fait, comme on a vu, le fond de son caractère, se traduit ici par les plus gracieuses prévenances à leur égard. Se contrarier elle-même pour procurer, ne fût-ce qu'à un enfant, un instant de bonheur, voilà ses plus chères délices. Rien ne l'attriste comme quand elle est obligée de causer aux Sœurs le plus léger dérangement pour elle. Que de fois, afin de ne pas leur donner la peine de lui faire de la tisane, elle dissimula des rhumes opiniâtres! Peut-être ici manquait-elle de simplicité. Mais comment ne pas l'absoudre quand on voyait avec quel accent vrai elle s'écriait : « Oh! je n'en vaux pas la peine! » Pour qu'elle fût heureuse, il fallait qu'elle se vît oubliée.

Les constitutions portent qu'une partie du noviciat pourra être faite en dehors de la maison mère, dans un établissement où la jeune aspirante à la vie religieuse est à même d'exercer les fonctions charitables dont plus tard elle devra être définitivement chargée. Au bout d'un certain temps, on pensa donc naturellement à donner un emploi à Sœur Maria dans une des maisons de la congrégation. L'éducation des enfants n'était pas pour elle sans attrait. Plus tard ses paroles, ses recommandations, ses lettres montreront quel cas elle faisait de ce genre d'apostolat qui permet de former avec tant de facilité les enfants à l'amour de Dieu. Toutefois, son âme généreuse aspirait à secourir des misères plus grandes que celles qui se trouvent dans l'enfance; elle ambitionnait une tâche plus difficile, moins souriante à la nature, plus ingrate : celle de consoler les malades, et de faire revivre dans leurs cœurs, souvent flétris par le vice ou aigris par le malheur, le sentiment du bien et de la vertu. Avec cette respectueuse simplicité qui est le droit sacré de l'obéissance religieuse, elle manifesta son désir d'entrer dans un hôpital au service des pauvres. Les supérieurs lui accordèrent ce qu'elle demandait. Elle fut donc envoyée à l'hospice de Mantes; et c'est là qu'elle donna les fleurs de son âme et les premiers parfums de sa vertu, sous la direction de la Sœur Françoise, supérieure de l'établissement.

La Sœur Maria, chargée des malades, se mit donc à les soigner comme si elle n'avait fait autre chose de sa vie. La charité, cette science suprême, lui donnait une adresse et une expérience dont on était étonné. Panser leurs plaies, leurs ulcères; étancher le sang de leurs blessures et aussi les larmes de leurs yeux; deviner avec une exquise sensibilité leurs douleurs; telle était son application constante. On peut dire que leurs besoins et leurs périls ne la laissaient pas respirer. Rien surtout n'égalait la douceur avec laquelle elle les traitait tous, arrivant toujours, par une ingénieuse tendresse, à leur faire prendre les breuvages amers qu'ils avaient jusque-là repoussés. Elle veillait avec une scrupuleuse exactitude à ce que les prescriptions des médecins fussent observées fidèlement. Procédant en toute chose avec l'ordre le plus parfait, elle donnait à la propreté une attention particulière et minutieuse, ce point étant dans les hospices une chose véritablement capitale.

La Sœur Maria a laissé un souvenir ineffaçable de sa modestie dans les soins de toute nature qu'elle prodiguait à ses chers malades; et la délicatesse de sa vertu n'avait d'égale que la simplicité touchante avec laquelle elle leur rendait les plus humiliants services.

Quand les Sœurs la voyaient avec un sérieux indescriptible peigner et débarbouiller de pauvres vieilles femmes; aider de pauvres vieillards tout tremblants à mettre leurs bretelles, ou enlever la vermine de leurs haillons, elles souriaient un peu; mais une larme d'attendrissement accompagnait leur sourire; car, avec une candeur naïve et douce, la Sœur Maria les regardait et disait: « Qu'est-ce que ça fait, puisque c'est à Notre-Seigneur que je fais cela? » D'autres fois elle disait avec un accent qui pénétrait: « Quand on pense à Jésus-Christ, comme les pauvres sont beaux ! »

La Sœur Maria, après avoir rempli auprès des malades ses devoirs essentiels, restait encore avec eux, raccommodant leurs pantalons, leurs bas, leurs jupons, leurs vieilles chaussures. Elle adressait à tous des paroles encourageantes, et leur faisait avec onction la lecture de la *Vie des Saints*. Ceux qui pouvaient un peu marcher, elle les aidait à se promener dans un petit parterre qu'on avait accordé à ses pieuses instances, et, avec un respect touchant pour leurs souffrances, elle soutenait leurs pas chancelants. Ces pauvres gens qui, à leur arrivée à l'hospice, l'avaient vue si empressée autour d'eux, les déshabillant, leur lavant les pieds, ne tarissaient pas en éloges, quand, après avoir reçu d'elle, dans le plus fort de leur maladie, des soins maternels, ils la trouvaient maintenant si pleine de sollicitude pour diminuer les ennuis inséparables de la convalescence. Afin d'être à même de leur accorder toutes les douceurs imaginables, elle s'efforçait de se concilier les bonnes grâces des administrateurs et de toutes les personnes qui étaient capables de l'aider. Et avec ses manières toujours si aimables et en même temps si modestes, la chose lui était très-facile. Elle obtenait tout ce qu'elle demandait. Des fruits, de belles grappes de raisin, des bonbons exquis, du tabac pour les vieillards, tout lui arrivait à souhait.

Au printemps, le soleil est bien doux pour les personnes âgées, et la vue des fleurs naissantes a une grande vertu pour ramener un peu de joie dans leur cœur. La pieuse novice aimait à leur procurer cet agréable soulagement. Un beau jour d'avril, tandis que tous les gens infirmes se tenaient dehors, un pauvre homme se lamentait dans son lit de ne pouvoir respirer comme les autres l'air pur et vivifiant. La Sœur Maria voyait à son accent combien il était malheureux. Elle le fit habiller. Deux hommes le prirent sous les bras et l'amenèrent au jardin. Le malade sentait la vie lui revenir. Mais où l'asseoir? Il ne se trouvait là que quelques bancs de bois où son pauvre corps s'affaissait de faiblesse. La Sœur Maria le consola de son mieux et le fit rentrer. Mais le lendemain elle avait obtenu un grand fauteuil qui fut mis à son service et à celui de tous les malades.

L'austère Sœur Françoise, quand elle parvenait à maîtriser l'émotion que ce dévouement faisait naître à chaque instant dans son cœur, disait à la fervente novice : « Vous faites trop pour vos pauvres ; ils se moqueront de vous à la fin. » Cette bonne supérieure savait, au fond, à quoi s'en tenir. Dans tous les soins minutieux dont elle entourait ses malades, la jeune novice mettait tant de dignité et de distinction, qu'elle imposait le respect. Sa présence et sa vue, toujours tant désirées, produisaient immédiatement un silence d'admiration. Dès qu'elle apparaissait, un sourire de douce joie, mêlée à une vénération profonde, effleurait jusqu'aux lèvres des mourants, et les yeux éteints se ranimaient.

La Sœur Maria ne quittait ses pauvres malades que pour se rendre aux pieds de Notre-Seigneur présent dans le sacrement d'Eucharistie. Quelle joie douce et humble se reflétait alors sur sa figure attendrie! Se trouvant réellement en face de celui auquel, dans la personne des pauvres, elle venait de rendre tant de bons offices, le ravissement la prenait. Elle rappelait à son maître adoré, avec une naïveté incomparable, que c'était bien lui, lui seul qu'elle avait voulu servir, lui seul qu'elle avait eu l'intention d'entourer de soins si tendres. « Si ce n'était pas vous, disait-elle, je ne l'aurais pas fait. Mais à vous, Jésus tant aimé, que ne ferait-on pas? Vous avez eu la bonté de le prendre pour vous. Combien je vous en remercie! » C'est au sein du plus profond recueillement qu'elle s'entretenait ainsi avec le Sauveur. Tout son extérieur alors respirait le respect pour la majesté divine. Elle était aussi belle et aussi noble dans la prière qu'aux pieds des pauvres.

Une jeune personne qui dut en grande partie sa vocation à l'impression profonde que sa seule vue à la chapelle produisait sur tous, devenue plus tard religieuse dans la congrégation de Saint-Paul, sous le nom de Sœur Placide, disait : « J'aimais à prier non loin d'elle ; et ce n'est pas sans une vive émotion que je la vois encore, par le souvenir, à travers tant d'années, comme si seulement c'était hier, à sa place, durant la sainte Messe, recueillie dans une douceur d'attitude qui allait à son insu jusqu'à la majesté. Elle regardait la divine hostie avec un inexprimable ravissement. Émue souvent jusqu'aux larmes, je disais à Dieu : Mon adorable Maître, je ne sais pas vous prier... Je ne sais pas vous prier comme cette Sœur qui est un ange. Je m'unis à elle pour vous dire tout ce qu'elle vous dit, pour vous adresser les louanges qu'elle vous adresse, et vous bénir comme elle vous bénit. »

On voyait aussi chaque jour la Sœur Maria pieusement agenouillée devant l'autel de la sainte Vierge, qu'elle aimait avec une piété sans égale. Certaines fois son attitude devenait suppliante au suprême degré. C'était quand à la mère des affligés elle confiait les inquiétudes de son cœur pour le salut de quelque malade obstiné à mourir sans se réconcilier avec Dieu. Elle voyait tout l'amour qu'elle avait porté à cette âme infortunée échouer au port; et de cruelles alarmes s'emparaient d'elle. Il fallait à tout prix que la sainte Vierge convertisse ce pauvre pécheur endurci. Sans doute la mère de miséricorde eut toujours pour agréables les prières de son aimable cliente, car aucun de ses malades ne mourut sans sacrements. Il était passé à l'état de proverbe qu'un malade une fois entre les mains de la Sœur Maria devait, « bon gré, mal gré, aller au ciel ».

Avec toute sa bonté si magnifiquement rehaussée par une piété angélique, la Sœur Maria avait une rare perspicacité. Il s'en faut de beaucoup que le pauvre ait toujours conscience de sa dignité sublime, et respecte en lui la présence de Jésus-Christ comme il devrait. La dissimulation et le mensonge gâtent trop souvent le caractère sacré que la foi lui imprime. Mais la jeune novice ne s'y laissait jamais prendre.

Un homme qui se disait Anglais vint un jour à l'hôpital. Pensant éblouir par le spectacle d'une conversion qui ne manquerait pas de lui attirer des sympathies, il feignit d'appartenir à la religion protestante. Sa supercherie réussit. Il demanda à se faire catholique, et sa prétendue abjuration n'eut pas lieu sans quelque éclat. Tout le monde y fut trompé, excepté la Sœur Maria qui, dans les différentes phases de cette indigne comédie, ne pouvait s'empêcher de dire souvent avec la plus grande douceur : « Vous verrez que cet homme n'est pas ce qu'il prétend être. » Il est juste d'ajouter que, malgré sa pensée bien arrêtée sur son compte, elle se montra toujours extrêmement bonne pour lui. Au bout de six mois, on découvrit que cet homme n'était autre qu'un voleur échappé de prison.

Parmi les souvenirs édifiants que la Sœur Maria a laissés dans la maison de Mantes, il faut placer celui de son grand respect pour la parole de Dieu. Extrêmement attentive toujours lorsqu'on prêchait, et le visage doucement épanoui par une joie toute sainte, elle recueillait dans son cœur avec un soin délicat et empressé les moindres parcelles de ce pain mystique. Connaissant son attrait, la Supérieure lui avait commandé de prendre par écrit les instructions sacrées. La novice obéissante se livrait avec bonheur à cette tâche qui lui était bien chère ; et, dans des pages délicieuses tracées avec l'abandon d'une âme humble habituée à ne chercher ses inspirations que dans l'amour, elle arrivait à reproduire merveilleusement tout ce qui avait été dit au prône. Et le vénérable prêtre à qui la Supérieure communiquait en secret ce travail béni y reconnaissait facilement sa doctrine embaumée dans un grand parfum de piété.

C'est au milieu de ces occupations et de ces saintes pensées que la Sœur Maria attendit le moment béni de la profession. Ce jour heureux ne devait pas tarder pour elle désormais. Elle s'était dignement exercée dans la vie ascétique ; elle avait déjà magnifiquement réussi dans les nobles et pénibles fonctions de la Sœur d'hôpital ; elle avait étudié dans le silence de la prière les règles de l'Institut et les avait pratiquées avec fidélité ; tout ce qui pouvait lui être cher, précieux, aimable, tout, jusqu'à sa propre volonté, elle l'avait immolé de grand cœur ; la pauvreté, l'humiliation, la souffrance étaient devenues en quelque sorte le fonds de son âme. Pleine de mépris pour elle-même, elle ne connaissait plus d'autre appui qu'en Dieu ; et, au milieu de tout cela, il lui restait surtout une pensée fixe, celle de la lutte jusqu'à la mort, pour empêcher que la nature ne reprenne quelque chose de ce qu'elle donnait à Dieu avec tant d'amour : ainsi disposée, elle pouvait aller d'un pas sûr à l'autel du sacrifice.

La Supérieure proposa donc la Sœur Maria pour la profession. Le témoignage qu'elle rendit d'elle à cette occasion à la communauté fit d'autant plus d'impression, que cette digne Sœur, qui était une femme distinguée, était aussi très-difficile. Excellente religieuse d'ailleurs, il y avait en elle quelque chose d'un peu âpre : elle exigeait toujours beaucoup des Sœurs placées sous sa conduite. On avait coutume de dire à ce sujet : « Quand on a passé dans l'étamine de Sœur Françoise, il faut qu'on soit un sujet excellent. » Elle déclara donc n'avoir jamais rien eu à reprocher à la Sœur Maria, et elle ajouta ces graves paroles : « Je n'ai jamais vu une jeune Sœur si pieuse, aimant tant les humiliations qu'elle. » Au reste, l'estime qu'elle lui portait et le cas qu'elle faisait de son talent l'avaient depuis longtemps décidée à se reposer sur elle de tous ses travaux d'administration et de correspondance. La Sœur Maria s'acquitta toujours de cette tâche délicate, à la grande satisfaction de la vénérable Supérieure.

Le 2 août de l'année 1818 fut le jour fixé pour la profession de la Sœur Maria. La Mère Josseaume la présenta à l'autel avec sa petite couronne blanche d'aubépine, entrelacée d'immortelles. En présence de M. Barentin, la pieuse novice prononça avec fermeté ces nobles paroles du cérémonial : « Nous savons que nous entreprenons une vie de peines et fatigues; nous savons que nous exposons notre santé et même notre vie; mais, ô mon Dieu ! mille fois trop heureuses de mourir dans l'exercice de nos pénibles et honorables fonctions et de nous immoler pour votre amour ! »

Puis, après avoir formulé ses engagements, elle reçut le petit crucifix « pour apprendre à aimer, souffrir et mourir », ainsi que le chapelet, douce marque du dévouement à la Très-Sainte Vierge, avec le Nouveau Testament, l'*Imitation de Notre-Seigneur Jésus-Christ* et le règlement de la Congrégation.

Au bout de quelque temps, la Sœur Maria fut nommée supérieure de l'hospice de Dreux. Cette nouvelle fut un coup de foudre pour tous ceux qui la connaissaient à Mantes; mais elle n'étonna personne. En voyant en elle tant de qualités précieuses et une capacité si exceptionnelle, on s'était peu à peu accoutumé à la pensée de la perdre; on s'attendait à ce qu'un jour ou l'autre il la faudrait céder à une maison plus importante et plus heureuse, dont le gouvernement lui serait confié. Bien des larmes cependant coulèrent quand on la vit partir. Elle-même, plus attristée que tous, courbant la tête sous le joug de l'obéissance, se rendit immédiatement à la Communauté.

CHAPITRE QUATRIÈME

La Mère Josseaume installe la Sœur Maria. — Surprise des administrateurs. — Regrets et larmes de la Sœur Maria en se voyant Supérieure. — Elle confie à Dieu la plus large part de son administration. — Le bien-être des malades devient sa pensée constante. — Elle s'efforce d'inspirer cette sainte sollicitude aux Sœurs, dont elle gagne vite l'affection et la confiance. — Améliorations dans l'hôpital. — La maison de l'aumônier. — La ville tout entière est heureuse d'entretenir des relations avec la Sœur Maria. — Moyens ingénieux pour se procurer des ressources. — Le cercueil des pauvres. — Ses visites journalières dans les salles de l'hôpital. — Quelques esprits chagrins dénaturent ses intentions. — Elle perd sa mère, 17 novembre 1826.

C'est sur la fin du mois de juillet 1821 que la Mère Josseaume vint installer à Dreux la Sœur Maria, alors âgée de trente ans. On lui en eût facilement donné vingt. Lorsque les administrateurs la virent pour la première fois, frappés de son air de jeunesse et de candeur, ils dirent à la Mère Josseaume : « Mais, madame, c'est une enfant que vous nous donnez ! » La Supérieure générale leur répondit en souriant, et sans se déconcerter : « Comment, messieurs, mais elle va sur quarante ans ! » Ces messieurs se regardèrent en souriant aussi, à la pensée que si elle y allait, elle avait encore de la marge.

La Sœur Maria, en se voyant Supérieure, se prit à pleurer. Tout allait bien changer pour elle. Ce n'était plus uniquement le soin dévoué des pauvres malades qui lui était demandé; et le temps des joies ineffables qu'elle avait goutées, en prodiguant aux malheureux les trésors de son cœur, sans avoir d'autre souci, était passé. Heures fortunées où l'âme pieuse n'a à penser qu'à Dieu et au pauvre qui représente Dieu, sans qu'aucune préoccupation terrestre ne vienne la distraire dans l'exercice de ce double amour; heures mille fois délicieuses, quelle est la religieuse qui, arrachée à vos douceurs pour porter le fardeau de la Supériorité, ne vous regrette et n'ait, à votre souvenir, sinon dans les yeux, du moins dans le cœur, des larmes d'infinie tendresse!

La Sœur Maria avait donc désormais toute une maison à gouverner. C'est une précieuse prudence, quand on fait une œuvre, d'y laisser pour Dieu une grande place. La nouvelle Supérieure, en prenant l'administration de l'hôpital, ne manqua pas de suivre cette ligne de conduite si connue des amis de Dieu. Elle exposa avec une délicieuse candeur la situation au divin Maître. « Les intérêts qui me sont confiés », lui dit-elle, « sont encore plus les vôtres que les miens ; et quand il plaira à votre bonté de les faire prospérer, je serai ravie de vous avoir vu mettre votre divine main dans nos affaires, et je vous louerai de tout mon cœur. »

Avec l'esprit éminemment pratique qui la distinguait, elle saisit vite le but de sa mission. La Supérieure d'un hôpital est la providence du pauvre; c'est sur le pauvre souffrant que doivent se porter toutes les pensées de son esprit, comme c'est vers lui que doivent converger tous ses actes. Elle s'appliqua donc, avant tout, à le faire aimer par les Sœurs chargées de lui prodiguer leurs soins. Dans ce but, elle chercha à développer de plus en plus en elles l'esprit religieux et l'amour de la règle; car rien ne prédispose à un tendre amour pour Jésus-Christ comme l'humilité, l'abnégation, l'obéissance; et, quand on aime Jésus-Christ, le moyen de ne pas être très-tendre pour le pauvre?

A cette tâche, au reste si douce, de la formation des Sœurs à l'amour du pauvre, par la pratique des vertus religieuses, elle mit tant de cœur, tant de procédés gracieux et aimables, qu'elle atteignit son but avec le plus grand succès; et toutes les Sœurs répondirent par la confiance la plus entière et la plus affectueuse aux avances de son zèle charitable. La Sœur Placide, en nous parlant de l'attachement qu'elle sut tout de suite inspirer pour sa personne, nous disait : « Elle avait au plus haut degré le don de se faire aimer; et les Sœurs ne la voyaient pas où elle était. » A la faveur de cet ascendant précieux, la Sœur Maria donna aux pauvres des servantes dévouées et remplies de bonté.

Une maison ne peut marcher sans l'ordre; et l'ordre qui maintient tout est une des choses du monde les

CHAPITRE QUATRIÈME. 53

plus difficiles à maintenir. Il faut une grande fermeté de caractère. La Sœur Maria y mit toute son énergie. En quel état de souffrance n'eussent pas été ses pauvres malades sans cela! Aimable donc et facile dans la surveillance sévère qu'elle exerçait le jour et la nuit, elle sut, par son tact exquis, se faire pardonner de ne passer sur rien. Tout ce qui s'éloignait tant soit peu de l'ordre la trouvait inflexible, mais douce et bonne; et l'on n'était jamais pris en défaut sans se ressentir en même temps de la suavité de son cœur.

Une foule d'autres soins réclamaient encore la sollicitude de la Supérieure. A une époque où tout venait d'être bouleversé par la Révolution, les établissements de bienfaisance étaient loin d'avoir le confortable nécessaire. Les salles de l'hospice étaient mal distribuées, les lits entassés les uns sur les autres; le vestiaire était presque misérable. Avec cet esprit d'initiative qui commençait à se montrer en elle d'une manière remarquable, la Sœur Maria résolut de remédier à tous ces inconvénients. Par ses soins, des changements utiles furent faits dans l'hôpital agrandi; de nouveaux lits y furent placés, et les malades se trouvèrent dans de meilleures conditions hygiéniques. Touchés de son zèle, et gagnés par ses procédés toujours pleins d'une délicatesse et d'une modestie qui commandaient le respect, les administrateurs n'avaient garde d'entraver ses desseins généreux. Ils se faisaient au contraire un bonheur de la seconder, et ils lui accordaient tout ce qu'elle voulait. Elle obtint qu'une maison fût construite près de l'hôpital pour l'aumônier qui, jusque-là, avait résidé au presbytère de Dreux. Elle fit ouvrir des classes pour les pauvres; et les religieuses présentes ne suffisant plus au travail, deux nouvelles vinrent s'y adjoindre.

La Sœur Maria se trouvant, par le fait même de sa nouvelle position, exposée aux regards du monde avec lequel il lui fallait, malgré ses répugnances, entrer nécessairement en rapport, ne tarda pas à exercer autour d'elle par ses vertus un ascendant considérable, et l'on vit bientôt se manifester la mystérieuse puissance d'attraction qu'elle posséda, durant le reste de sa vie, à un si haut degré. Toute la ville de Dreux accourut à elle, et se fit un honneur de sa religieuse amitié. Et, comme c'était toujours avec une douleur à consoler, un conseil à demander, un chagrin à confier qu'on se présentait devant elle, son humilité alarmée de tant de visites cédait un instant le pas à la bonté de son cœur, et elle se prêtait, pour plaire à Dieu, à tout ce qu'on voulait lui dire. Elle trouvait, au reste, dans ces relations à l'extérieur, le profit de ses pauvres; et c'était pour elle le point capital. Des dames donc se firent un plaisir de travailler pour monter le vestiaire de l'hôpital; d'autres lui ouvrirent généreusement leurs bourses pour ses bonnes œuvres. La pauvre Sœur n'en manquait pas.

Une fois son cœur connu des nécessiteux, elle eut fort à faire.

Par mille traits touchants sa générosité éclatait et à l'intérieur de l'établissement et à l'extérieur. Un pauvre soldat, entré à l'hôpital malade, était sous le coup d'une très-grave punition qui l'attendait après sa guérison. Dans un de ces malheureux moments qui se rencontrent parfois dans la vie, il avait vendu son équipement. Ses antécédents n'étaient pas mauvais. La Sœur Maria, émue de compassion, écrivit au colonel, qui s'empressa de lui répondre que, par égard pour elle, il consentait à pardonner au malheureux militaire, mais à la condition qu'on remplacerait l'équipement vendu. Il fallait, à cet effet, trouver peut-être quatre-vingts francs. La bonne Supérieure parvint à réaliser cette somme, et le pauvre soldat échappa à la peine infamante qui lui était réservée.

On lui vit, au reste, montrer toujours une bonté spéciale pour les militaires. Il en passait beaucoup venant de Bretagne, et elle aimait à leur prodiguer ses soins. « Ces pauvres enfants », disait-elle, « n'ont plus là leurs mères pour s'occuper d'eux et ranimer par leur tendresse les bons sentiments dans leur cœur; je dois suppléer ces chères mères; et cela est d'autant plus juste, que, s'ils quittent tous la maison paternelle, c'est pour consacrer à notre France bien-aimée les plus belles années de leur vie, et lui donner même leur sang au besoin. Cette immolation sublime que ces jeunes hommes font avec tant de simplicité vaut bien la peine que, nous autres pauvres Sœurs, nous les entourions de nos maternelles sollicitudes. »

Il y avait dans le cœur de la Sœur Maria une place pour tous les affligés, et dans sa générosité des ressources pour tous les besoins. Une excellente personne de la ville était atteinte d'une maladie fort grave pour laquelle il fallait faire le voyage de Paris. Une opération extrêmement douloureuse était devenue nécessaire. Mais il fallait pour cela une somme considérable d'argent que cette dame n'avait pas. La Supérieure fit tant, qu'elle parvint à la lui procurer.

Quand la Sœur Maria se trouvait dans ces passes d'embarras financiers, et cela lui arrivait souvent, elle avait recours à une industrie toute particulière. Comptant beaucoup sur l'efficacité que la souffrance donne à la prière, elle faisait avant tout prier ses malades; puis elle tirait quelques pièces de monnaie d'une caisse extrêmement chère à son cœur, et à laquelle, par une superstition d'amour qui n'étonnera personne, elle attachait le privilége de porter bonheur à ses quêtes. La caisse bien-aimée contenait le modeste produit du premier travail des enfants de l'école. Cette part du bon Dieu prélevée ainsi, comme de douces prémices, à mesure qu'une petite fille pouvait gagner quelque chose, avait selon elle la vertu de rendre fécondes ses collectes.

En dehors de cette touchante industrie qui révèle tant de foi et tant de cœur, la bonne Sœur Maria avait mille moyens de battre monnaie pour ses pauvres; et le respect humain était la chose dont s'occupait le moins son ingénieuse charité.

Un jour, un homme mourut à l'hospice. La coutume était alors d'enterrer les pauvres sans cercueil. On avait donc placé le mort dans un sac; et l'aumônier, revêtu des ornements sacrés, allait procéder à la sépulture, quand la femme du défunt, arrivant de la campagne, demanda à la Sœur Maria la faveur de voir une dernière fois son pauvre mari avant qu'on l'enterrât. La Supérieure prie M. l'aumônier d'attendre un instant pour accorder à cette femme désolée une consolation si légitime. On découd le drap, et l'on appelle la pauvre femme, qui fond en larmes. Sa douleur satisfaite, on rattacha le drap avec quelques épingles, et l'enterrement eut lieu. Mais au moment où l'on descendit dans la fosse le corps de ce malheureux, les épingles s'étant détachées, le drap s'ouvrit tout entier, laissant le cadavre à découvert. Cette scène lamentable décida la Sœur Maria à ne plus laisser enterrer de morts sans bière. Ce douloureux usage avait, il est vrai, révolté souvent son cœur; ce qu'elle avait souffert en voyant ces malheureux jetés dans la fosse uniquement avec leurs misérables suaires, il serait difficile de l'exprimer; et elle avait fait beaucoup de démarches afin d'obtenir des ressources suffisantes pour assurer au moins aux mortelles dépouilles de ses chers pauvres un cercueil aussi modeste qu'on voudrait. Mais jusqu'à ce jour ses soins avaient été sans succès. Cette fois, la Supérieure n'y tint plus. Elle alla elle-même quêter et acheter dans la ville de vieilles planches hors d'usage, boîtes d'emballage, caisses de savon, de poteries, etc., les mettant en réserve avec le plus grand soin, dans le but pieux dont nous parlons. Au bout d'un certain temps, on finit par inscrire au budget de l'hospice la somme nécessaire pour que les défunts fussent convenablement enterrés.

La Sœur Maria, si active quand elle s'occupait des intérêts des pauvres, montrait tout son cœur à leur égard, quand il lui était donné de se trouver au milieu d'eux. Chaque jour elle faisait la visite des salles. C'était pour elle, comme pour les malades, un moment de grande joie. Elle allait de lit en lit, s'approchait d'eux avec un mélange de respect et d'amour, et leur prodiguait les soins d'une mère, leur ménageant de douces surprises et faisant les plus touchants efforts pour leur faire oublier la douleur et l'ennui. Rencontrait-elle quelque femme ou quelque pauvre vieillard qui allaient regagner leur lit, elle se mettait en devoir, avec une grâce charmante, de dénouer leurs souliers; à d'autres, elle coupait les ongles des pieds et des mains. Ceux qui avaient naturellement ses regards les plus tendres, c'étaient les malades les plus dégoûtants; et on la voyait venir près d'eux pénétrée d'une pieuse vénération, essuyant leur visage, leur nez, leur bouche, avec une aménité que rien ne pouvait altérer.

Préoccupée avant tout de leur salut, elle leur parlait de Dieu avec un accent merveilleusement fait pour aller à l'âme; et, par les suaves et savantes industries de son amour, elle arrivait toujours à leur faire recevoir les divins sacrements. Parfois, ce n'était pas sans résistance : il y avait de pauvres gens aigris par le malheur que ses pieuses exhortations trouvaient d'abord insensibles ; mais à la vue de ces âmes infortunées sur le bord de l'enfer, dans un moment si décisif, son zèle prenait un caractère si inexprimablement tendre de compassion, de sollicitude, d'ardeur, et s'exprimait avec des paroles, des industries, des émotions, des larmes même si touchantes, qu'il devenait à la fin impossible de résister ; et ces pauvres malades quittaient la vie en chrétiens.

Pour ceux qui avaient le bonheur de revenir à la santé, c'était toujours une grande tristesse quand il fallait dire adieu à la bonne Sœur Maria. Toutes les paroles pleines d'onction qu'elle leur avait dites ; la douce violence que parfois elle leur avait faite, les conjurant avec un accent irrésistible d'avoir pitié de leur âme immortelle, tout cela leur revenait, au départ, avec un déluge de larmes souvent; et pour se consoler de la peine qu'ils avaient de la quitter, ils se promettaient du moins de ne jamais perdre son cher souvenir. Comme dans ce souvenir il y avait surtout Dieu et la joie d'une bonne conscience, la Sœur Maria consentait à ne pas être oubliée d'eux, et elle se recommandait humblement à leurs prières.

Au milieu de tout le bien que faisait à Dreux la Sœur Maria, quelques caractères chagrins se prirent à répandre des nuages. Sa clairvoyance offusquait parfois. Le pauvre cœur humain, même quand il porte le sceau sacré de la consécration divine, a parfois ses faiblesses; et la plus commune peut-être est celle qui s'arrange mal, au commencement du moins, d'une supériorité de talent ou d'une vertu trop éclatante. Et les prétextes ne manqueront jamais alors de trouver quelque chose à reprendre même dans les actes les plus saints. La Sœur Maria avait répandu dans la maison une séve de vie, de bonheur, qui avait tout transformé autour d'elle. De temps en temps, des fêtes organisées par ses soins amenaient dans l'asile de la souffrance quelques éclairs de joie vive et pure toujours sanctifiée par la religion. On prit de là occasion pour prévenir les supérieurs contre des innovations qu'on présentait sous un jour moins favorable. Tout fut un peu tourné contre elle, jusqu'aux louanges dont toutes les bouches retentissaient à son égard, comme s'il eût dépendu d'elle d'arrêter dans les cœurs les mouvements de reconnaissance que, à son insu, sa bonté faisait naître. M. Barentin, qui la connaissait, vint à mourir; et le nouveau Supérieur, M. Bonnet, ne lui étant pas aussi favorable, parce qu'il ignorait sa vertu, les insinuations contre elle, loin de s'effacer, continuèrent d'avoir leur cours. Mais la Sœur Maria poursuivait avec le moins de bruit possible sa sainte œuvre, sans défaillance, s'abandonnant avec confiance entre les bras de Dieu.

C'est durant son séjour à Dreux que la Sœur Maria perdit sa mère, le 17 novembre 1826. Éprouvée par cet événement cruel dans une des affections les plus vives qu'elle ait eues sur la terre, elle ne s'en consola qu'à la pensée du ciel où un jour elle retrouverait celle qu'elle pleurait. Elle pria beaucoup pour elle, et fit offrir à une intention si chère l'adorable victime dont les satisfactions infinies payent si miséricordieusement les dettes contractées envers la justice divine.

CHAPITRE CINQUIÈME

Vie intime de la Sœur Maria. — Son extrême discrétion relativement à ce qui se passait dans son âme. — Toujours la lutte. — Le secret de sa grande douceur au milieu des peines et des humiliations. — Son amour pour Dieu. — Sa remarquable simplicité dans ses affaires spirituelles. — Son oraison. — Qualités naturelles de la Sœur Maria. — Sa belle intelligence, sa grande force de caractère, sa vive sensibilité. — Sa distinction. — Son portrait.

Arrivée en ce moment à la maturité de l'âge, à cette époque où l'homme entre en possession de la plénitude de ses facultés et de sa vie, la Sœur Maria se trouve dans le meilleur jour possible pour être connue complétement.

C'est son image morale, intellectuelle et physique que le lecteur va avoir sous les yeux dans ce chapitre. Ceux qui l'ont connue, nous n'en doutons pas, trouveront dans ce triple portrait une fidélité photographique.

La sœur Maria fut toujours d'une discrétion extrême relativement à son intérieur. Sa vie surnaturelle fut une vie profondément cachée en Dieu; et elle tut constamment ce que la grâce produisait dans son âme. Elle sembla avoir pris à tâche de donner son adhésion la plus complète à ces mots de l'Esprit-Saint : « Il est bon de cacher le secret du roi. » Peut-être a-t-elle porté ici le scrupule trop loin. Heureusement que la grâce est une de ces choses qui transpirent et se font jour malgré tout. C'est à cela que nous devons la connaissance, en substance au moins, de la vie intérieure de cette grande âme.

Le pli pris dès son enfance de lutter toujours, de lutter quand même contre sa nature, s'était accentué au noviciat ; à Dreux il devint sa pensée fixe. Sur ce point elle montra une indomptable ténacité. Les gens du monde, les yeux fermés sur leurs propres défauts, s'étonneront qu'on vienne leur dire qu'après trente années de combats constants, la Sœur Maria ne soit pas encore arrivée à la victoire, et qu'elle embrasse maintenant la lutte avec plus d'ardeur que jamais ; ils ne comprendront pas qu'on leur affirme que, derrière tant de douceur et de bonté, sous une telle exubérance de cœur et d'amour, il y avait des répugnances, d'opiniâtres combats. Mais ceux qui, à l'encontre des gens du monde, ont entrepris de se vaincre, croiront tout ici : ce n'est qu'au dernier soupir que la lutte est décidément close.

La Sœur Maria à Dreux installa donc avec une nouvelle énergie la lutte dans son âme. Son caractère si ferme l'y maintint patiente, ardente, impitoyable. Se vaincre, se mortifier, tel était le but constant de ses efforts. Dans ce travail persévérant elle avait acquis à un haut degré la science de réprimer le premier mouvement ; et rarement, chez elle, la volonté se laissait devancer par l'impression. Susceptible parfois d'être surprise par quelques vivacités, elle arrêtait avec une soudaineté, une force dont on a peu l'idée, les mauvaises et amères saillies de la nature ; et toutes les tempêtes venaient expirer dans une douceur et une suavité de manières incomparables. Jamais personne n'aurait pu dire, sans la connaître à fond, qu'il y avait combat chez elle.

La lutte la plus forte, la plus ardente qui s'engagea dans cette âme; celle qu'elle chérit avec le plus d'amour, qu'elle pratiqua avec le plus de générosité, dans laquelle elle mit plus de cœur, c'est la lutte contre sa propre volonté. Et ici, tout le monde le comprendra, il y a de grands obstacles à surmonter, de nombreuses victoires, et les plus difficiles de toutes, à remporter. La sœur Maria savait vouloir avec une grande énergie; mais elle dirigeait tous ses efforts de façon à ne jamais vouloir qu'après Dieu et comme Dieu, qu'après ses supérieurs et comme eux. Ce point culminant de la vertu est facile à indiquer ; mais ce qu'il faut d'énergie pour l'atteindre et s'y maintenir, les occasions d'en déchoir se présentant à chaque instant, n'est pas chose aussi aisée à dire. Quoi qu'il en soit, ce fut un beau spectacle aux yeux des anges que la vue de cette femme travaillant, dans le secret de son cœur, et sans laisser un instant soupçonner à personne ses combats, à briser en tout sa volonté, la faisant ployer, bon gré, mal gré, sous chaque souffle de la volonté divine, et reprenant tous les jours cette tâche avec une patience généreuse et une invincible ardeur. Dans les grandes traverses par où elle aura plus tard à passer, on la trouvera calme, simple; devant l'humiliation elle sera gracieuse; les larmes les plus amères ne couleront de ses yeux qu'à travers un sourire; et aux peines dont elle sera abreuvée, elle ne répondra jamais que par un mot, et ce mot sera un baume, une suavité toujours. On s'en étonnera. Ceux-là seuls qui savent ce qui se passait dans son âme auront le secret de cette conduite. Enfin, plus tard, quand elle aura longtemps exercé ce grand et béni courage contre elle-même, quand elle sera parvenue à se vaincre dans sa volonté, cet asile le plus inexpugnable de la faiblesse humaine, le Seigneur la couronnera, même avant de l'appeler au ciel, en lui donnant l'attrait et lui faisant la grâce d'un abandon complet entre ses mains, état sublime après lequel il n'y a plus rien à désirer ici-bas.

Mais qui donc avait fait comprendre à la Sœur Maria, dans un si haut degré, le besoin de la lutte? Qui lui avait fait accepter et prendre le combat comme le but dominant de sa vie?

L'âme de cette femme admirable est si nette; tout y est si distinct; il y règne une telle simplicité et unité de vue, que la réponse est très-facile. Elle aimait Dieu. C'est tout. Elle n'eut pas peur des conséquences qu'entraîne cet amour; et à mesure qu'elle découvrait en elle quelque chose que Dieu n'aimait pas, elle l'écrasait sans pitié; et comme dans la malheureuse âme humaine, quelque bien douée qu'elle soit, les choses que Dieu n'aime pas pullulent, elle accepta la lutte jusqu'à extinction de la nature.

Au reste, il est singulièrement doux de contempler combien profondément Dieu était dans la vie de cette âme; délicieux spectacle dont la vue est bien propre à nous consoler un instant de nos misères, hélas! à nous.

Elle attachait un tel prix à Dieu, qu'elle n'appréciait rien, excepté lui. En toute chose, le premier objet qu'elle apercevait, c'était lui; de quelque côté que son œil se tournait, c'était lui, avant tout, qui frappait son regard; et si, par suite de quelque imperfection, elle ne le voyait pas de prime abord, remarquant bientôt sa distraction, elle le cherchait, n'avait pas de repos, ne faisait pas attention à autre chose qu'elle ne l'ait trouvé. Et en récompense de cet amour qui ne pouvait se passer de sa présence, Dieu la touchait, la soutenait, lui permettait de s'appuyer sur sa divinité, et de compter, en toute circonstance, sur son cœur. Ainsi, elle avait avec le divin Maître des rapports essentiels, immédiats, incessants.

Ces relations de toute sa vie et de tous ses instants avec Dieu s'accentuaient avec une douceur inénarrable dans la sainte oraison. Et encore ici un voile d'humilité trop impénétrable couvre son âme. Toutefois, on pouvait conjecturer par l'extérieur quelque chose de ces suaves merveilles. Quand donc elle se trouvait ainsi dans ce sublime tête-à-tête avec le Seigneur, on voyait bien qu'elle était émue devant lui jusqu'au saisissement. La présence de cette majesté infinie lui inspirait une révérence indicible, et la mettait dans un état d'anéantissement profond. Ce qu'on peut positivement affirmer, c'est qu'elle livrait alors son âme à l'action divine, désireuse d'aller, dans le sacrifice d'elle-même, aussi loin que la grâce l'y porterait. Or, Dieu, quand on lui donne sincèrement cette latitude, est à l'aise; il règne; et son amour alors ne connaît plus de bornes.

C'est ainsi que, ayant Dieu dans son cœur d'une manière assez profonde pour que tout à ses yeux ne soit rien hors de lui, elle allait, avec une unité d'action admirable, à la lutte contre ce qui, en elle, n'eût pas été conforme au moindre désir de son divin bien-aimé. Quand donc il s'agissait de briser une fibre de son cœur qui déviait de l'harmonie que son rêve constant était d'établir entre elle et son Seigneur, la délibération n'était pas longue. Elle voyait vite, et elle agissait encore plus promptement peut-être qu'elle voyait. Aussi comprenons-nous parfaitement ce mot profond d'une Sœur qui l'a beaucoup connue : « Avec son directeur, les affaires de son âme devaient se traiter vite, et c'est par un mot qu'elle devait rendre son cœur. » C'était aussi par un mot soudain qu'elle en pacifiait tous les mouvements.

Une esquisse des qualités naturelles de la Sœur Maria, jointe à son portrait, achèvera de la faire connaître, telle qu'elle était à l'époque de son séjour dans l'hôpital de Dreux.

La Sœur Maria avait reçu de Dieu une très-belle intelligence. L'élévation de ses pensées, la largeur de ses vues, la justesse et la netteté de son esprit la rendaient propre aux plus hauts desseins. Elle avait avec cela une invincible force d'âme, unie à une bonté de cœur incomparable. Chez elle, la vigueur de la volonté s'alliait d'une manière merveilleuse à la délicatesse du sentiment. Un mélange délicieux de grandeur et d'humilité, de douceur et d'énergie, d'ardeur impétueuse contenue toujours par le frein d'un calme imperturbable, tel était le fond du caractère de cette âme aussi pure et aussi aimante que noble et généreuse.

Douée naturellement d'une force et d'une fermeté rares, elle avait encore peut-être plus de sensibilité. Ce qu'il y avait de délicatesse profonde dans la tendresse de son cœur, qui se rapportait tout entier au bonheur et au bien des autres, est presque impossible à rendre. Il fallait voir comme elle était émue, inquiète, affectée, triste à la seule pensée d'un danger que pouvaient courir ceux qu'elle aimait en Dieu. L'oubli de soi ne fut jamais peut-être porté plus loin que par elle. Au reste, d'une bienveillance, d'une affabilité qui ne se démentaient jamais, elle avait constamment une gaieté douce, une familiarité aimable, et je ne sais quoi d'ouvert, d'engageant, d'irrésistible, qui montrait réellement que le bonheur d'autrui était devenu le souverain besoin de son cœur.

Des qualités si précieuses se reflétaient avec beaucoup de charme dans son extérieur. Tout ce qui dénote un grand caractère, une haute intelligence, un cœur aimant et pur, se trouvait sur sa physionomie. L'harmonie et la finesse des traits, la douceur du coloris, la limpidité et la vivacité du regard, la tranquillité calme et solennelle de tout l'ensemble, lui faisaient une beauté à la fois aimable et majestueuse. Jusque dans le repos, sa personne tout entière avait une expression de vie douce et ardente. En toute circonstance, ses manières distinguées décelaient tout de suite une femme bien élevée. Sans jamais penser un instant à poser, elle était trop grande pour cela, elle avait une tenue qui commandait le respect; jamais précipitée dans ses actes, elle avait une démarche toujours grave et calme, dans ses allures quelque chose de très-digne et de très-noble, quoique très-dégagé et infiniment gracieux. Son abord était toujours souriant et plein d'attraction.

Si Dieu fit beaucoup en faveur de cette femme hors ligne, on peut dire qu'elle s'appliqua de son côté d'une manière merveilleuse à user de tous ces dons pour le faire bénir.

CHAPITRE SIXIÈME

Une grande miséricorde de Dieu en faveur de la Sœur Maria. — La souffrance nécessaire pour perfectionner l'âme. — État des esprits en France à cette époque. — La presse irréligieuse. — La philanthropie veut détrôner la charité. — Visite d'un de ses adeptes aux établissements de bienfaisance. — Scandale à l'occasion d'une femme protestante. — Sagesse et douceur de la Sœur Maria en cette circonstance. — Elle est calomniée et rappelée à la maison mère. — Deuil des habitants de Dreux à son départ, en mai 1827.

Dieu avait donc doté richement la Sœur Maria au point de vue de la nature et de la grâce; et cette faveur insigne qu'il lui fit de l'armer, dès son enfance, contre elle-même, dut contribuer puissamment à faire d'elle une femme véritablement exceptionnelle. Pourtant, à cette âme, une beauté essentielle manquait encore. Et visiblement Dieu n'avait pas achevé en elle le travail de son amour. Tant de vertus avaient besoin d'un abri contre l'orgueil. Ce malheureux penchant est si fort en nous que, si l'humiliation ne vient point en dessécher la racine, ou en affaiblir la séve empoisonnée, l'âme la mieux douée risque de se perdre. Aussi l'illustre saint Ignace de Loyola ne connaît-il rien de plus capable d'engendrer l'humilité que les humiliations; et, dans son immortelle méditation des deux étendards, il ne dit pas de demander à Dieu l'humilité, qui est un fruit trop suave, mais les humiliations qui produisent l'humilité.

Au reste, quand elle n'a encore rien souffert sous ce rapport, l'âme la plus souple et la meilleure garde toujours une certaine roideur; il y a sur la terre un million de choses qu'elle n'entend pas; et ce don du ciel incomparable qu'on nomme la bonté n'acquiert toute sa perfection délicate et exquise qu'après avoir passé sous le pressoir des tribulations. Notre divin docteur Jésus-Christ a rendu en un mot cette pensée : « Si le grain de froment ne meurt après qu'on l'a jeté en terre, il demeure seul : mais quand il est mort, il porte beaucoup de fruits. »

Ce creuset précieux où l'âme s'épure pour devenir meilleure et à Dieu et aux hommes ne devait pas manquer à la Sœur Maria. Et voici que nous sommes justement à l'époque où, pour la première fois, le Seigneur la visite par la plus grande peut-être de ses miséricordes, le malheur, l'humiliation. Mais il importe, avant d'entreprendre ce récit si cher aux yeux de la foi, d'exposer l'état des esprits en France au moment où nous sommes arrivés. La lumière qui en sortira donnera au lecteur la pleine intelligence des faits concernant le départ de la Supérieure de l'hôpital de Dreux.

On était en 1825. A cette époque la religion catholique se voyait attaquée de la manière la plus violente. On lui portait des coups de tous côtés; sa ruine était décidée. Les journaux mettaient à cette besogne un entrain indigne. Ils dénonçaient l'*ultramontanisme;* et le jeune clergé d'alors était accusé avec une rare candeur d'en faire publiquement profession (1). Ces bons doctrinaires déclaraient, en oracles infaillibles, que suivre les règles prescrites par le Vicaire de Jésus-Christ, c'était contraire à la charité évangélique.

Les attaques étaient surtout dirigées contre les Pères de la Compagnie de Jésus. Ç'a été constamment leur honneur d'être atteints les premiers toutes les fois qu'a sévi une persécution religieuse. On ne parlait donc alors que de Montrouge et de son influence funeste. Grâce à ces furieuses déclamations, l'illustre Compagnie fut frappée par les ordonnances du mois de juin 1828. Ces hommes vénérables baissèrent la tête; et un d'entre eux, faisant plus tard allusion à ce fait, reflète le calme et la douceur de ses frères alors, quand il dit : « Il ne nous appartient pas d'en parler:

---

(1) Parmi ces journaux, il faut citer le *Constitutionnel*. Il ne cache pas son jeu, ainsi qu'on peut le voir par cet extrait: « Les lecteurs du *Constitutionnel* ont pu remarquer le soin que nous prenons d'appeler de temps en temps leur attention sur les actes d'intolérance dont le jeune clergé se rend chaque jour coupable. » S'il ne parle pas du vieux clergé, c'est qu'il a disparu en partie sous la hache de la révolution, affirmant par l'effusion de son sang son attachement à Rome. « Ce soin », continue le *Constitutionnel,* « nous le regardons comme un devoir envers le public, envers le gouvernement lui-même. Le but essentiellement utile que nous poursuivons ne saurait d'ailleurs être méconnu des bons citoyens. » (Mercredi 20 septembre 1826.)

CHAPITRE SIXIÈME.

nous n'avons qu'à nous féliciter nous-mêmes, et à bénir Dieu, quand le monde nous proscrit (1). » Quelle honte humiliante ne doivent pas éprouver, s'ils sont encore accessibles au moindre sentiment d'honneur, ceux qui ont préparé la triste besogne d'écarter comme nuisibles des hommes si doux, si simples et si grands!

Si les journaux écrivaient, si le gouvernement, sous la pression des méchants, frappait malgré sa profonde répugnance, les hommes pervers agissaient. On répandait de vive voix les plus funestes doctrines, les mensonges les plus effrontés. Un jeune homme entre autres, M. Appert, jetant sur ses épaules le manteau à la mode alors de la philanthropie, s'investit de la mission de visiter tous les établissements de charité, toutes les écoles de France. Il avait, bien entendu, l'intention de ne passer par aucun endroit sans emporter quelque récit à exploiter contre la religion Commis voyageur à la recherche du scandale, il avait fondé un journal destiné à le relater (2). Sa feuille

---

(1) Le Père de Pontlevoy.
(2) Il faut voir dans quelle haute estime M. Appert est auprès du *Constitutionnel* : « On aime beaucoup les voyages, et les Français qui courent en Suisse, en Écosse, en Irlande et surtout en Italie, commencent à se persuader que leur pays vaut aussi la peine d'être connu... Il ne faut pas confondre parmi ces voyageurs désœuvrés et frivoles le jeune philanthrope qui parcourt en ce moment la France, et qui vient de publier la première partie de son voyage dans les départements. Ce ne sont

périodique s'appelait le *Journal des prisons et des hospices*, etc. Tout ce qu'il voit dans sa tournée lui donne l'occasion de crier contre les écoles des Frères. Ayant sans doute une triste idée de la clairvoyance du public auquel il s'adressait, sans sourciller il proclamait l'infériorité des élèves formés par les disciples du vénérable de la Salle; il déclamait contre les sommes exorbitantes qu'il fallait pour les écoles des Frères qui, disait-il, « coûtaient le double pour produire un résultat moins avantageux ». Le contraire de cela, on le sait, est justement vrai. Il répétait enfin sur tous les tons que le clergé ralentissait l'éducation

---

ni les superbes maisons de plaisance, ni les inutiles couvents qu'il visite, ce sont les prisons, les hospices, les écoles et tous les établissements de bienfaisance... Il respire l'air des prisons, pour s'assurer qu'il est pur..., il s'assied au lit des malades!... »

« Le dernier numéro du *Journal des prisons et des hospices* contient sur les établissements publics des départements de la Somme, de la Meuse et de la Meurthe, des détails que les hommes sensibles liront avec le plus vif intérêt. On y remarque avec surprise l'état prospère de l'enseignement mutuel à Amiens, c'est-à-dire à la porte de Saint-Acheul, et presque sous le canon des Jésuites. Mais plus on en est voisin, plus on les redoute, parce qu'on les connaît, et on les juge mieux. » (*Constitutionnel*, mercredi 20 septembre 1826.) — Et dans le numéro du 6 avril, où il est question de l'école laïque, on lit ces lignes : « C'est que la conspiration des Jésuites contre cette école se poursuit avec une persévérance déplorable. Partout on laisse périr ces utiles maisons, pour leur substituer celles des Frères qui coûtent double, pour produire un résultat moitié moins avantageux. Dans quelques villes, l'enseignement mutuel est confié à des instituteurs incapables, tactique destinée à faire retomber sur l'institution les torts du maitre. Les curés, les autorités publiques ne soutiennent que les Frères. Selon eux, il n'est pas bon que les Frères sachent trop lire. »

et qu'il voulait l'ignorance du peuple, prêtant de la sorte au sacerdoce catholique ses propres sentiments et ceux de son ami Voltaire qui a écrit ces mots que rien n'effacera jamais :

« Il est à propos que le peuple soit guidé, et non pas qu'il soit instruit : il n'est pas digne de l'être (1). »

« Il me paraît essentiel qu'il y ait des ignorants ; ce n'est pas le manœuvre qu'il faut instruire, c'est le bourgeois (2). »

« Le peuple ressemble à des bœufs à qui il faut un aiguillon, un joug et du foin (3). »

M. Appert tranchait aussi avec une hauteur pitoyable la question de l'enseignement mutuel, alors à l'état d'essai, et que l'expérience semble avoir à jamais condamné.

En lisant ce journal des prisons, si l'on oublie pour un instant l'esprit détestable qui l'inspire, et qui lui fait de temps en temps décerner quelques louanges aux institutions catholiques, afin de pouvoir les écraser à l'occasion prochaine avec un semblant d'impartialité, on ne peut s'empêcher de sourire en face des phrases de son jeune rédacteur. Dans des lettres de remercîment qu'il se fait adresser par des forçats, objets de ses visites empressées, il se fait appeler avec

---

(1) Lettre du 17 mars 1766.
(2) Lettre du 1ᵉʳ avril 1766.
(3) Lettre du 17 avril 1766.

effusion « *Monsieur le philanthrope* »... il se fait dire
« *qu'on l'attend avec impatience; que lui voyant tant
d'esprit et de génie, on ne le croyait pas si jeune* ».
Il déclare n'être pas très-bien en cour, ajoutant que
sa recommandation peut nuire à ses protégés... « Le
concierge est un brave homme », écrit-il à propos du
portier d'un établissement qu'il vient de visiter; « je
n'ose pas dire ce que j'en pense, car sa destitution
pourrait bien être le résultat de mes éloges. »

Tel est l'homme qui arrivait à Dreux pour recueillir un scandale provoqué probablement afin de défrayer sa chronique.

Une pauvre femme malade venait d'entrer à l'hospice. En faisant la visite des salles, M. l'abbé Lubin la remarqua et lui demanda si elle avait rempli le devoir pascal. « Oui », répondit-elle en soupirant; « j'ai fait mes pâques autrefois. » Le digne aumônier la laissa sur l'émotion de ce souvenir, et il ne lui parla pas plus longuement pour le moment. Quelque temps après, cette femme vit mourir sous ses yeux une malade de la manière la plus édifiante. Profondément touchée, elle supplia M. Beniteau, le médecin de l'hôpital, d'appeler l'aumônier. M. l'abbé Lubin vint sur sa demande. « Oh! » dit-elle, aussitôt qu'elle l'aperçut, « que je serais heureuse de mourir comme cette malade dont les derniers moments ont été si beaux! » L'aumônier lui promit de revenir la voir. Et comme il se retirait, elle lui fit signe de rester encore et lui dit : « Écoutez, monsieur, j'ai été bien malheureuse; il y a cinq ou six ans, je mendiais mon pain; un ministre protestant me dit : Eh quoi! ma pauvre femme, à votre âge, vous en êtes réduite à tendre la main! dans votre religion on n'a pas de cœur; venez donc chez nous, nous vous soutiendrons. Hélas! j'ai eu la faiblesse de prêter l'oreille à ces paroles, et je suis allée deux ou trois fois au temple protestant. » M. l'abbé Lubin, entendant ces paroles où perçait le plus vif regret, ne crut pas devoir cependant lui accorder les secours de son saint ministère; il ne lui répondit que ces simples mots : « En ce cas, ce n'est pas mon affaire, je vous laisse. » C'était une grande délicatesse.

La pauvre femme désolée disait souvent au médecin : « Ce n'est pas vous qui me guérirez, c'est M. l'aumônier. » Après plusieurs instances, l'aumônier revint auprès de la malade; mais il déclara que si elle voulait faire son abjuration, il ne la recevrait qu'en présence du ministre protestant. La malade le conjura de ne pas exiger cette formalité, et déclara publiquement qu'elle ne voulait plus voir cet homme-là. L'expression qu'elle employa pour le désigner, et que tous les malades entendirent, était loin de montrer le moindre attachement à lui et à sa religion.

Le ministre protestant, ayant entendu parler de cette affaire, songea à se rendre à l'Hôtel-Dieu. Il y vint d'abord furtivement, profitant de l'heure où les religieuses étaient à la messe. La Sœur Maria en fut avertie, et l'explication qu'elle eut avec lui fut très-simple. Elle ne lui cacha pas l'étonnement que lui avaient causé ces visites à la dérobée. « Je viens voir, madame », lui dit-il, « ma brebis que j'ai conquise à Christ; c'est mon droit. » « Mais, monsieur », lui répondit la Sœur Maria avec beaucoup de politesse, « vous n'avez pas été demandé; cette femme désire vivement mourir catholique, et tous ses sentiments expriment ce désir. Ainsi, votre ministère ici est inutile, et vous n'avez qu'à vous retirer. »

Il ne faut pas mettre ici en oubli la grave mission de la Supérieure catholique. Les saints, mieux que personne, comprennent le danger de l'hérésie. La foi est le grand trésor : tout perdu, quand elle reste, tout peut être sauvé; tout sauvé, quand elle disparaît, tout est perdu. La Sœur Maria voyait la foi dérobée non-seulement à cette pauvre femme qui venait de la recouvrer, mais encore aux malades qui entendaient les exhortations du ministre protestant. Il y avait pour eux danger véritable. La Supérieure se prit à trembler à la pensée de sa responsabilité dans un cas semblable; et armée de la fermeté que donne la conscience d'un grave devoir à remplir, elle se crut obligée de congédier le ministre.

Se voyant l'hôpital interdit, le ministre protestant alla trouver le maire, lui demandant d'intervenir.

Ce magistrat, conformément à la loi, dut lui donner par écrit l'autorisation nécessaire. Muni donc de cette pièce, le pasteur se présente à l'hôpital. La Sœur Maria réfléchit un instant, puis elle se dit : Évidemment, M. le maire n'a donné l'autorisation que parce qu'il croit réellement cette femme protestante. Elle ne l'est pas; l'autorisation est donc sans valeur; d'ailleurs, je verrai M. le maire. Et elle déclara provisoirement au ministre qu'il ne pouvait entrer. Le ministre se rendit de nouveau auprès du maire qui, apprenant que la Sœur Maria n'avait pas tenu compte de son injonction, pensa que cette femme si sage devait avoir à part elle quelque raison grave, et il ne jugea pas à propos d'insister.

Cependant, toutes les avenues de l'hôpital n'étaient pas tellement bien gardées que les exhortations furtives du ministre ne pussent arriver encore à la malade. Elle fut de nouveau tourmentée, obsédée, et quand on eut obtenu de sa faiblesse qu'au moins elle ne s'opposerait pas à ce que voudrait faire le ministre protestant, l'affaire fut vigoureusement poussée.

N'ayant rien à attendre du maire, le pasteur s'adressa à l'administrateur de service. Celui-ci ne jugea pas à propos d'y mettre grande façon; il n'écrivit pas un mot; il chargea bonnement sa servante d'accompagner le ministre protestant pour l'accréditer auprès de la Supérieure. Avec la meilleure volonté du monde, il était impossible de s'empêcher de voir au moins une petite pointe de grotesque dans tout ceci ; il est certain que tout sérieux semblait véritablement absent ici. La servante de l'administrateur n'eut pas de succès, et le ministre dut encore se retirer. En s'en allant, il dit : « J'emporterai plutôt ma pauvre brebis sur mes épaules. » Ces paroles n'étaient que l'annonce d'une mise en scène destinée à donner à une chose sans importance l'éclat d'un scandale. Il se présenta donc un matin, accompagné de deux portefaix, et exigea qu'on lui remît la malade. Les Sœurs s'exécutèrent, habillèrent la pauvre femme, la déposèrent sur un fauteuil et la laissèrent emporter.

Il s'agissait maintenant d'exploiter ce gros fait. Ceci se passait le 8 février. Ce jour-là même, aussitôt après la scène, le ministre protestant faisait au sous-préfet un rapport dans lequel on trouve des choses tellement impossibles qu'il aurait dû perdre absolument tout crédit. Après l'exposition des faits à son point de vue, il dit : « La Sœur Supérieure me prie de ne pas revenir. Je lui fis observer avec beaucoup de douceur que la malade était protestante, etc. Après maintes impertinences qu'il me fallut entendre, toutes dictées par l'ignorance et le fanatisme », — c'était là sans doute le genre de la Sœur Maria, toujours si digne, si polie, si distinguée ; et la science apparemment n'était que du côté du pasteur, — « je me vis forcé à me retirer. Le soir même, j'eus de M. le maire l'autorisation d'entrer dans l'hôpital ; j'y arrive ;

j'exhibe mon autorisation; on veut me l'ôter... on me prie de sortir à l'instant. Au même moment, la malheureuse malade se jette au bas du lit, déclare qu'elle m'a fait demander, qu'elle veut me suivre, qu'on lui fait souffrir mille tourments pour la forcer à changer de religion. On rejette avec brutalité l'infortunée malade dans son lit; on ouvre avec brutalité la porte de la salle; une des Sœurs, soutenue de ses compagnes, en venait à des voies de fait à mon égard, si je ne l'eusse rappelée à l'ordre d'un ton ferme quoique modéré. » — Des religieuses, ayant à leur tête la Sœur Maria, sur le point de battre un homme, qui jamais pourrait croire une chose semblable? — « Je pensais qu'il existait chez les Sœurs grises un grand fonds de charité, mais je n'ai trouvé chez elles et chez leur directeur (M. l'aumônier) qu'animosité, impertinence, orgueil. » Et il finit ainsi: « Je vous épargne une quantité de détails... mais ils vous affligeraient : j'ai pu supporter toutes les sottises qui m'ont été adressées, mais je croirais avilir mon auguste ministère et vous manquer à vous-même, si je les retraçais ici. Ces faits sont de nature à faire faire de sérieuses réflexions sur les dangers qui nous menacent, si l'autorité de Sa Majesté n'y met ordre. »

Ce rapport étrange arrivait au sous-préfet de Dreux le 10 février. Le 12 du même mois, le préfet d'Eure-et-Loir l'avait entre les mains, et répondait poste pour poste au ministre protestant qu'il serait vengé. Ce fut un jugement sommaire dans toute la force du terme, et aucun témoin à décharge en faveur des Sœurs n'eut le temps d'être entendu. Cependant tous les malades de l'Hôtel-Dieu pouvaient parler. On n'eut pas la pensée de mettre le moins du monde en suspicion le récit du ministre protestant ; et pour le bien de la paix, le vénérable évêque dut souscrire à la demande qui lui fut faite du changement du digne aumônier auquel fut confié un poste plus important.

Au mois d'avril, M. Appert réjouissait ses lecteurs par le récit de ce scandale. Son article fit sensation ; et le *Constitutionnel*, en le commentant, aigrit encore les choses.

On trouva que ce n'était pas assez d'avoir sacrifié M. Lubin, et l'on demanda le départ de la Sœur Maria. Tous les efforts de la ville de Dreux pour la retenir furent inutiles. On la rappela à la maison mère. Les malades de l'hôpital, à cette nouvelle, furent cruellement consternés, et leur indignation surtout fut extrême en entendant raconter les récits mensongers qui avaient motivé sa disgrâce.

CHAPITRE SEPTIÈME

La Sœur Maria, infirmière en second à la maison mère. — Les souvenirs douloureux de l'incident de Dreux lui font verser beaucoup de larmes. — Elle est envoyée, vers la fin de l'année 1827, à l'hôpital de Blois, et chargée de la buanderie. — Sa joie profonde. — Entrevue avec M. Pointeau. — La Sœur Maria à la lingerie. — Elle est nommée, en 1829, supérieure de l'hôpital. — Difficultés pour faire le bien. — La Sœur Maria gagne vite les sympathies des administrateurs. — Toujours ses industries touchantes pour avoir de l'argent. — Aimables surprises. — Apostolat de la Sœur Maria auprès des vieillards. — Combien elle était aimée à l'hôpital du faubourg de Vienne.

Un impie célèbre a dit : « Mentez, mentez, il en restera toujours quelque chose. » L'homme détestable qui parlait ainsi exprimait une douloureuse vérité. A la faveur de ces calomnies odieuses, quelque chose de défavorable à la Sœur Maria était resté dans l'esprit des supérieurs. Dieu, qui voulait procurer à sa servante le grand bien de l'humiliation, évita pour le moment de laisser éclater la lumière qui eût si facilement rendu évidente sa justification. Il avait déjà miséricordieusement permis, nous l'avons vu, que différentes accusations fussent portées contre elle par des personnes incapables de comprendre ce grand cœur et trop accessibles, hélas! aux petites passions que le mérite éclatant offusque parfois. Les saintes joies de la vie cachée attendaient à la maison mère la

Sœur Maria. On lui confia l'emploi modeste d'aide-infirmière.

O Dieu de bonté ! comme vos saints sont difficiles à atteindre par les mécomptes d'ici-bas ! Ce qu'on croit pour eux douloureux est une allégresse, et ils trouvent des délices dans ce qu'on leur impose pour les châtier. Soigner les malades faisait le bonheur de la Sœur Maria ; et comme elle avait toujours aimé davantage, dans ce genre de travail, ce qui répugne le plus à la nature, donnée en aide à la principale infirmière, et venant de la sorte en second, elle voyait son plus cher attrait comblé, puisqu'elle vaquait d'office à tout ce qu'il y a de plus rebutant auprès des malades. Elle avait au milieu de ces soins de détail qui révèlent tant de misères dans la pauvre nature humaine une dignité qui attendrissait. Jamais on ne l'avait vue si simple et si grande. C'est que les actions tirent tout leur prix du cœur avec lequel on les fait et de la volonté de Dieu qui les commande ; et il est plus noble à ses yeux de manier un fuseau pour lui obéir, que de porter contre son gré une couronne. La Sœur Maria, en étant Supérieure, avait obéi à Dieu ; en devenant humble infirmière, elle lui obéissait encore. Mais là, elle ne pouvait se défendre de l'éclat de l'humilité ; et cette auréole douce et touchante faisait ressortir encore ses qualités. Décidément Dieu lui réservait des heures de grande tendresse encore. Les hommes raisonneront éternellement, et opineront pour les hautes fonctions; ils diront qu'à une femme si capable cette position et celle qui va bientôt lui être assignée ne convenaient pas. Dieu est meilleur que les hommes pour ses amis; il connaît plus intimement qu'eux les tendances des cœurs qui l'aiment; et, si sa gloire veut que, plus tard, il les revête d'une grande autorité accompagnée de grandes peines, il se plaît au moins à leur accorder quelques heureux jours de vie cachée dans les douceurs de l'obscurité. La Sœur Maria, qui aura à traverser tous les états où l'on puisse passer, dira plus tard que les meilleurs et plus doux instants de sa vie ont été ceux où, aux yeux du monde, elle a été humiliée; et parce que, à Blois, elle a été à la buanderie, et elle a consacré de longues années à soigner les pauvres aliénés, elle dira, au soir de sa vie, qu'« *en cette ville sont tous ses amours* », c'est-à-dire le souvenir touchant et suprême par excellence pour son cœur, celui des humiliations. Le monde, encore une fois, ne se doute pas de ces merveilles; mais l'amour du Christ les accomplit; et la dilatation d'une âme vraiment chrétienne n'est complète, son émotion n'atteint son intensité souveraine, en un mot, elle ne goûte les dernières suavités de la joie que quand, oubliée, méconnue, foulée aux pieds, employée aux plus bas offices, elle n'a plus, au ciel et sur la terre, d'autre sourire que celui de Dieu!...

Il fallait ces saintes joies dans le cœur de la Sœur

Maria pour tempérer la douleur que lui avaient causée toutes les affaires de Dreux. Dieu ne permit pas qu'elle vît alors dans la persécution dont elle avait été l'objet la plus pure gloire de sa vie. Être vilipendée par les journaux, en compagnie de tous les ministres de la religion, des Jésuites, des Frères des Écoles chrétiennes, voilà une chose qui eût dû la consoler beaucoup, si elle y eût pensé; et tomber en disgrâce pour avoir voulu sauver une âme, c'était beau. Mais ce côté glorieux, Dieu le lui déroba soigneusement; car il eût électrisé sa foi et trop adouci son sacrifice, qui n'eût été dans ce cas pour elle qu'un triomphe. L'impression donc que lui causa pour le moment cette affaire laissa le fond de son âme doux, humble, docile, paisible, mais avec une peine amère. Nous voyons dans sa correspondance des cris douloureux qui indiquent que, si elle pliait, s'abaissait, se taisait, adorait, se laissait consumer, elle n'en ressentait pas moins les vifs aiguillons du chagrin.

Après quelque temps passé à la maison mère, la Sœur Maria fut envoyée à l'hôpital de Blois pour servir à la buanderie. Les premiers mouvements de trouble que l'affaire de Dreux avait apportés à son âme s'étaient calmés. Elle avait pleuré, comme elle le dit dans plusieurs de ses lettres, beaucoup pleuré; et ces larmes, en soulageant son cœur, y avaient ramené la sérénité. Au fond, le nouvel emploi auquel on l'appliquait ne changeait rien à sa vie; c'était toujours de Jésus-Christ qu'elle devait s'occuper; et plus les soins qu'elle allait donner à sa divine personne, dans celle des pauvres, étaient humbles, plus son respect pour lui augmentait.

Elle mit donc tout son cœur à s'acquitter dignement du nouvel emploi qu'on lui avait assigné. Cette charge de surveiller le blanchissage était alors plus pénible que maintenant. C'était la Sœur Maria qui donnait le linge aux laveuses; c'était elle aussi qui le mettait sur les tréteaux pour égoutter. « En faisant cela, elle était aussi digne, aussi calme, d'aussi bonne grâce et d'aussi charmante humeur que dans ses fonctions de Supérieure. » Ces paroles sont de la vénérable Sœur qui l'avait tant admirée à Mantes, et qui, devenue religieuse, après l'avoir connue à Dreux, se trouvait encore à Blois avec elle. « Piété, résignation parfaite, dévouement, elle n'était que cela », ajoute cette bonne Sœur Placide, « et je ne l'ai jamais entendue proférer une seule plainte : elle avait le cœur si grand ! En la voyant si calme, si résignée, on était ému, et quelquefois on se hasardait de lui parler de ses humiliations. Il était impossible qu'il en fût autrement; à une personne si bien, qu'on avait tant abaissée, on n'était pas, même avec le meilleur esprit du monde, sans faire quelques réflexions. Elle répondait avec un accent pénétré : Je l'ai bien mérité. Et son amabilité, pourtant extrême, n'eût jamais laissé passer une parole de blâme contre les supérieurs. »

Telles sont les propres paroles de la Sœur Placide.

Avec la surveillance des lessives, la Sœur préposée à la buanderie a le soin des femmes chargées de laver le linge; tâche difficile, parce qu'il faut faire entendre raison à des personnes qui ne l'entendent pas toujours, et qui sont parfois bien loin d'avoir la sobriété voulue. Il faut à leur égard une grande patience et une charité à toute épreuve. Entrant dans l'hospice comme vieillards, elles n'apportent pas toujours des manières et des habitudes chrétiennes; et c'est à atténuer leurs défauts, afin de tirer d'elles le meilleur parti possible, que doivent tendre tous les efforts de la Sœur à qui l'obéissance impose le devoir de vivre constamment près d'elles. La Sœur Maria s'acquittait merveilleusement de cette tâche, à la grande satisfaction de toutes.

Un jour qu'elle revenait de la rivière avec les femmes qui lui avaient été données pour aides, portant sur ses bras des draps mouillés, un vénérable ecclésiastique, administrateur de l'hospice, vint à elle. La Sœur Maria, toujours si modeste, ne le reconnut pas d'abord. C'était son ancien directeur de Paris, M. Pointeau, qui, rentré dans son diocèse, exerçait alors les fonctions de vicaire général. L'un et l'autre en se retrouvant étaient dans le plus grand étonnement. Cette entrevue fut pleine d'émotion. M. Pointeau ne s'attendait pas à voir sa pénitente dans un emploi si humble, si pénible. La Sœur Maria rassura son cœur de père par l'accent simple et joyeux avec lequel elle lui parla de son bonheur dans « cette chère et douce position »; et après cet entretien, si le vénérable prêtre n'eût eu en vue que la félicité de cette bonne Sœur, convaincu par ses paroles qu'il n'en était pas pour elle de plus grande sur la terre, il n'eût pensé qu'à favoriser son maintien dans cet état fortuné. Mais il avait des vues plus hautes, et la gloire de Dieu, le bien de la Congrégation des filles de Saint-Paul l'emportaient ici dans son esprit. Il pensa que cette femme si intelligente et si distinguée ne pouvait pas être ainsi toujours enfouie, et qu'il fallait la mettre à une place où elle ferait plus de bien.

Elle fut d'abord enlevée à la buanderie, pour prendre le soin de la lingerie. Les fatigues de cette charge sont aussi bien grandes; mais elle qui disait autrefois dans sa candide bonté : « Que les pauvres sont beaux, quand on pense à Jésus-Christ! » sentait trop vivement le bonheur du service du divin Maître, à quelque emploi qu'on soit appliqué, pour ne pas aimer et chérir de tout cœur ces pénibles travaux. Elle se dépensait donc à mettre en bon état le linge des malheureux, avec plus de soin, de propreté que s'il eût été destiné aux rois de la terre. Tant d'élévation d'âme perçait souvent, sans qu'elle s'en aperçût, dans les paroles qu'il lui fallait dire, bien qu'elle en fût fort sobre; et les administrateurs avaient été maintes fois émus en l'entendant, et en lui voyant cette distinction de manières. S'entre-regardant alors, ils s'étaient dit souvent : C'est incompréhensible qu'une femme d'une pareille valeur soit ensevelie dans un tel emploi.

Un an se passa ainsi. Les Supérieurs avaient été informés à la maison mère de l'effet produit à Blois par la sainte vie de la Sœur Maria. M. Pointeau avait exposé sa pensée à son sujet, et il avait dit avec franchise ce que la Congrégation avait à attendre d'elle. On apprit tout cela à Chartres avec consolation, et la Sœur Maria fut nommée Supérieure de l'hôpital de Blois, en remplacement de Sœur Claire qui, se voyant trop âgée pour occuper cet emploi important, avait demandé la grâce d'en être déchargée.

La Sœur Maria entra en fonction en 1829. Elle prenait l'administration de l'hôpital à une époque malheureuse. Le travail de démolition de tout ce qu'il y avait de religieux s'accomplissait avec une rapidité effroyable ; et nous en avons vu les commencements dans l'incident de Dreux, dont Sœur Maria fut la victime. On était à la veille de 1830 et de ces jours néfastes où tous les prêtres, glorieusement confondus dans la haine qu'on avait inspirée aux peuples contre les Jésuites, ne pouvaient plus paraître dans les rues de Paris avec le costume ecclésiastique, et où les croix de mission étaient sacrilégement abattues. Cet état violent ne pouvait pas sans doute durer, mais une situation peut-être pire devait succéder : l'enseignement de l'Université devenait plus ou moins irréligieux, hérétique ou matérialiste; il y avait un parti pris d'abaisser la religion et de la mettre au dernier rang des sollicitudes gouvernementales; le pouvoir, tombé bientôt en d'autres mains, allait montrer une neutralité malveillante. C'est en se reportant à ces temps calamiteux qu'on comprendra complétement tout le bien fait par la Sœur Maria à l'hôpital du faubourg de Vienne.

La nouvelle Supérieure se mit aussitôt à l'œuvre; et les administrateurs ne tardèrent pas à voir qu'ils ne s'étaient point trompés en la considérant comme une femme hors ligne, alors qu'elle occupait dans l'hospice une position inférieure. Elle sut manier avec une dextérité irrésistible le cœur et l'esprit de tous ceux avec qui elle traita, et l'on peut dire qu'elle fit, en Vienne, par ce moyen, tout ce qu'elle voulut.

Elle mit tout de suite ce précieux ascendant au service de ses pauvres malades. Tout ce qui lui fut possible d'entreprendre pour adoucir leurs maux et leur donner un peu de bonheur, elle le fit. Ne pouvant pas demander à l'administration des ressources que celle-ci était dans l'impossibilité de donner, elle ne désirait obtenir de ce côté que la liberté d'action; et l'administration, pleine de confiance en elle, la laissait faire de grand cœur. Par ses soins, les lits en mauvais état de la salle des femmes furent remplacés. Elle s'était créé des ressources à cet effet, en faisant travailler les vieillards, heureux de la seconder dans sa charité. Ces braves gens, munis de la permission voulue, allaient chercher de la bruyère dans les bois, et ils apportaient de nombreux fagots destinés à cuire les oignons que la Sœur Maria envoyait dans de grandes caisses à Paris. Et, grâce à cette industrie aussi simple qu'innocente, toute une salle voyait ses vieux lits échangés contre des neufs, où les pauvres femmes de l'hôpital trouvaient un meilleur sommeil. Répandre un peu de bonheur autour d'elle, par n'importe quel moyen, tel était son rêve constant. Il lui importait peu que ses industries prêtassent à rire, pourvu que, par elles, un pauvre de plus fût soulagé, et c'est ce qui rendait, en fin de compte, ses expédients si touchants; et elle n'était jamais à bout de moyens.

Rien n'était curieux comme le moment où, après s'être longuement occupée d'une œuvre, elle faisait soudainement apparaître le fruit de ses travaux. C'était toujours un coup de théâtre. Les vieillards savaient bien vaguement dans quel but elle réclamait leur laborieux concours, et pourquoi elle-même sollicitait la générosité de ses amis. Mais le genre d'objets qu'elle voulait procurer à ses chers pauvres, et le moment précis où ils auraient la chose mystérieusement recherchée, voilà ce qu'elle laissait ignorer. Elle aimait à faire naître dans les cœurs l'émotion douce de la surprise. Elle remplaça de la même manière les vieux meubles qui servaient aux vieillards par des placards fort commodes et offrant à l'œil une régularité plus parfaite.

Au reste, quelque importance qu'elle attachât au bien-être corporel des pauvres, là n'était pas sa première sollicitude. Le soin de leurs âmes la préoccupait plus vivement encore. La dilatation du cœur, elle le savait, est un chemin aussi rapide que sûr pour conduire à l'amour de Dieu; et elle faisait tous ses efforts afin de la produire. Elle ménageait à cet effet une foule de petites circonstances que les fêtes religieuses lui fournissaient d'ailleurs naturellement, et dans lesquelles des surprises toujours nouvelles venaient épanouir l'âme de ces vieillards. A côté des petits cadeaux qui leur étaient alors offerts pour les mettre en joie, il y avait toujours pour chacun quelque parole aimable et gracieuse, qui remplissait tout ce vieux monde placé, hélas! trop dans l'isolement du cœur, d'un ravissement et d'une gaieté dont il ne se croyait plus capable. On était si bien habitué à ses attentions délicates, qu'on se consolait vite d'une joie passée par l'attente d'une joie nouvelle qui ne tardait pas à venir; et à la faveur de ces impressions toujours douces, la Sœur Maria marchait à son but essentiel, celui de faire aimer Dieu.

Nous retrouvons ainsi en elle partout l'apôtre. Ce cher but de donner Dieu à un cœur, but si patiemment et si savamment préparé, elle l'atteignait presque toujours. Quand elle se trouvait en face d'une âme et qu'elle traitait avec elle l'affaire, à ses yeux capitale, du salut, elle y mettait une éloquence et des délicatesses infinies.

C'est surtout quand ses vieillards étaient malades qu'elle allait les voir. Elle les encourageait, cherchant à leur faire comprendre le prix des souffrances que le Seigneur envoie, et si elle était assez heureuse pour les laisser bénissant Dieu, sa joie était incomparable.

Il devenait parfois nécessaire de gronder ce pauvre vieux monde. Franche avant tout, elle disait à chacun en peu de mots les vérités même les plus dures ; mais dans ses reproches, il y avait une si aimable indulgence, et dans sa sévérité tant de tendresse, que les plus coupables étaient émus et baissaient la tête. Au reste, elle n'était pas femme à passer sur quoi que ce soit de répréhensible. Quand elle était au milieu de toutes ces vieilles gens, sa physionomie exprimait un bonheur mêlé d'attendrissement. Aussi il est impossible de dire combien elle était aimée d'eux.

CHAPITRE HUITIÈME

Lettre de Mgr l'évêque de Chartres à la Sœur Maria. — Direction que la Sœur Maria donne aux Religieuses placées sous sa conduite. — Elle insiste sur l'amour qu'elles doivent avoir pour la volonté de Dieu et sur l'immolation de soi-même. — Ses instructions fortifiantes sont fort goûtées. — Elle est inflexible pour la règle. — Son extrême amabilité. — Le choléra de 1832. — Relations de la Sœur Maria à l'extérieur. — Sa charité. — Édification qu'elle donne par sa profonde piété. — Nouvelle lettre de Mgr l'évêque de Chartres. — Construction de la chapelle. — Tact de la Sœur Maria pour aplanir les difficultés. — Comment elle arrive à trouver quatre-vingt mille francs. — Un article de journal dénature ses intentions. — Mgr l'évêque de Chartres la blâme doucement d'avoir été trop sensible à ces injures. — Elle s'en humilie.

Le vénérable évêque de Chartres, Mgr Clauzel de Montals, n'avait pas perdu de vue la Sœur Maria qu'il croyait véritablement destinée à servir les desseins de la divine Providence. Il avait suivi à Dreux avec anxiété les douloureuses péripéties qui l'avaient écartée de ce théâtre de son zèle; et il savait que son départ avait été bien plus pour elle un triomphe qu'une humiliation, la population lui étant demeurée extrêmement sympathique. La voyant de nouveau supérieure à Blois, il pensa que les grands succès qu'elle avait eus autrefois, et dont la persécution n'avait fait que rehausser l'éclat, devaient nécessairement se reproduire. Dans la crainte qu'une prospérité trop marquée ne vînt à causer à son âme quelque détriment, il lui adressa, quelques mois après son installation, la lettre suivante, où il lui prêche l'humilité avec une austérité de parole qui fait grand honneur au zèle évangélique :

« Ma chère fille,

» Lors de mon dernier voyage à Blois, je vous fis promettre que vous m'écririez : vous fûtes prompte à me tenir parole, et je lus votre lettre avec beaucoup d'intérêt et de satisfaction. Mais savez-vous pourquoi je vous ai engagée à m'adresser quelques mots? J'avais un motif particulier que je vais vous expliquer. Quoique ma supériorité sur votre Congrégation consiste plus dans le droit que dans le fait, et que, étant accablé d'ailleurs, je me mêle peu de ce qui la regarde, cependant elle m'est très-chère, et il est tout simple que certains sujets que je connais attirent mon attention et ma sollicitude paternelle. Vous êtes de ce nombre, ma chère Sœur, ou plutôt vous êtes la personne de votre Compagnie avec qui j'ai eu le plus de rapports. Il y a quelques réflexions que Dieu m'a mises dans le cœur pour vous, et je vais vous les communiquer. Vous avez de la capacité, de la facilité, de l'insinuation, des manières vives et ouvertes. Ce sont des dons de Dieu dignes de votre reconnaissance. Mais quand j'ai vu qu'à Dreux on vous applaudissait, on vous prônait, on vous fêtait, j'ai tremblé pour vous, ma chère Sœur. Car ces louanges sont un poison bien mortel. L'esprit religieux en est facilement affaibli; la pureté d'intention peut en être altérée; cette douceur qu'on trouve à être approuvée peut faire des plaies cruelles, quoique imperceptibles. Heureusement j'étais rassuré par les marques de l'élévation de votre âme, de votre foi et de votre droiture; mais enfin ces préservatifs si puissants échouent quelquefois contre la tentation d'orgueil. Défiez-vous donc beaucoup de vous-même. Ne supprimez point des avantages qui peuvent vous servir grandement pour le succès de l'œuvre qui vous est confiée; mais abîmez-vous en vous-même par la fréquente méditation et par les vues d'une foi ferme et courageuse. Soyez habituellement occupée du néant de ce monde, de la vanité des éloges, de l'outrage qu'on fait à Jésus-Christ en lui dérobant l'honneur de tout ce qu'on fait extérieurement pour lui, de la folie qu'il y a de convertir le prix immortel de ses sacrifices en une très-mauvaise et très-pitoyable monnaie qui est l'approbation du monde. Que vos réflexions, que vos prières, que vos communions scellent cette abnégation totale des applaudissements humains; qu'elles fassent de vous une religieuse aussi humble que digne d'être considérée et estimée. Quand je dis qu'elles fassent cet effet, je crois bien qu'il est produit en très-grande partie. Mais enfin que l'âme *qui est sainte se sanc-*

tifie encore; en un mot, prenez de tout ceci ce qui peut vous être utile, et renvoyez-moi le reste que je reprendrai avec une grande joie, puisqu'il vous sera superflu. Je vous donne ma bénédiction paternelle, et suis entièrement en Notre-Seigneur Jésus-Christ, ma chère Sœur, votre dévoué serviteur.

» † Claude, *évêque de Chartres.*

» 24 décembre 1829. »

La Sœur Maria se montra docile aux graves leçons de ce vénérable évêque; et l'humilité qu'elle s'appliqua à cultiver d'une manière toute particulière dans son âme attira sur ses œuvres des bénédictions plus abondantes que jamais.

Elle réussit merveilleusement dans les soins qu'elle prodigua aux âmes des Sœurs dont elle était Supérieure. Simple dans la direction qu'elle donnait, comme dans son propre intérieur, elle réduisait à quelques chefs principaux tous ses conseils. La volonté de Dieu était la chose qu'elle s'appliquait par-dessus tout à faire aimer des personnes placées sous sa conduite; mais elle voulait qu'on l'aimât de cœur et qu'on mît dans cet amour une délicatesse extrême. Et comme l'amour pieux et constant de la volonté de Dieu s'alimente par les sacrifices, elle prêchait de toutes les manières et sous toutes les formes la nécessité de l'immolation de soi-même au bon plaisir du divin Maître; et la lutte revenait naturellement se placer dans ses avis pour réduire la nature qui ne s'assouplit qu'à grands cris à ce système d'immolation de tous les instants. C'est le fond de tout ce que la Sœur Maria savait dire ou écrire à ses Sœurs. Mille fleurs d'amabilité exquise et mille parfums de consolations saintes accompagnaient sans doute toujours cette doctrine austère; mais l'image de l'âme sur la croix, s'immolant à Dieu et brisant avec une impitoyable constance tout ce qui n'est pas en accord parfait avec la volonté du Seigneur, faisait le fond de ses lettres et de ses discours. Et parce qu'elle avait mis le doigt avec tant de justesse sur le ressort principal de la vie surnaturelle, les âmes désireuses d'aimer Dieu généreusement, et de le servir en véritables religieuses, étaient avides de ses instructions fortifiantes; et nous voyons déjà s'établir entre elles et la Sœur Maria une correspondance qui, avec le temps, prendra une extension vraiment étonnante. C'est une grande science que celle de trouver le véritable langage qui convient aux âmes : les âmes sentent et aiment ceux qui savent les atteindre. La Sœur Maria avait, à un haut degré, ce talent.

Un des grands biens de la vie religieuse, c'est de ne pouvoir pour ainsi dire sortir de la volonté de Dieu, et d'avoir chacun des actes qu'on fait en quelque sorte marqué du cachet authentique de cette volonté adorable, incarnée dans la règle. Un si grand secours et une consolation si ineffable n'échappaient pas à l'esprit de la Sœur Maria. Aussi, l'observance des constitutions était un point qu'elle recommandait avec une particulière insistance, et avec une onction et une complaisance où débordait tout son cœur. Elle a, toute sa vie, laissé aux personnes qui l'ont entendue parler sur ce sujet une impression profonde. Tout le monde se rappelle d'une manière spéciale combien elle tenait à la règle ; et le souvenir de cette vénérable Mère s'associe indissolublement encore à présent, dans le cœur de ses filles, avec son amour pour l'exacte et fidèle obéissance à tout ce que prescrit l'Institut.

En 1832, le choléra la surprit au milieu des saintes occupations que lui donnaient le soin des vieillards de l'hôpital et la direction des Sœurs. Une occasion si douce de se dévouer en sacrifiant sa vie remplit son cœur de joie. Elle distribua à chacune des Sœurs les différents endroits de la ville où la mort moissonnait le plus de victimes, se réservant de se trouver la première à tout et de faire le plus difficile de la besogne. Elle allait fréquemment visiter les infirmières et encourager les Sœurs. « Comme elle nous faisait trouver la part belle », nous dit une des Sœurs qui se trouvaient là alors, « comme elle nous estimait heureuses d'avoir à soigner ces malades si cruellement abandonnés ! » Au reste, comme une simple Sœur, elle allait au chevet des pauvres mourants, s'asseyait à leurs côtés, leur tenait des discours tendres et consolants, les exhortant à la patience et à la confiance en Dieu. Jamais son activité ne fut plus grande. Elle multipliait sans effort les soins et les attentions. Tant que dura l'épidémie, toutes ses journées se passèrent au milieu des râles, des agonies et des ensevelissements. Mais le calme n'abandonna pas un seul instant sa grande âme, et quand le fléau s'arrêta, elle fut la dernière à se retirer de ce théâtre de la mort. Elle versa des larmes de joie, le premier soir où, revenant pour n'y plus retourner, de leurs infirmeries désertes, toutes les Sœurs l'entourèrent, portant sur leurs visages fatigués les traces glorieuses de leur admirable sacrifice; et elle exprima l'indicible bonheur de les voir toutes réunies, dans une prière profondément émue adressée à Dieu qui les avait toutes sauvées.

La conduite de la Sœur Maria durant l'épidémie resserra les liens déjà si étroits qui existaient entre elle et les habitants de la ville, et plus que jamais on compta sur son grand cœur. A Blois, en effet, comme à Dreux, elle n'avait pu se contenter de prodiguer les trésors de sa compassion au personnel affligé de l'hôpital. Ceux qui souffraient en dehors de sa maison avaient sollicité sa charité si tendre, et nulle douleur étrangère n'avait été sans écho dans son âme si sensible. Parmi toutes les infortunes qui implorèrent sa bonté, la vertu malheureuse et le mérite indigent eurent toujours sa préférence. Elle sut constamment les découvrir et les atteindre de sa munificence. Elle trouvait toujours de quoi donner pour toutes sortes de nécessités, et à toutes sortes de personnes. Si l'on se demande comment elle pouvait faire face à tant de besoins, nous répondrons qu'il y avait dans cette Sœur une disposition qui vaut tous les trésors de la terre, la confiance en Dieu. Il lui était comme impossible de ne pas compter sur lui en toute rencontre; et la miséricorde divine, se mesurant sur sa foi, faisait pour elle toute chose comme elle le désirait. Sa générosité jugeait si bien le cœur de Dieu! Et les dons lui venaient de partout.

A mesure que la Sœur Maria se montrait meilleure pour les autres, on voyait croître son amour pour Dieu. La moindre offense à la majesté divine ou au sentiment religieux la blessait dans la partie la plus délicate et la plus sensible de son être. Le nom sacré de Dieu ne sortait jamais de ses lèvres qu'entouré du plus profond respect, et elle ne l'entendait prononcer qu'avec émotion; ce qui n'excluait pas à l'égard du divin Maître une vive tendresse, surtout quand, près de l'autel, elle répandait son âme devant lui. Absorbée alors et saisie, dans l'attitude humble et simple d'une personne qui se croit sincèrement indigne de regarder même ses pieds sacrés, elle s'adressait à son cœur avec une confiance douce et filiale; et tous ses traits reposés portaient l'empreinte d'une paix céleste. Plus d'une Sœur qui l'a connue à cette époque la retrouvera vivante dans ce tableau. Il nous a été dit qu'elle se plaisait grandement près de l'image de la sainte Vierge; à son autel on la voyait invariablement arriver chaque soir. Elle se mettait à genoux par terre, et se reposait là des nombreuses sollicitudes de la journée. Sa ponctualité à venir ainsi montrait à elle seule l'importance qu'elle attachait à cette visite et le bien qu'elle en attendait.

Elle était grande dans sa piété comme dans tout le reste, aimant et vénérant toutes les choses saintes que l'Église bénit, mais étant sobre à s'en servir. Nous voulons dire par là que les signes de dévotion extérieurs lui semblaient avec raison un moyen; et elle n'y attachait qu'une importance relative.

Mgr de Montals ne cessait pas de s'intéresser à la Sœur Maria. Convaincu de plus en plus que Dieu avait sur elle des desseins tout particuliers, il savait trouver, au milieu de ses nombreuses occupations pastorales, le temps de lui écrire pour lui donner les conseils de sa prudence consommée. « J'ai retrouvé dans votre lettre, lui disait-il, votre excellente âme, pleine de beaux sentiments, et ne respirant que le bien, comme toujours; vous pouvez la laisser aller à bride abattue sur cette route où ne se rencontrent que des sacrifices généreux à faire et des mérites à recueillir. » Il lui donne ensuite différents avis pleins de sagesse, l'engageant à cultiver toujours beaucoup l'humilité. Et il termine par ces lignes du style de

Bossuet : « C'est tout ce que Dieu m'a donné pour vous. Je voudrais qu'il me donnât les lumières nécessaires pour vous procurer tout le bonheur que vous pouvez désirer ici-bas, en attendant une meilleure récompense. »

La Sœur Maria pourvoyait avec une sollicitude active à tout ce qui pouvait rendre plus doux les vieux jours des pauvres gens de l'hôpital. Depuis longtemps elle gémissait de les voir venir prier Dieu dans une pauvre chapelle malsaine et tombant de vétusté; et elle avait eu plus d'une fois la pensée d'en faire construire une nouvelle où le divin Maître et ses pauvres seraient mieux. C'était bien cent mille francs qu'il fallait pour cette œuvre; toutefois cette somme n'était pas la plus considérable sollicitude de son âme à qui Dieu avait appris à ne pas compter avec lui. L'argent, elle savait bien qu'elle l'aurait. Mais comment faire goûter à la sagesse humaine, qui n'est pas tenue à une foi si robuste, un pareil projet ? Et comment se faire absoudre, quand on est une Sœur de Charité, n'ayant pour tout bien au monde que le vœu royal de la pauvreté, de vouloir bâtir à Dieu et aux pauvres un palais dont l'administration, avec ses ressources régulières, ne peut payer la moindre pierre? La Sœur Maria réfléchit longtemps; et elle communiqua enfin aux administrateurs de l'hôpital son hardi dessein. On respectait trop la sagesse de la Supérieure et son sens pratique des affaires pour oser soulever des objections essentielles. Des difficultés de détail durent surgir nécessairement; mais avec ce tact parfait qui la caractérisait, elle aplanit tout avec douceur, sans froisser personne, laissant toujours aux opposants un chemin pour revenir avec honneur et satisfaction entière des préventions qu'ils auraient pu avoir. Elle entrait sincèrement dans la pensée et les doutes qui pouvaient venir à ses contradicteurs; elle se mettait à leur place, leur concédant tous les points qu'elle pouvait, sans nuire à la substance de son dessein; et de cette discussion il ne résulta dans son cœur qu'une estime plus grande pour les administrateurs, et dans celui des administrateurs une admiration plus profonde pour une femme si intelligente et si bonne.

Le principal obstacle levé du côté des hommes, tout allait marcher à souhait, parce qu'il n'y avait plus pour ainsi dire que Dieu qui allait faire l'œuvre. Elle mit dans le cœur de ses vieillards d'ardentes prières, et dans leurs mains tremblantes de petits travaux à exécuter dont le produit touchant, quoique faible, devait faire germer l'or qu'elle envoya demander aux riches par deux de ses Sœurs. Elle fit aussi prier et travailler les enfants. Et l'or germa. Des personnes généreuses qui aimaient la Sœur Maria versèrent des sommes importantes, et l'on put commencer l'édifice du bon Dieu.

Ici, la Sœur Maria éprouva une grande contrariété. Au reste, la difficulté qu'elle rencontra est ordinaire dans ces circonstances; et on la voit se produire invariablement partout. La question d'un édifice à construire se résout plus ou moins facilement; mais quand il s'agit de l'emplacement, la discorde vient aussitôt. La Sœur Maria voulait que la chapelle fût bâtie au centre même des édifices de l'hôpital. La cour des vieillards se trouvait ainsi conservée dans toute sa beauté, et rien ne cachait à leurs yeux la charmante vue des bords de la Loire et des édifices placés en amphithéâtre sur la rive opposée. Cette attention ici de la Sœur Maria pour ses vieillards la peint bien tout entière; elle savait ce qu'il y a de consolant pour ces pauvres gens dont la vie est sédentaire et que la vieillesse ou l'infirmité clouent sur un banc tout le jour, dans la vue de ce château, de ces clochers, de ces maisons encadrées de verdure, de ces toits superposés et de ce ciel bleu inondé de soleil; et elle ne voulait pas qu'on mît un rideau, ce rideau fût-il la maison de Dieu, sur ce spectacle vivifiant et si doux. D'un autre côté, cette chapelle placée au milieu des autres corps de bâtiment eût mis entre eux tous une harmonie agréable. La Sœur Maria fit valoir avec modestie toutes ces raisons; mais elle vit qu'il ne fallait pas insister; elle sacrifia ici au désir de ne froisser personne ses plus chères affections; et la chapelle fut bâtie au milieu de la cour, sur le devant de la rue. « Combien j'ai souffert, a-t-elle dit depuis, de voir bâtir la chapelle à cet endroit! Enfin, ce n'est pas ma faute. » Plus d'une difficulté s'éleva encore sur le genre d'architecture à adopter; et la Sœur Maria fut loin de trouver parfaite la construction que le malheur des temps, hélas! nous a léguée. L'esprit, à cette époque, était si mauvais qu'il ne manquait pas de gens pour applaudir au caractère un peu profane de cette église, et l'on entendait des paroles de ce genre : Pour un édifice qui sera prochainement transformé en théâtre, car d'églises il n'y en aura bientôt plus besoin, c'est tout ce qu'il faut. Durant tout le temps de la construction, on la vit surveiller les travaux, faire aux architectes des observations judicieuses, et tirer le meilleur parti possible du plan malheureux qu'on avait, malgré elle, adopté. La chapelle achevée, Sœur Maria la paya avec quatre-vingt-dix mille francs, sans compter les autres sommes qu'elle versa plus tard.

Tout le bien que la Sœur Maria faisait ainsi aux pauvres ne pouvait pas manquer d'attirer sur elle l'attention. Elle rencontrait partout une sympathie ardente. Mais il devait nécessairement y avoir des gens capables de trouver dans cette vie, tout entière consacrée aux bonnes œuvres, avec un tel succès, quelque chose à reprendre. Ne pouvant contester sa rare habileté non plus que les résultats obtenus par sa sagesse et son travail patient conduit avec tant d'intelligence, on imagina de lui prêter des intentions moins pures. Cette femme si grande par sa foi et ses vues toujours surnaturelles, on l'accusait d'agir moins par un besoin de son cœur d'être secourable aux pauvres de Jésus-Christ, que par un besoin d'activité inhérent à sa nature, et pour employer, d'une manière qui lui attirât de la gloire, ses rares talents. On broda sur ce thème un article de journal qui indigna profondément la servante de Dieu. Quand on a placé son amour en Dieu, on se trouve si haut au-dessus de toutes ces choses mesquines de la gloire humaine, on trouve cette gloire si pauvre auprès de celle qu'on acquiert au service du Seigneur, qu'on est douloureusement surpris, au moins au premier mouvement, quand quelqu'un vous attribue des motifs si méprisables. La Sœur Maria raconta au vénérable évêque de Chartres le chagrin que cet article de journal lui avait causé. Le saint prélat, avec cette gravité austère qu'il avait toujours en lui écrivant, la blâme de s'être même un moment attristée de ces jugements des hommes : « Ma chère fille en Notre-Seigneur, vous êtes bien trop sensible. Un journaliste irréligieux vous a gazetée d'une manière perfide; il n'a vu dans votre charité que de la philanthropie, et dans les œuvres d'éclat auxquelles vous vous livrez qu'un emploi brillant de vos talents naturels. Là-dessus, vous vous désolez; cette imputation vous cause une sorte de honte qui vous perce l'âme et vous désespère. Ce n'est pas bien, et permettez-moi de vous en dire la raison. Vous avez beaucoup de foi, mais comme vous sentez que c'est le sentiment le plus juste et le plus grand, vous désirez qu'on sache que c'est là le mobile de toutes vos actions. Ce genre d'estime est une douceur exquise et secrète, à laquelle vous tenez humainement. C'est par un reste d'amour-propre que vous êtes fâchée qu'on ne soit pas persuadé que vous agissiez par pure foi, c'est-à-dire, sans aucune vue d'amour-propre. Je sais bien que la calomnie qu'on a imprimée contre vous est la plus raffinée et la plus poignante qu'on puisse avancer contre une personne vraiment chrétienne, et surtout contre une religieuse. Mais le vrai détachement est tellement replié sur lui-même par le mépris de toutes les opinions humaines, qu'aucune espèce de calomnie n'a de prise sur lui; elle tourne autour, mais elle glisse; elle ne trouve point d'ouverture à son venin; elle tombe vaincue. » La Sœur Maria accueillit comme lui venant du ciel des paroles si grandes et si pleines d'autorité, et elle se reprocha d'avoir été ainsi attristée.

CHAPITRE NEUVIÈME

La Mère Josseaume, supérieure générale de la Congrégation, succombe après une courte maladie. — On procède au choix d'une nouvelle supérieure. — L'élection de la Mère Césarine est invalidée. — La Sœur Maria élue à l'unanimité. — Un courrier arrive en pleine nuit, 13 octobre 1834, à Blois, avec une lettre de l'évêque de Chartres, enjoignant à la Sœur Maria de venir immédiatement prendre possession de sa charge. — En peu de temps elle pacifie les esprits et se concilie les cœurs. — Lettre de Mgr de Sauzin, évêque de Blois. — Idée que la nouvelle supérieure se fait de la supériorité. — Différentes réformes. — Un arrêté. — Récitation du petit office.

La Mère Josseaume, Supérieure générale des Sœurs de Saint-Paul, entrait dans sa quatre-vingt-huitième année. Depuis 1790, elle avait le gouvernement de la Congrégation. Durant la tourmente révolutionnaire, elle montra une grande énergie; et c'est par ses soins que les Sœurs de Saint-Paul furent réintégrées. Elle rallia avec la plus grande peine la Communauté qui ne se composait plus que de cinquante-quatre membres, y compris les sept Sœurs restées à Cayenne. On la réélut successivement en 1810 et en 1817. Les circonstances difficiles où l'on se trouvait expliquent pourquoi elle fut maintenue durant un temps si considérable dans la charge de Supérieure.

Depuis dix-huit ans, la Mère Josseaume se reposait, au reste, en partie des soins de l'administration sur une religieuse qui avait sa confiance, la

Sœur Césarine. Elle sentait que, malgré cet allégement, ses forces diminuant de plus en plus, elle ne pourrait pas désormais rester longtemps chargée du fardeau de la supériorité, lorsqu'une maladie de six à sept jours l'enleva à la Congrégation. Sa mort était un événement grave; car bien que, à chaque instant, on dût s'y attendre, on n'avait pas suffisamment pensé à préparer quelqu'un pour la remplacer. La Congrégation se trouvait donc, depuis la révolution, pour la première fois en face d'une élection aussi importante.

Voici les règles qu'il faut suivre dans cette grave affaire : « La Supérieure sera choisie entre les Sœurs qui auront passé dix ans ou environ dans la Communauté..... Ce choix se fera de l'avis des douze plus anciennes..... (1). Les Sœurs seront consultées, elles pourront même témoigner le désir qu'elles auraient d'avoir pour Supérieure une Sœur plutôt qu'une autre. Mais le choix en sera fait par Mgr l'évêque ou par les supérieurs en son nom. »

Dans ces sortes d'élections, avec les vues les plus pures, on n'a pas toujours les mêmes pensées. La Mère Césarine, accoutumée depuis longtemps aux affaires de la Congrégation, sembla au conseil de la Communauté devoir occuper avec avantage ce poste

---

(1) Voir les modifications introduites depuis dans le Règlement, page 96.

important. Le conseil la nomma. Mais cette vénérable Mère, bien que excellente religieuse, portait en elle-même un obstacle incompatible avec la charge de Supérieure générale ; obstacle absolument indépendant de sa volonté, et dont elle n'était cause en aucune manière, mais qui existait réellement toutefois. Les Sœurs qui la choisirent n'y pensèrent pas. Mais l'effet eût été déplorable, si la Providence, en permettant qu'il y eût dans l'élection un défaut essentiel, n'eût pas changé la face des choses. Le conseil avait fait à peu près seul l'élection.

Les Sœurs résidant dans des établissements en dehors de la maison mère qui avaient droit à y concourir réclamèrent, et Mgr l'évêque de Chartres, à qui il appartient de valider l'élection, en ayant reconnu le vice, fit tout de suite écrire aux Sœurs électrices pour avoir leur avis. Cette fois, on procéda avec une connaissance plus parfaite du sujet proposé ; on vit bien que la Mère Césarine ne pouvait être élue, et l'on songea à une autre Sœur. Le nom de la Sœur Maria fut aussitôt mis en avant ; on l'accueillit avec la plus grande faveur ; et, à son insu, la Supérieure de l'hôpital de Blois fut désignée pour remplacer la Mère Josseaume, à l'unanimité, sauf deux établissements.

Il importait extrêmement de notifier au plus vite à la Sœur Maria qu'elle était nommée Supérieure générale. Les affaires d'administration ont toujours à souffrir au milieu des incertitudes que causent les opérations électorales; et, dans le cas présent, l'arrivée de la nouvelle Supérieure à la maison mère était urgente, à cause du trouble que la première élection invalidée avait nécessairement fait naître dans les esprits. Ce fut du moins la pensée de Mgr l'évêque de Chartres. Il écrivit tout de suite à la Sœur Maria :

« Ma chère sœur,

» Vous voilà Supérieure générale des Sœurs de Saint-Paul. Vous recevrez par ce même courrier votre nomination en règle. Je vous prie et vous ordonne de vous rendre ici toute affaire cessante. Vous ne sauriez mettre trop de promptitude dans votre départ. Vous comprenez que je suis au fait de tout et que je sais parfaitement ce que l'intérêt du bien et les circonstances demandent. Ainsi, point d'irrésolution ni de lenteur. Il y a des occasions où l'œuvre de Dieu exige une ardeur courageuse pareille à celle des généraux d'armée qui, par la rapidité de leurs mouvements, assurent toutes les suites de la victoire... Je crois qu'il serait à propos que vous amenassiez quelque bonne Sœur de Blois ou des environs qui soit bien à vous. Vous sentez que les Sœurs présentes à la Communauté sont toutes pour la Sœur Césarine. Il faut bien que, dès les premiers instants, vous ayez quelqu'un à qui vous fier et qui puisse vous servir d'instrument et d'appui. Employez tous les moyens qui dépendront de vous pour gagner les cœurs dès votre début. Soyez tout miel et tout sucre. Je crois que vous êtes propre à ces sortes de conduite... Oh ! que cette affaire du remplacement de la Sœur Josseaume m'a coûté de peines et de tribulations ! Enfin, je respire.

» 9 octobre 1834. »

Cette lettre étant mise à la poste, le vénérable prélat se ravisa ; et, craignant qu'elle n'arrivât pas assez vite, il prit le parti d'envoyer un courrier exprès à Blois, avec ordre de ramener la Sœur Maria avec lui.

Le courrier arriva à Blois dans la nuit. Il se présenta à l'évêché et remit à Mgr de Sauzin une lettre de l'évêque de Chartres. Mgr de Sauzin pria tout de suite M. l'abbé Thoré, vicaire général, de se rendre immédiatement à l'hôpital de Vienne, et de donner à la Sœur Maria les instructions nécessaires.

Comme c'était à l'heure où le premier sommeil rend plus difficile l'audition du bruit, M. le vicaire général frappa à coups redoublés à la porte de l'hospice, sans pouvoir d'abord se faire entendre. Enfin, Sœur Amable, qui fut une des premières à se réveiller, courut voir ce qu'on pouvait désirer à une heure aussi indue. M. Thoré se fit connaître. On l'introduisit au parloir, et il remit à la Sœur Maria le message de Mgr de Montals : « Je vous ai écrit hier au soir pour vous annoncer que vous veniez d'être nommée Supérieure générale de vôtre Congrégation. Mais comme je viens d'apprendre que ma lettre ne vous arriverait que demain matin, je vous envoie mon domestique pour vous faire savoir qu'il faut absolument que vous soyez ici demain samedi à quatre ou cinq heures du soir... Ne regardez pas à la fatigue. Dieu veut que vous nous arriviez demain. » M. l'abbé Thoré lui donna quelques explications verbales, et il termina ainsi : « Vous n'avez en ce moment qu'une chose à faire : prendre tout de suite, pour vous rendre à Chartres, la voiture qui vous attend à la porte. »

Une telle nouvelle, lui arrivant à pareil moment, fut pour la Sœur Maria un coup de foudre. Personne ne s'y attendait moins qu'elle. « Elle sortit du parloir tout en larmes », raconte une Sœur témoin de la scène; « elle n'avait pas son mouchoir et ne savait où s'essuyer. » Toute la Communauté fut bientôt sur pied; et comme les chevaux attendaient à la porte, il lui fallut faire promptement ses adieux, et s'exécuter fort vite, puisque la sainte obéissance était en jeu. Bien des larmes furent répandues durant les quelques minutes qui précédèrent la douloureuse séparation. La Sœur Maria avait dû observer à l'égard de ses filles la plus sévère discrétion, et chacune d'elles vit les grilles de l'hôpital se refermer au milieu de la nuit, sur leur Mère bien-aimée, sans savoir ce que la divine Providence voulait faire d'elle à cette heure. Une Sœur manifesta le désir de l'accompagner; mais elle dut renoncer à ce pieux dessein, parce que la voiture n'avait que deux places, et Monseigneur de Chartres avait ordonné de prendre en route, à Châteaudun, la Sœur Irénée, Supérieure de l'hospice de cette ville.

Le lendemain matin, quand les vieillards apprirent que, durant la nuit, la Sœur Maria avait été mandée pour une chose importante et mystérieuse, ils furent tous saisis. La maison tout entière était dans la désolation. La ville s'en émut également; et, comme à l'égard de cette femme remarquable l'indifférence ne pouvait exister, les méchants ne manquèrent pas de lancer de malveillantes insinuations au sujet d'un départ si précipité, disant que la Sœur Maria, n'ayant pas de quoi payer ses créanciers, faisait banqueroute. Sa justification ne tarda pas à arriver avec la nouvelle de sa promotion à la première dignité de son Institut.

Arrivée à Chartres, la Sœur Maria se rendit directement à l'évêché, où Mgr de Montals, qui l'attendait, lui notifia de vive voix son élévation à la charge de Supérieure générale. M. l'abbé Sureau, le nouveau Supérieur de la Congrégation, vint au nom de l'évêque de Chartres à la maison mère pour la présenter aux Sœurs. Il était environ sept heures et demie. La Communauté venait d'achever son repas. Avec une simplicité remplie d'émotion, la Mère Maria prononça seulement ces quelques mots : « L'obéissance m'oblige à accepter le fardeau imposé à mes faibles épaules, et j'attends l'aide de Dieu. » Les Sœurs lui répondirent par un accueil glacial. Un certain nombre parmi elles avaient donné leurs voix à la Mère Césarine : l'impression douloureuse que la nouvelle élection leur avait causée n'était pas encore effacée. Personne ne pensa à prier la Mère Maria de prendre un peu de nourriture. Elle en avait pourtant besoin après un si long voyage. M. l'abbé Sureau fut donc obligé de donner l'ordre de servir à souper à la Supérieure. Les Sœurs demeurèrent immobiles. A la fin, la cuisinière se décida à aller chercher quelque chose à la cuisine, et apportant un reste de chicorée hachée, elle le mit un peu brusquement devant la Sœur Maria qui prit le plat avec douceur et dit à son amie, la Sœur Irénée : « N'est-ce pas bien assez pour moi? » Elle s'assit et mangea.

Elle était donc, bon gré mal gré, installée, au milieu de nuages qui ne devaient pas tarder à se dissiper. Toute la Congrégation était pour elle, nous l'avons vu; et il n'y avait à gagner que quelques Sœurs de la maison mère. Elle arriva promptement à ce précieux résultat. Elle traita surtout avec de grands égards la Mère Césarine, et comme celle-ci préférait travailler en dehors de la Communauté, ce qu'elle désirait lui fut accordé avec bonté. Elle alla donc d'abord à l'établissement de Saint-André, puis à celui de Saint-Pierre.

La Mère Maria avait quarante-quatre ans. C'est la maturité de l'âge, et l'époque de la vie où l'on peut exercer avec sagesse et vigueur l'autorité sur les autres. Toutes ses qualités avaient eu le temps de se développer au milieu des circonstances les plus favorables, et les épreuves avaient donné à toute sa personne je ne sais quoi de fini et d'achevé. Elle avait vu de près, dès sa tendre enfance, la souffrance sous toutes les formes; elle avait vu pleurer à peu près toutes les larmes qu'on peut répandre ici-bas; et c'est avec une ineffable tendresse qu'elle s'était employée à les essuyer quand Dieu l'avait faite heureuse. Elle-même, au reste, avait beaucoup souffert; elle avait été plongée dans l'humiliation et en avait savouré les amertumes : c'était un beau noviciat de Supérieure générale. Femme faite, au reste, pour le commandement s'il en fut jamais, elle avait, comme on l'a dit, un port majestueux, un certain air de grandeur et d'autorité, des manières nobles et engageantes, un esprit fin, délicat, pénétrant, une singulière adresse pour tourner les esprits où elle voulait, un courage, une élévation, une tendresse d'âme inexprimables.

Mgr l'évêque de Blois, qui estimait grandement la Sœur Maria, regretta beaucoup de la voir partir. En véritable père, ce vénérable évêque plus qu'octogénaire lui écrivit pour la consoler les lignes suivantes, qui montrent qu'il la connaissait à fond :

« Je ne sais si vous avez eu le temps et la force, depuis votre arrivée à Chartres, de donner de vos nouvelles à vos chères filles de Blois, qui n'ont pas été moins affligées de vous perdre que vous l'avez été de vous séparer d'elles. Si vous n'avez pu le faire encore, ne tardez pas de leur écrire un mot, ou de leur faire écrire quelques lignes, en les chargeant de m'en faire part ; car je n'ai pas moins besoin qu'elles d'être tiré d'inquiétude sur votre santé, à laquelle la nouvelle de votre nomination qui vous a frappée au milieu de la nuit comme un coup de tonnerre, la profonde émotion que vous en avez ressentie, le torrent de larmes qu'elle vous a fait verser, et la promptitude avec laquelle il vous a fallu partir, sans avoir eu le temps de vous remettre un peu du cruel et accablant état où vous vous trouviez, peuvent avoir porté une bien rude et bien fâcheuse atteinte. Plaise à la bonté divine, qui ne vous a fait passer par une si rude épreuve que pour procurer sa gloire et le salut de la pieuse Congrégation à la tête de laquelle elle a voulu vous mettre, vous avoir donné toute la force nécessaire pour la supporter, et pouvoir entrer tout de suite dans l'exercice des bien importantes et utiles fonctions auxquelles elle vient de vous appeler ! C'est la grâce que je lui ai demandée pour vous, le jour même de votre départ, dans la messe que j'ai dite principalement à cette intention, et dont je l'ai priée de vous appliquer les premiers fruits, ainsi qu'aux filles de votre Congrégation.

» J'espère qu'elle aura mieux disposé à vous recevoir comme leur légitime Mère et Supérieure celles qui ne vous ont pas donné leurs voix, que vous ne vous y seriez attendue. Vous serez sûrement descendue à l'évêché, et c'est Mgr l'évêque de Chartres qui vous aura conduite lui-même, s'il l'a pu, dans votre maison, et qui vous aura donné auparavant les sages et précieux conseils, de vive voix, qu'il vous donnait par écrit, dans la lettre que j'ai reçue pour vous, quand vous avez été partie. Comme je présume qu'il ne peut que vous être bien consolant d'avoir cette lettre, à laquelle vous pourrez avoir recours dans vos peines, je me fais un devoir de vous la renvoyer tout de suite...

» J'ai regretté de n'avoir pu vous voir avant votre départ; mais il y avait impossibilité de votre côté et du mien. J'espère que l'excellent abbé Thoré, que je vous ai envoyé à ma place, vous aura été de quelque utilité, et que le bon Dieu vous aura même fait trouver en lui un ange consolateur, qui aura contribué à vous soutenir dans le pénible sacrifice que vous avez eu à faire. J'ai été bien aise que vous en ayez trouvé un autre à Vendôme dans le digne abbé des Essarts, que vous avez pu voir un quart d'heure.

» J'apprendrai avec bien de l'intérêt des nouvelles

de votre voyage et de votre réception, comme celles d'un petit retour ici, pour y régler toutes les affaires que vous y avez laissées. Je désire que ce puisse être prochain, et que vous ne tardiez pas trop aussi à nous donner pour Supérieure de l'hôpital la personne que vous jugerez la plus propre à y faire le bien sur le plan que vous suiviez avec tant de succès par la grâce de Dieu. Qu'il daigne vous faire réussir aussi bien dans le gouvernement de votre Congrégation! C'est ce qu'il y aura de plus consolant pour vous comme pour nous. Que son saint nom soit toujours béni! Je suis bien en lui votre humble et dévoué serviteur.

» † PH. FR., *Évêque de Blois.* »

La Mère Maria ne se fit pas un instant illusion sur la position exacte d'une Supérieure générale. Cette haute dignité est surtout *une charge;* et elle prit au pied de la lettre ce mot grave qui exprime avec tant de justesse le sens de la supériorité. C'était à ses yeux une grande œuvre de charité, une servitude de tous les jours, et rien de plus Elle voyait là uniquement l'occasion d'une plus haute vertu, d'un sacrifice plus complet d'elle-même, d'une vie plus méritante et plus féconde. C'est au point de vue du fardeau qu'elle considérera toujours la Supériorité. C'est par ce côté-là seul qu'elle lui parut acceptable, et si son cœur fut à l'aise en l'exerçant, c'est qu'elle se sentit toujours dilatée à la pensée de l'abnégation profonde qu'il lui fallait nécessairement pratiquer. Son programme de gouvernement fut simple comme elle-même. Elle se proposa d'être toujours juste, ferme; de savoir reprendre, corriger et au besoin punir; mais elle prit la résolution avant tout de donner à son administration l'amour pour base, la bonté et la douceur pour moyens. Elle comprit bien aussi que gouverner, c'est souffrir; et à la souffrance, cette grande chose sans laquelle rien de divin ne s'accomplit sur la terre, elle fit une large et chère place dans sa nouvelle vie.

Quand son autorité fut consolidée, et qu'à force de douceur et de tendresse elle eut tout pacifié autour d'elle, la Mère Maria étudia avec soin les besoins de la Communauté. Son attention se porta tout de suite sur les divers points de la discipline religieuse. Le résultat de ses observations apparut bientôt dans un arrêté qui fut adressé à toute la Congrégation à la fin de la retraite de l'année 1835. Cet arrêté, revêtu de l'approbation des supérieurs ecclésiastiques, était le fruit de ses recherches minutieuses. Voici plusieurs articles que nous extrayons avec complaisance de ce recueil si sage, parce qu'ils portent en eux le cachet de l'esprit de Dieu, et un parfum de piété bien doux et bien capable de faire aimer la pieuse Congrégation.

« ARTICLE 1er. Les habitations des Sœurs, tant en France que dans les colonies, se feront remarquer par leur simplicité et pauvreté religieuse; on n'y verra ni meubles somptueux, ni glaces, ni pendules, ni vases de fleurs; en un mot, rien de ce qui se ressent du luxe et de la vanité du siècle.

Art. 2. Nos Sœurs conserveront la simplicité de l'habit de l'ordre qu'elles porteront avec beaucoup de respect.

Art. 3. Elles mèneront une vie laborieuse et frugale; leur nourriture devra autant que possible se rapprocher de celle de la Communauté.

. . . .

Art. 6. Elles n'auront jamais de fréquentation avec les personnes du monde, et surtout de sexe différent.

Art. 7. Nous leur enjoignons de faire exactement tous les samedis leur coulpe des fautes contre la règle qui auraient pu paraître au dehors. »

Cet arrêté se termine par une indication aussi minutieuse qu'utile de la forme de l'habit de l'ordre. Tous les détails dans lesquels elle entre ont leur valeur et indiquent un sens profond des choses.

La Mère Maria se préoccupa aussi de la récitation de l'office de la Sainte Vierge. Sans doute les œuvres de miséricorde des Sœurs s'élevaient bien chaque jour vers la Reine des anges comme un parfum d'agréable odeur; mais à ce doux et silencieux concert, elle sentait que les louanges de Marie viendraient utilement s'ajouter. Et bien qu'elle ne fît pas un ordre de le réciter, laissant en cela une latitude nécessaire à des personnes vouées particulièrement au service du prochain, néanmoins elle en recommanda vivement la pratique, un peu tombée jusque-là en désuétude.

Grâce à son activité féconde, la Congrégation reprit donc un nouvel essor vers le bien. Mais le plus difficile n'était pas de donner ces règles; il fallait encore veiller à ce qu'elles fussent observées, et adoucir par une sollicitude de tous les instants ce qu'elles pouvaient avoir de pénible, en formant peu à peu l'esprit des Sœurs par une sage et habile direction.

C'est dans cette œuvre que la Mère Maria va nous apparaître avec toute la grandeur de son caractère.

CHAPITRE DIXIÈME

La Mère Maria s'applique à inspirer aux Religieuses l'esprit propre de l'Institut, par les différents moyens à sa disposition. — Dans sa direction intime, elle est douce, encourageante. — Elle devine les âmes. — L'humble aveu des misères est à ses yeux le plus beau gage des bonnes dispositions. — Elle prêche la lutte, le combat sur tous les tons. — Il faut vouloir avec simplicité tout ce que Dieu veut. — Correspondance de la Mère Maria. — Des milliers de lettres écrites au milieu d'embarras et de distractions sans nombre. — Son genre de style. — Différents sujets qu'elle traite. — Sa parole en public. — Sa grande facilité pour traduire les sentiments de son âme et les faire partager aux autres. — Son accent vibrant quand elle parle de l'apostolat, du sacrifice, du besoin que le cœur a de Dieu, de l'obéissance. — Ses visites. — Son recueillement durant les voyages. — Ses instructions aux Sœurs chargées des malades ou de l'éducation. — La paix. — La Mère Maria en récréation. — Sa douce gaieté. — Comme elle était délicate et aimable, en rappelant à l'ordre, quand la charité était blessée. — Elle prenait part aux jeux. — Comment la Mère Maria se prodiguait aux retraites — Ses sages avis aux Supérieures locales.

La formation des Sœurs à l'esprit propre de la Congrégation, tel fut le but constant qu'elle poursuivit par tous les moyens à sa disposition, par les conseils donnés dans l'intimité du tête-à-tête, par la parole publique, par les lettres, par les visites, et jusque par les conversations de délassement en récréation.

La Mère Maria accueillait toujours les personnes qui venaient à elle, pour recevoir sa direction intime, avec cette grâce encourageante et ce sourire cordial qui enlèvent d'assaut la confiance en pénétrant le cœur d'une suavité souveraine. Les Sœurs ont gardé le plus aimable souvenir de son attitude, quand elles entraient dans son cabinet. « En l'abordant », nous disait l'une d'elles, « je voyais ce regard s'ouvrir, s'attendrir de confiance et d'accueil, et se poser sur moi avec cette sécurité, cette caresse des yeux qui ont des paroles à leur manière; et mon cœur était aussitôt dans sa main. » Elle écoutait tout ce qu'on lui disait avec un vif intérêt; et elle répondait quelques paroles nettes et concises où il y avait toujours une lumière. Ce ne pouvait jamais être bien long avec elle, car elle n'eût pu suffire à l'immensité de sa tâche de chaque jour. Mais dans ce qu'elle disait, elle avait le mot propre, le mot juste, le mot vrai de la difficulté, de la consolation ou du conseil. Au reste, c'est surtout dans ces rapports intimes d'âme à âme que la Mère Maria se montrait tout entière. En pénétrant dans son cœur à la faveur de confidences saintes, on sentait combien elle était tendre et communicative. Elle donnait son affection à qui lui donnait sa confiance, et de l'affection découlaient, comme d'une source désormais inépuisable, la sympathie la plus vive, le dévouement le plus généreux. Elle avait au suprême degré le talent de deviner une âme, d'aller promptement à son secours, de manier ses plaies sans lui faire mal, de couper et trancher ce qui lui nuit. « Dès qu'on se présentait à elle », nous dit une Sœur, « elle vous examinait; et devinant votre pensée, elle disait : Ma fille, vous devez souffrir de tel côté. Et quand bien même avant de se présenter à elle on eût pris la résolution de tenir voilé ce côté de son cœur, la chose alors devenait impossible, et il fallait tout lui dire. » Aussitôt de ses lèvres, où respirait toujours la plus tendre bonté, tombait une parole tranchante comme un glaive, douce comme un baume venu du ciel, et l'impression invariable de toutes celles qui la quittaient se résume dans ces mots d'une Sœur à ce sujet : « Notre Mère est si bonne, qu'elle nous ferait avaler une barre de fer rouge. » Quand elle avait parlé, on était disposé à faire les plus grands sacrifices.

L'humble aveu des fragilités de notre pauvre nature la trouvait souverainement encourageante. Une Sœur étant venue lui faire une confidence de ce genre, elle lui dit : « Vous vous présentez à moi avec toutes vos misères, me dites-vous ; eh bien ! je vous reçois, et c'est comme cela que je vous aime. » A une autre : « Nos chutes peuvent nous être très-salutaires. Le bon Dieu les permet pour nous faire voir notre incapacité à tout bien sans sa grâce, et nous maintenir dans l'humilité. »

La lutte, le combat est sa préoccupation par excellence. Tant qu'elle n'est pas arrivée à l'installer dans une âme, elle est persuadée qu'elle n'a encore rien fait d'utile pour son salut. « Ce qui sourit le plus à mon cœur », dit-elle à une religieuse décidée enfin à accepter cette lutte courageuse contre elle-même,

« c'est de vous voir sincèrement résolue à prendre le parti des braves et à lutter à armes ouvertes contre le cruel ennemi qui tend à vous subjuguer avec tant d'acharnement. Soyez bien vigilante, ne quittez pas les armes. » Son cœur allait jusqu'à s'alarmer en face d'une âme dans laquelle elle ne voyait pas quelque trace au moins de lutte. « Je suis moins surprise des combats et des perplexités qui ont jusqu'ici assiégé votre pauvre âme », disait-elle un jour à une Sœur, « que si vous m'eussiez annoncé une sécurité parfaite dans vos débuts pour l'exercice de la charité. Ne vous troublez, ne vous tourmentez pas de toutes ces bourrasques. Elles ne peuvent que vous être utiles et méritoires. »

Elle appuyait fortement sur cette pensée que la lutte contre nous-même est toujours à recommencer. « Tant que nous aurons un souffle de vie, nous aurons à combattre : le repos et le calme, c'est pour le ciel. » Et encore : « Ne vous étonnez pas de vos alternatives dans le bien malgré vos bonnes résolutions. Ceci est l'effet de l'instabilité de notre nature; et nous ne pouvons pas, tant que nous vivons dans ce corps de péché, demeurer toujours dans un état permanent de vertu. La vertu ne se perfectionne que dans les combats, les tentations de toute sorte, généreusement soutenus. » « Comme l'état parfait », disait-elle à une Sœur, « n'est pas de ce monde, nous aurons toujours des combats à soutenir, des défauts à corriger, mille misères à déplorer en nous et à supporter dans les autres. Il faut donc nous armer de courage et mettre la main à l'œuvre sans lâcher jamais prise... » Et à une autre: « L'état parfait n'est pas de ce monde, et nous aurons toujours à combattre contre le malheureux nous-même, si nous voulons marcher sérieusement sur les traces de Jésus-Christ et nous former sur sa parfaite image. Soyons donc bien généreuses et prenons en main l'épée spirituelle avec laquelle saint Paul est devenu vainqueur de lui-même. » Cette lutte contre nous-même ne pouvant exister qu'en tant que nous avons une conscience intime de nos imperfections, rien ne consolait la Mère Maria comme lorsqu'elle voyait une âme parfaitement éclairée sur sa misère. « Je regarde comme une grande grâce de Dieu sur vous », disait-elle à une Sœur, « de bien connaître votre faiblesse et la tendance que vous avez au mal. Cela nous fait voir ce que nous sommes par notre nature et nous tient dans l'humilité et la bassesse de notre néant. Mais il ne faut pas nous arrêter à cette simple considération et conviction; il nous faut mettre sérieusement la main à l'œuvre pour élever l'édifice de notre réforme sur les ruines de notre amour-propre et de toutes ses mauvaises productions. »

Nous ne pouvons, on le conçoit, mentionner tous les points qu'elle touchait dans ses confidences intimes. Mais voici une dernière pensée qui la peint tout entière, et qu'elle s'efforçait d'inculquer sous toutes les formes. « Ne voulez », disait-elle, « ne demandez, ne désirez rien que le bon plaisir de Dieu : c'est là ce qui donne le plus de gloire à son saint nom. Tenez-vous donc entre ses mains, comme un petit enfant entre les mains de son père, pour ne faire que ce qu'il voudra et comme il voudra. »

La Mère Maria, par une correspondance active, entretenait le bien qu'elle avait fait dans ses entrevues avec les Sœurs. C'est par milliers et par milliers encore que nous avons vu passer sous nos yeux ses lettres portant toutes l'empreinte de la plus exquise bonté ; et nous savons qu'un grand nombre sont restées entre des mains pieuses qui n'ont pu consentir à s'en dessaisir, jalouses du parfum dont elles sont remplies. En dépouillant cette énorme correspondance, on se demande où elle trouvait du temps pour tracer de si nombreuses pages. Il est vrai qu'elle écrivait presque aussi vite qu'elle parlait. Mais il fallait voir à combien de fois elle devait se prendre pour faire une seule lettre. Constamment interrompue par les visites, au milieu de sa correspondance, elle laissait dix fois la plume avant de terminer sa lettre. Et cependant, dans ces lignes tracées au milieu d'embarras et de distractions sans nombre, elle parle à chacun avec une merveilleuse justesse le langage qui lui convient. Vous n'y trouvez pas, il est vrai, de ces touches fines et délicates de style ayant souvent pour origine plus ou moins la prétention ; mais brève et concise, la Mère Maria laisse échapper de sa phrase toujours un trait incisif qui atteint l'âme avec une étonnante suavité.

On retrouve dans toutes ses lettres le fond solide et positif de sa riche nature. Mais c'est principalement quand elle a à lancer une âme encore faible et hésitante dans l'amour de Dieu, ou quand elle veut encourager un cœur qui traverse un état douloureux ou dangereux, que son cœur s'épanche dans des pages d'une douceur ineffable et qu'on ne saurait lire sans être ému soi-même. Elle est pressante; elle provoque des réponses, elle veut voir où l'âme en est, et autant de lettres de cette âme, autant de réponses où sa tendresse éclate en traits souvent sublimes. « Vous pensez », écrivait-elle à une Sœur qu'elle suivait ainsi d'un regard attentif et inquiet dans ses épreuves, « vous pensez que j'ai rompu très-promptement le sceau de votre lettre, car j'étais bien désireuse de savoir si enfin la malheureuse tentation avait pris la fuite. J'étais bien préoccupée de vous à ce sujet; l'impression que m'avait faite votre lettre était si vive! Dieu seul sait l'effet qu'elle a produit sur mon cœur. » Elle adressait à une autre ces lignes : « Votre lettre est venue tout à la fois satisfaire au désir de mon cœur qui s'occupait et s'inquiétait de vous, puis le contrister et l'affliger péniblement. Je vous ai vue sous l'empire d'une tentation violente qui vous tourmentait, troublait votre repos; et j'y ai sensiblement compati. » Et quand quelque bonne nouvelle lui arrivait, elle était prompte à prendre la plume. « Votre bonne lettre », s'écriait-elle, « m'a remplie d'une bien douce joie ; j'ai été pénétrée d'un sentiment de reconnaissance et d'admiration qu'il me serait difficile d'exprimer, en voyant combien l'action de Dieu a été puissante en vous. » Et à une autre : « Oh ! comme j'ai été heureuse en vous lisant ! J'ai béni et remercié le Seigneur des dons signalés dont il vous comble, et ç'a été avec une grande effusion de cœur. L'amour vrai que je vous porte en a tressailli d'une indicible consolation. » On en conviendra sans peine : tant de lettres, toutes écrites avec la plus parfaite convenance et la grâce la plus délicate, en réponse à tant de choses si différentes, dénotent une grande netteté d'esprit, une rare énergie de volonté, et une force de caractère peu commune.

Voici ce qu'elle écrivait à une Sœur au sujet de l'orgueil : « Le défaut qui vous domine est celui de bien d'autres, car l'orgueil est le fond de notre être. C'est pour cela que nous devons être toujours en garde contre ses ruses pour ne pas nous laisser surprendre, car c'est un cruel ennemi. Appliquez-vous toujours à le combattre ; et Dieu aidant, vous y parviendrez, au moins en gagnant chaque jour quelque chose sur le terrain de l'humilité son antagoniste. Ce travail est difficile ; toute la vie entière y est consacrée. Ainsi, soyez courageuse ; ne vous lassez jamais. Votre susceptibilité, vos impatiences, vos dissipations d'esprit naissent du même principe. Adonnez-vous de bon cœur à l'humilité pratique : aimez à être reprise ; renoncez à votre esprit propre ; réglez bien vos sens intérieurs et extérieurs ; mortifiez-les souvent par des actes qui vous portent à l'anéantissement de vous-même. »

Les lignes suivantes sur le même sujet, prises entre mille, sont très-consolantes : « Vous sentez que l'orgueil est bien vivant en vous ; mais, mon enfant, c'est le fond de notre être. Ne vous étonnez donc pas d'en ressentir les atteintes par l'opposition que vous éprouvez pour les humiliations : *sentir n'est pas consentir*. Si vous combattez fortement toutes les répugnances qui s'élèvent en vous, quand il s'agit de se soumettre, de faire un acte d'humilité, de renoncement, imposant silence à votre amour-propre, à vos susceptibilités, quelles que soient les répugnances de votre mauvaise nature, vous n'en aurez que plus de mérite devant Dieu, puisque la vertu sera chez vous le prix d'un effort. »

Elle savait toujours relever avec les grandes pensées de la foi le courage des Sœurs occupées à un ministère ingrat : « Ranimez donc votre foi », écrivait-elle un jour, « et sachez que les personne dont vous êtes chargées, quelque méchantes qu'elles soient, sont formées à l'image de Dieu, et que leur âme est le prix de son sang. Plus elles ont de défauts, plus aussi vous devez en avoir pitié et leur porter compassion.

Faites-en donc l'objet de vos soins particuliers. Et si pour vaincre et amollir la dureté, l'opiniâtreté de leur cœur, vous employez tout ce qu'une pure et ardente charité a de force, Dieu bénira vos efforts; et, par la puissance de son secours, vous parviendrez à faire naître comme lui des pierres des enfants d'Abraham. »

Au milieu des graves enseignements qu'elle donne aux Sœurs dans ses lettres, il y a les choses les plus touchantes où se reflète avec un éclat extrêmement doux le généreux attrait de son cœur. Une Sœur à qui la permission de venir à Chartres avait été accordée se priva de cette consolation en faveur de sa compagne très-désireuse de faire ce voyage. La Mère Maria, qui n'avait jamais de plus grand bonheur que quand elle pouvait, en se contrariant, faire plaisir aux autres, écrivit aussitôt à cette Sœur : « En cédant à votre compagne votre droit de venir à Chartres, vous avez fait un acte de vertu. Ce sacrifice ne sera pas rejeté de Dieu. La Sainte Vierge vous en obtiendra la récompense, car vous avez bien honoré sa fête. Faites souvent de tels actes de renoncement. Vous pratiquerez tout à la fois l'abnégation, la charité, deux vertus essentiellement propres à vous faire avancer à grands pas dans la vie spirituelle, et à vous rendre par là même maîtresse de votre cœur, et supérieure à vous-même. Oh! que je suis contente! J'aurais eu pourtant beaucoup de plaisir à vous voir, à vous embrasser. Mais, à ce prix, je préfère en être privée. Nous y gagnerons l'une et l'autre pour le ciel, car c'est de cette manière qu'on y va. Continuez à vous montrer bonne, officieuse, aimant à vous priver pour faire plaisir. »

Toutes les fois que les Sœurs lui manifestaient quelque besoin pressant du secours d'en haut, elle les renvoyait invariablement aux pieds de Notre-Seigneur, dans le Sacrement de l'Eucharistie, ayant acquis par expérience une infaillible confiance dans ce doux moyen. « Profitez », écrivait-elle alors, « de tous vos moments libres pour aller à Jésus-Christ présent dans le tabernacle. Là, demandez-lui grâce, lumière, sagesse, conseil pour n'agir que selon ses divines vues et le mouvement de son amour. »

La Mère Maria exerçait encore sur les âmes une influence considérable par sa parole en public, et ce moyen lui réussissait aussi merveilleusement pour inculquer à ses Sœurs l'esprit religieux. Elle avait le don de traduire avec facilité et grâce, en parlant, tous les mouvements de son âme. Ce qu'elle sentait, elle le communiquait d'une manière très-vive à ceux qui l'écoutaient. On se rappelle encore avec quel accent elle disait aux Sœurs : « Vous qui êtes les filles de Dieu ; vous, ses vierges, ses épouses, vous ne seriez pas pauvres, désintéressées, vaillantes ! Sachez que vous êtes tout à Dieu et au bien des âmes ! »

L'apostolat, ce but suprême de la Congrégation de Saint-Paul, était un des sujets qu'elle aimait le plus à traiter. Et elle le faisait toujours avec une vive ardeur et un entrain plein de véhémence. « Quel doit être, pensez-vous, mes Sœurs, notre dévouement pour la gloire d'un Dieu qui, tout indignes que nous en sommes, a daigné nous choisir pour nous confier la défense de ses intérêts? Ah! soyons courageuses et persévérantes dans notre œuvre qui consiste uniquement à courir à la conquête des âmes, puisque telle est la mission des filles de Saint-Paul! » « Que vous êtes heureuses », disait-elle d'autres fois, « d'être appelées à la noble fonction de cultiver la vigne du Père céleste! Faites-lui donc produire non des raisins amers, mais de ces fruits doux et délicieux, capables d'être présentés à sa table. » Elle disait encore sur ce sujet : « Notre mission étant de courir à la conquête des âmes, nous devons nous faire tout à tous pour les gagner toutes. Ah! sans nous épargner jamais, dilatons les entrailles de la plus tendre charité, pour attirer et gagner tous les cœurs à Jésus-Christ. »

Elle était aussi bien éloquente en parlant de Dieu, l'unique chose nécessaire au cœur de l'homme. Sa voix alors prenait un accent si suave, si pénétrant, qu'on était subjugué. « Dieu a mis en nous », disait-elle, « le besoin d'être charmés, attirés, ravis; et il est le seul qui puisse faire tout cela. Dieu seul suffit; si on le possède, rien n'est plus nécessaire; sa plénitude est infinie. Mais, grand Dieu, que devenir sans vous, eût-on la terre tout entière à soi! »

La Mère Maria prêchait avec une grande énergie le sacrifice : « Peut-on se trouver heureux ici-bas, quand on n'a pas de sacrifices à offrir à Dieu? Est-ce que le cœur peut se passer de sacrifices? C'est le plus pur aliment de l'amour. Pleurez, pleurez quand vous êtes à la table sainte, et qu'en échange de la divine hostie, ce sacrifice suprême, vous n'avez pas le plus petit sacrifice à offrir à Dieu ! Nos joyaux, à nous, pauvres du Christ, ce sont les sacrifices, et nos diamants les immolations. Les actes d'abnégation constituent notre richesse, et les filles de Saint-Paul doivent, à l'exemple de Jésus-Christ, se proposer comme l'idéal de leur bonheur sur la terre la croix, la souffrance, l'humiliation. »

La vertu d'obéisssance, quand elle la traitait, tirait aussi de son cœur des accents vibrants. « En obéissant, mes filles, on est toujours dans le vrai, et l'on n'a pas à s'inquiéter, quand même ce qui nous est commandé n'est pas conforme à notre jugement. Il faut, pour ainsi dire, n'avoir d'yeux que pour cette vertu. »

L'imagination et le cœur sont des facultés qui jouent un grand rôle dans les choses humaines. La raison, malheureusement, n'exerce pas toujours l'influence prépondérante qui lui appartient. La Mère Maria, comprenant qu'il faut prendre les hommes tels qu'ils sont, acceptait ce fait et s'efforçait d'en tirer le meilleur parti possible. « Il faut bien se défier de son cœur et de son imagination », disait-elle souvent aux Sœurs ; « ces deux puissances ont besoin d'être comprimées. Mais étant bien dirigées, elles peuvent servir merveilleusement. »

La Mère Maria achevait dans ses visites aux différents établissements de la Congrégation ce qu'elle avait commencé dans sa direction intime, dans ses lettres, dans ses exhortations publiques. Elle attachait aux visites une importance extrême, et elle était très-fidèle et très-exacte à les faire au temps voulu. Le voyage était pour elle un moment de retraite ; elle le disait souvent. Elle ne parlait point en voiture, et durant la route elle priait toujours. Comme elle ne restait dans les maisons que le temps nécessaire, et que, les affaires une fois terminées, il fallait partir tout de suite, ses visites lui causaient une excessive fatigue. Mais jamais on ne l'entendit se plaindre. C'était une fête incroyable partout où elle allait. « On aurait eu le cœur malade à l'avance », disait une Sœur, « qu'on se trouvait guérie, même avant qu'elle eût parlé. Elle recevait une à une ses Sœurs. Chacune alors lui confiait ses peines de cœur, d'esprit et de corps. Elle avait une mémoire si heureuse qu'elle se rappelait les difficultés dont on lui avait parlé les années précédentes. »

Elle examinait ensuite la maison avec grand soin, entrant dans les plus petits détails pour voir comme tout se passait. « Ne négligez », disait-elle aux Sœurs,

« aucun des moyens qui vous sont donnés pour vous former aux bonnes habitudes de soin, de propreté, de bonne tenue et d'ordre, si nécessaires aux Sœurs de charité pour bien servir et glorifier Dieu dans l'exercice des œuvres de miséricorde envers le prochain. »

Elle avait toujours une recommandation pressante à faire relativement aux soins à donner aux pauvres malades. « C'est Notre-Seigneur », disait-elle, « que nous devons servir en eux. Ils sont ses membres souffrants. » Et elle prétendait que les soins leur fussent donnés comme s'ils eussent été des princes. « Ah! » disait-elle, après avoir exposé en détail les tendresses qu'il fallait avoir envers eux, « pour de l'argent, nous ne ferions jamais cela; mais pour Dieu, c'est autre chose. »

Les Sœurs appliquées à l'enseignement étaient de sa part l'objet d'une sollicitude toute particulière. « Utilisez bien », disait-elle, « le don que le Seigneur vous a fait en vous rendant aptes à l'enseignement chrétien, de manière à former vos élèves à la religion, en leur faisant parfaitement connaître et aimer Dieu : cette science doit passer avant tout. Puis, sur ce fondement, vous les instruirez de toutes les choses qu'elles doivent savoir. » Elle ajoutait : « Soyez bonnes et d'un facile accès avec vos enfants. Mais gardez en toute votre conduite une douce gravité, une grande discrétion, n'ayant avec elles et les parents aucune relation ou conversation en dehors du strict devoir. Parlez peu, et toujours avec modération. N'allez pas trop vite pour opérer les changements que vous jugerez nécessaires. Prenez conseil. » « Une des plaies de notre époque », disait souvent la Mère Maria aux Sœurs rassemblées, « est le mépris que les parents ont, au vu et au su de leurs enfants, pour la loi de Dieu. Et le mal ici est profond. Le père et la mère en sont venus à commander à leurs enfants de fouler aux pieds l'autorité divine. Ils sont punis par où ils ont péché, et ces enfants, instruits par eux à ne pas respecter Dieu, ne les respectent plus eux-mêmes. Dans de pareilles conjonctures, la position de l'instituteur consciencieux est pleine d'angoisses; mais elle est nette et ne souffre ni hésitations, ni incertitudes. Peut-on mettre en question s'il faut sacrifier Dieu et sa gloire aux parents? Donc à tout prix il est nécessaire de faire comprendre à ces tendres âmes qu'il vaut mieux obéir à Dieu qu'aux hommes, et que, à des parents qui leur conseillent de ne pas remplir leurs devoirs religieux, ces petites filles doivent opposer une respectueuse, mais invincible résistance. »

Quand il venait à sa connaissance quelque fait dans lequel cette doctrine avait été bien appliquée par les Sœurs et suivie docilement par les enfants, elle s'écriait, émue jusqu'aux larmes : « Oh! comme vous allez les aimer, ces petites âmes qui n'ont pas craint de se déclarer hautement pour l'observance des lois de Dieu, malgré l'opposition de leurs parents, qu'elles ont vaincus par leur fermeté à se montrer fidèles ! Le Seigneur fera croître la semence de foi et de salut que vous jetez dans ces petits cœurs encore tout neufs, où la corruption du siècle n'a pas encore pénétré pour en souiller la pureté et l'innocence. » Et comme une telle tâche exige une grande énergie, elle répétait souvent ces mots aux Sœurs institutrices : « Je ne néglige pas de demander à Dieu pour vous force et courage, afin que vous souteniez sans vous laisser abattre les difficultés incessantes de votre pénible mission. Soyez généreuses et bien confiantes...

» Je comprends tout le poids de la charge qui vous est imposée, et je sais qu'elle est difficile et qu'elle demande un dévouement surhumain; mais ayez confiance, Dieu vous aidera... »

Elle rappelait toujours, avec une insistance qui en montrait la gravité, ce point de la règle : « Les Sœurs ne s'informeront pas des nouvelles du monde; elles éviteront même de les écouter; et si elles en apprenaient malgré elles, elles se garderont bien de les rapporter à la maison... Qu'elles évitent avec soin les longs discours et les paroles inutiles; et si elles ne peuvent se retirer honnêtement d'une compagnie, qu'elles y parlent de Dieu... Elles éloigneront par ce moyen de leurs conversations cette foule de péchés dont la langue est l'instrument malheureux.. Les Sœurs éviteront de s'entretenir de nouvelles avec leurs enfants, et de toute curiosité sur ce qui se passe dans leurs maisons. » « J'appuie », disait-elle, « si fortement sur ce point de nos saintes règles, parce que, s'il n'est pas observé, la maison est perdue. »

La Mère Maria ne disait jamais adieu aux Sœurs sans leur recommander, avec les paroles les plus suppliantes, de conserver toujours l'union entre elles. « Il faut », leur disait-elle avec le meilleur accent de son cœur, « il faut que toute division, toute dispute, vous fasse horreur. L'union, il n'y a rien qu'on doive tant et si ardemment demander à Dieu. Ce serait beau si nous, les filles de Saint-Paul, nous ne pratiquions pas le support mutuel ! Que les petits torts que vous pouvez avoir les unes envers les autres ne laissent pas même de trace dans votre souvenir. » Et avec ce sens pratique qui la distinguait en tout, elle ajoutait : « Il faut que chaque Sœur s'y prête pour sa part; il faut qu'elle s'y dévoue, s'y livre et parvienne au but au prix de n'importe quel sacrifice. Défendez-vous absolument une parole pouvant semer la discorde; pas de railleries, pas d'indiscrétion, pas de soupçons communiqués, pas de rapports. Que chacune arrache de son cœur jusqu'aux moindres racines d'où la désunion peut sortir. »

Aux Sœurs parmi lesquelles elle voyait régner cette précieuse union, la Mère Maria disait : « Vous me dites n'être qu'un cœur et qu'une âme; j'en bénis Dieu et je vous en félicite; car l'union est le plus grand des biens. Conservez-le avec soin : Dieu fera ses délices d'habiter au milieu de vous, car sa demeure est dans la paix. »

A d'autres elle disait : « Que Dieu daigne vous maintenir dans le bon état de paix et d'union cordiale qui fait aujourd'hui le partage et le charme de votre société. J'en suis heureuse, et je prie le bon Jésus, qui est venu nous apporter ce grand bien en naissant, de l'augmenter dans vos âmes. »

Des circonstances douloureuses étaient venues troubler cette paix dans un établissement considérable. Le remède ne pouvait être présentement appliqué au mal, et il était impossible à la Mère Maria, sans occasionner des froissements inutiles, de toucher directement cette question. Elle se contenta de dire ces paroles empreintes d'un tact exquis : « L'ivraie sera toujours parmi le bon grain dans le champ du père de famille, jusqu'à la récolte éternelle, parce que Dieu veut que, par le support mutuel, la vertu de chacun soit exercée; les unes par la patience et l'humilité; les autres par les encouragements à mieux faire; s'y sentant excitées par le cri de leur conscience, les bons exemples et l'édifiante conduite des autres, afin que tout contribue ici-bas au bien de ceux qui aiment Dieu. »

« Il faut nous excuser, nous supporter mutuellement », disait-elle une autre fois, « puisque chacun de nous est sujet à faillir selon la trempe de son organisation. Si nous savions agir par le principe de la divine charité que nous recommande la loi de Jésus-Christ, et même la raison humaine, pour le maintien d'une bonne harmonie dans la vie sociale, nous éviterions bien des maux, et nous serions toujours en paix. » Elle disait ailleurs : « Soyez bien pieusement unies entre vous par les liens d'une cordiale charité, pour que le bon Dieu soit le centre de votre union ; et votre intérieur sera un vrai paradis terrestre. »

Avant de quitter la maison qu'elle visitait, elle avait grand soin de réunir les enfants des classes. Elle leur disait les plus douces paroles. Toutes ces petites filles étaient ravies. Jamais elle ne partait sans leur laisser un petit cadeau, et quelquefois de l'argent destiné à leur procurer une promenade amusante et récréative dans un but toujours pieux. On nous a assuré que, partout où elle a passé, elle a laissé dans le cœur des enfants d'ineffaçables souvenirs.

La Mère Maria, quoique grande amie de la pauvreté, croyait devoir toujours rémunérer d'une manière digne les personnes dont elle devait réclamer les services dans ses visites. « J'aime mieux m'imposer des privations afin de me montrer plus large envers les gens qui m'assistent. Cela leur fait aimer le bon Dieu dont nous devons bien un peu représenter la munificence. » Elle traitait donc toujours les domestiques grandement ; et personne ne lui rendait service, sans recevoir d'elle une pièce de monnaie assez considérable.

Il n'y a pas jusqu'aux récréations qu'elle ne mît à profit pour la formation des Sœurs. La grande souplesse de son intelligence lui permettait de donner, avec les agréments et la douce gaieté qu'alors la parole doit toujours avoir, les plus sérieuses leçons. Sans qu'elle le recherchât, sans qu'elle le soupçonnât même, elle captivait l'attention et commandait le silence. « C'est là », nous dit une Sœur, « dans ces épanchements naïfs du délassement qu'elle était gaie, aimable. Les mots spirituels ne lui manquaient pas. Il était impossible de ne pas être attiré par son extérieur si gracieux, par sa politesse si franche. On avait de la peine à se séparer d'elle. On ne l'a jamais entendue faire de médisances. »

« Quelquefois », nous dit une Sœur, « la Mère Maria, pressée par sa correspondance, apportait, le soir surtout, durant la récréation, son attirail d'écriture. Plus de vingt Sœurs autour d'elle se délassaient, dans de gaies causeries, des travaux de la journée. Les pieds appuyés sur un petit banc, ayant sur ses genoux une planche où était sa lettre commencée, la bonne Mère riait de nous voir joyeuses, et par quelque mot aimable s'efforçait d'entretenir la gaieté; puis elle reprenait sa lettre traitant souvent des choses les plus sérieuses. » — « Nous vous donnons des distractions, ma Mère », s'écriait une Sœur, après un éclat de joie qui avait pu être un peu bruyant. Mais la Mère Maria répondait : « Oh ! non ; vous pouvez vous récréer. Rien ne saurait me faire plus de plaisir. »

Avec toute la charité possible, il ne peut manquer d'arriver que parfois un petit mot de taquinerie n'échappe, même aux lèvres les plus en garde contre les saillies d'un esprit porté à saisir le côté ridicule des personnes et des choses. Quand un trait légèrement malicieux, et qui toujours au reste se tournait en douceur, échappait à une Sœur, elle disait avec un ton de bonté infinie : « Oh ! ma fille, c'est assez ! » Les petits mots pour rire étaient loin de lui déplaire. Mais ce qu'elle n'aimait en aucune manière, c'est qu'on se prît, pour s'égayer un peu, à quelqu'un qui n'avait pas de défense et ne pouvait répondre. Elle trouvait que c'était de la lâcheté. S'il survenait au reste quelque léger différend, sa parole si calme et si persuasive ramenait doucement l'accord et la conciliation, et faisait fondre dans la charité les petites susceptibilités émues.

La Mère Maria ne refusait pas de prendre elle-même part aux jeux quelquefois. « Le dimanche soir », nous disait une Sœur, « nous avions l'habitude de faire une partie de jeu de dames. La vénérable Mère y mettait beaucoup d'intérêt. La voyant si attachée à son jeu, je lui en fis la réflexion. Elle me répondit aussitôt : « Ma fille, si nous agissons pour Notre-Seigneur, nous ferons bien toute chose. » — « Ceci », ajoute la Sœur, « fut accompagné d'un sourire et d'un regard que je n'oublierai jamais. » Elle aimait aussi, surtout durant l'Avent, à applaudir aux cantiques que chantaient les Sœurs en récréation le soir ; et on n'a pas oublié la douce gaieté qu'elle répandait alors autour d'elle, quand, essayant de mêler sa voix à ce pieux concert, elle en dérangeait bien quelque peu l'harmonie, n'ayant pas un timbre parfaitement juste. On riait ; elle, plus que toutes les autres, se montrait joyeuse, et plaisantait du meilleur ton sur son talent musical problématique.

La Sœur Maria comptait surtout sur les retraites pour raviver dans le cœur des Sœurs l'esprit religieux, et tous les saints enseignements qu'elle s'était efforcé de leur donner. Par ses soins, les retraites annuelles furent définitivement fondées ; et aux époques d'élection, elle voulut qu'il y en eût une autre en plus.

Elle se prodiguait alors afin de satisfaire toutes les Sœurs désireuses de recevoir dans l'intimité sa direction. Voir tout le monde en particulier était une grande besogne ; mais elle le faisait ; et de ces saintes entrevues résultaient des fruits bien précieux.

Elle donnait un soin tout particulier aux Sœurs supérieures. Les ayant investies de sa confiance, elle voulait pouvoir compter sur leur cœur, afin d'être assurée que les Sœurs placées sous leur commandement seraient heureuses et rempliraient dignement tous leurs devoirs.

« Comprenez bien », disait-elle à une Supérieure qui venait lui rendre compte de la manière dont elle s'acquittait de ses fonctions, « comprenez bien l'importance de votre charge, et remplissez chacune des obligations qu'elle impose avec le zèle, la piété, la prudence, la sagesse que Dieu demande de vous. Copiez Jésus et sa Mère Immaculée. Ils ont commencé par faire, avant d'enseigner. Agissons de même; prêchons d'exemple, commandons d'actions, et nous obtiendrons infailliblement d'heureux résultats. Soyez bonne à vos sœurs; aimez-les, encouragez-les; soyez leur appui, leur amie, leur conseil au besoin. Faites-leur aimer l'obéissance; rendez-leur la vie douce; encouragez-les à la piété, à la régularité par une sagesse de conduite qui les attire à la vertu, et leur en rende la pratique aisée et facile. »

CHAPITRE ONZIÈME

La Mère Maria avait grand soin de ne pas cacher aux jeunes personnes qu se présentaient à elle, pour être religieuses, la vie d'immolation qu'il leur faudrait mener. — Le cas qu'elle faisait d'un esprit judicieux. — Paroles remarquables qu'elle adressait aux jeunes filles en les admettant. — Sa joie quand elle les conduisait à l'autel. — Ses conseils avant et après la profession. — La Mère Maria voulait avant tout la dilatation des cœurs. — Avec quelle bonté elle traitait les parents des Sœurs. — Combien les peines des Sœurs la trouvaient sensible. — Le soin qu'elle avait de leur santé, et sa peine quand elle les voyait malades. — Sa douceur et son esprit de justice dans les réprimandes.

La Supérieure générale n'a pas seulement à veiller sur la conservation et le développement de l'esprit religieux dans le sens conforme au but de l'Institut. D'autres sollicitudes partagent encore son cœur, et une des premières est sans doute la propagation de sa famille religieuse. La Mère Maria s'en occupait avec tout le sérieux dont elle était capable.

Elle recevait donc avec une grande aménité la jeune personne qui se présentait à elle avec la pensée d'entrer dans la Congrégation. Mais elle ne lui cachait pas l'austérité de la vie à laquelle elle aspirait ; et cette noble franchise, loin de décourager, faisait entrer dans l'âme de la jeune fille un plus vif désir de se dévouer. « Votre résolution », lui disait-elle, « est grave ; des devoirs pénibles vous attendent et beaucoup de privations. Êtes-vous bien sûre de vous ployer aujourd'hui, demain, des années, à jamais, votre vie tout entière, sans murmures et surtout sans regrets, à des sacrifices continuels ? Ce à quoi vous devez vous attendre, c'est à des peines intérieures, à des combats, à des tentations, à une vie de travail et de souffrance. »

Une chose préoccupait singulièrement la Mère Maria dans l'examen des jeunes filles désireuses d'entrer dans la Congrégation. Elle voulait avant tout se rendre compte si elles avaient un bon jugement. C'est en effet un point d'une importance extrême; et même auprès de ses Sœurs, elle insistait vivement là-dessus. Elle fit imprimer une image sur le revers de laquelle ces mots avaient été inscrits par son ordre : « Une bonne religieuse aura soin de bien former son jugement, de bien veiller sur son cœur, et d'écouter toujours la voix de sa conscience. » On peut dire que les deux derniers points, bien que fort graves, se présentent si naturellement à l'esprit, qu'il ne faut pas une intelligence hors ligne pour les deviner. Mais le premier, qui concerne le jugement, annonce une grande réflexion. On l'a dit, et cela est vrai : « Nul n'est content de sa mémoire, ni mécontent de son esprit. » Les faiblesses du cœur et les défaillances de la conscience sont plus faciles à avouer que le manque de jugement. La Mère Maria, qui allait toujours au fond des choses, avait placé avec raison cette qualité précieuse du jugement en tête de tout, du moins pour la réussite des Sœurs dans la vie religieuse.

Cette digne mère excellait pour trancher les questions de vocation. Il n'est pas rare de voir des âmes, réellement choisies par Dieu, hésiter quelque temps à obéir, placées trop souvent sous des influences qui contrebalancent l'appel du ciel. C'est une des positions les plus cruelles où une âme puisse se trouver. La Mère Maria avait une compassion profonde pour les jeunes personnes qui traversaient cette épreuve. Elle cherchait avec une sagacité rare à démêler ici la vérité; et quand elle avait découvert nettement que l'hésitation avait sa source dans la faiblesse d'un cœur qui ne sait pas se décider, et que des affections terrestres, quoique légitimes, arrêtent l'appel de Dieu bien constaté, elle devenait pressante; et sa parole ferme, vigoureuse, tendre, incisive au besoin, tranchait toujours la question de manière à satisfaire à la fois et la jeune fille heureuse de voir tomber tous les obstacles, et ses parents consolés de donner dans de telles conditions leur fille à la Congrégation.

En quittant la jeune personne qu'elle avait jugé à propos d'admettre, elle disait : « Soyez bien pénétrée de la grâce de votre vocation, et vous vous montrerez généreuse en toute chose, par un principe d'amour et de reconnaissance envers le bon Maître qui a daigné vous choisir préférablement à tant d'autres pour une mission si belle. »

Aussi, comme elle était rayonnante quand elle conduisait ces chères enfants à l'autel ; et comme ces enfants étaient heureuses d'être présentées à Dieu par elle ! Lorsque ces jeunes Sœurs, encore toutes radieuses du bonheur de leur consécration, venaient la remercier, elle avait toujours à leur dire de ces paroles impossibles à oublier : « Chères filles, vous aurez sous le rapport spirituel bien des privations à subir et il vous faudra vivre de la vie de la foi. » Ou bien : « Aimez Dieu, enfants, d'un amour souverain, sans mesure, et n'aimez rien que selon lui et pour lui : c'est là le secret du vrai bonheur et de la solide paix. » Ou encore : « Heureuses filles ! Vous voilà consacrées au culte et à la pratique de la charité, afin de multiplier les adorateurs de Jésus-Christ ! »

Elle les préparait à la profession avec le plus grand soin. « Il n'est rien », leur disait-elle, « que vous ne dussiez être disposées à faire pour mériter la grâce de la profession religieuse, et payer les immenses bienfaits et les faveurs nombreuses que vous avez reçus de ce bon Maître. Faites-le, en faisant de tout cœur les petits et grands sacrifices journaliers qu'il demandera de vous. »

Elle disait encore : « Étudiez avec soin l'esprit de la sainte vocation à laquelle vous aspirez ; formez-vous-y chaque jour par le renoncement à votre volonté, à votre esprit propre ; car vouloir être au Seigneur, sans cesser d'être à soi-même, serait une illusion. Jamais nous ne pourrions goûter à son service divin le bonheur et la paix qui en sont le propre et la source véritable; notre salut lui-même y serait compromis, et aussi celui de bien des autres, car nous ne pouvons pas nous sauver seules, nous, filles de Saint-Paul! » « Vous êtes sur les rangs de la profession », disait-elle à d'autres; « cette démarche est grave, vous le savez; vous en comprenez l'importance. Ceci m'est un grand sujet de joie et de tranquillité, parce que vous n'agirez pas à la légère dans une affaire aussi décisive pour votre bonheur présent et futur. Mais après avoir médité, réfléchi, consulté, vous pèserez dans la balance d'une juste et sage appréciation les avantages et les sacrifices que présente cette sainte vocation. »

Après la profession, la Mère Maria les suivait de sa sollicitude vigilante, et les prémunissait sans cesse contre les difficultés qu'elles devaient nécessairement rencontrer. « Des luttes, des combats », leur disait-elle, « est-ce que vous ne devez pas vous attendre à en soutenir après vos saints et solennels engagements contractés! Le démon, vaincu par cet acte religieux, fera tous ses efforts pour vous poursuivre avec une rage acharnée, pour vous ébranler, vous déconcerter, et essayer de vous faire lâcher prise. Que ses attaques vous trouvent donc toujours préparées. » Elle disait aussi souvent alors : « Il faut entrer dans les desseins de Dieu, dans ses vues, maintenant que vous voilà les instruments de sa bonté... Oh! surtout tendez chaque jour à devenir parfaites, en marchant fidèlement sur les traces de Jésus-Christ dans la voie du sacrifice, de l'humilité, du renoncement et des bonnes œuvres, pour passer comme lui en faisant le bien. »

L'époque du renouvellement des promesses faites à Dieu par les Sœurs ne se passait jamais sans qu'elle élevât encore la voix pour appeler leur attention sur un acte si saint. « Préparez-vous », disait-elle, « à ce grand jour qui est pour nous la fête des fêtes, par un saint recueillement, un grand esprit de retraite, une pieuse recherche de vos manquements passés, pour les déplorer, les réparer et vous animer de sentiments nouveaux afin de servir le bon Dieu avec plus de fidélité que jamais et lui prouver un amour plus généreux, par un esprit tout d'abnégation, de renoncement et de sacrifice... Agissez en tout dans des vues de foi; servez cet adorable Maître lui-même dans la personne de ses membres souffrants; obéissez à vos supérieurs, comme si c'était Dieu lui-même en personne qui vous commande. Vivez avec vos Sœurs dans un accord parfait. »

La Mère Maria, avant tout, voulait voir la joie dans le cœur et sur le visage des Sœurs. Elle mettait tout en œuvre pour arriver à ce résultat. Par inclination comme par raison, elle leur conseillait en toute rencontre les voies dilatées, simples, confiantes.

Elle était l'ennemie déclarée de tout ce qui est capable de resserrer tant soit peu des cœurs que le service de Dieu doit épanouir. Il est impossible de dire ce qu'elle n'eût pas fait pour réjouir ceux qui étaient tristes, et pour guérir les cœurs malades. L'allégresse, la dilatation de l'âme étaient à ses yeux une condition capitale pour l'avancement dans la vie spirituelle, et sa conviction sous ce rapport était inébranlable.

Elle se plaisait donc à procurer aux Sœurs toutes les consolations qui étaient en son pouvoir. Sachant bien quelle douceur elle apporterait au cœur de ses filles bien-aimées en recevant leur famille avec la plus grande amabilité, toutes les fois que leurs parents venaient les voir elle les comblait d'attentions délicates. Pensant toujours à tout, elle prévenait leurs moindre désirs. Elle avait coutume, au reste, de dire aux Sœurs, relativement à leurs familles : « Dieu aime les cœurs bons et reconnaissants envers leurs parents. La piété filiale n'est-elle pas une vertu qu'il recommande et qu'il préconise?... » Et quand cela était utile pour la consolation légitime des parents, dans des circonstances graves, à la mort, surtout pour les rapprocher de Dieu, elle permettait aux Sœurs d'aller les visiter. Ce ne fut presque jamais sans fruit. Avant de la laisser partir, elle faisait une croix sur le front de la Sœur et lui disait du ton le plus tendre et le plus pénétré : « Je compte sur votre piété pour vous observer en tout, pendant toute la durée du voyage, afin de ne présenter dans votre personne que des sujets d'édification et des exemples de vertus. Le plaisir de vous voir est acheté assez chèrement de vos parents pour qu'il leur soit salutaire en toute chose, pour le contentement de leur cœur et le bien-être de leur âme. »

La Sœur Maria se montrait surtout extrêmement sensible aux peines des Sœurs, d'où qu'elles vinssent. C'est dans cette sympathie qu'est le secret de la consolation. Quand donc elle savait une Sœur affligée, elle lui parlait avec une expression si compatissante, si persuasive, qu'elle adoucissait aussitôt son chagrin. Dans ces circonstances surtout se dévoilait toute la sensibilité et la délicatesse de son âme.

Elle envoyait ces paroles pleines de cœur à une Sœur éprouvée par le malheur : « Mon âme sent vivement vos angoisses et vos peines ; mais elle ne peut vous présenter de plus puissants motifs d'encouragement, de consolation, que dans les pensées salutaires des récompenses qui en seront le prix un jour. »

A une autre Sœur éloignée d'elle, que l'affliction était aussi venue visiter, elle écrivait : « La grande peine que j'ai éprouvée à votre sujet a été de vous en voir. Personne ne peut souffrir parmi les miens que je ne souffre sensiblement avec elles. »

Quand elle avait quelque nouvelle triste à apprendre à une Sœur, elle y mettait un tact, une délicatesse, une charité infinie ; et elle excellait à consoler dans ces circonstances. Souvent elle se laissait elle-même gagner par l'émotion, et elle versait des pleurs. Si c'était la mort d'un père ou d'une mère qu'elle annonçait à une de ses Sœurs, elle avait le plus grand soin de faire briller à ses yeux les saintes espérances du chrétien, et elle lui promettait de faire célébrer des messes à l'intention du cher défunt. Elle aimait souvent à dire à ce sujet : « Comme au point de vue de la foi tout change de face! Nous touchons du doigt ce que nous ne pouvons posséder réellement ici-bas, je veux dire les personnes et les choses qui nous sont chères et que nous aimons à tant de titres en Dieu et pour Dieu, quand ce bon Maître permet ou ordonne que nous en soyons séparées pour des fins connues de lui seul, mais toujours infiniment justes, bonnes et sages, soit par l'éloignement, soit par la mort. »

Elle écrit à une autre Sœur : « La perte de plusieurs des vôtres vous afflige beaucoup. Je prends une grande part à votre peine ; mais, je vous en prie, soyez bien résignée, et consolez-vous par la pensée des espérances que nous donnent les divines Écritures. La foi nous dit que ceux qui meurent dans le Seigneur vont au ciel se reposer de leurs travaux, car leurs œuvres les suivent. Quoi de plus propre à sécher nos larmes et à changer en joie notre douleur que de les savoir en possession du bonheur des saints, ou au moins en chemin d'y arriver? »

Voici quelques lignes émues qu'elle adresse à une autre Sœur pour la consoler de la mort de sa mère : « Je crois que dans les vues de la foi vous avez à vous réjouir de la belle et touchante mort de votre bonne mère; car il me semble que vous avez en elle un ange de plus dans la bienheureuse société des élus. Vous avez donc tout à attendre pour vos intérêts spirituels et ceux de votre petite sœur qui est aussi bien gentille et bien résignée sur sa perte, dans la pensée qu'elle est au ciel avec le bon Dieu, et qu'elle veillera sur vous du haut de cette sainte patrie, la seule véritable et bien désirable. »

Ce besoin d'enlever aux Sœurs tout sujet de tristesse et de chagrin, capable de retarder leur marche dans la voie du bien et la pratique des plus héroïques vertus, rendait la Mère Maria extrêmement soigneuse de la santé de ses chères filles. Ici, son cœur se rencontrait avec celui de l'illustre Ignace de Loyola. Comme lui elle disait : « Je préfère la santé du moindre de la maison à tous les trésors du monde. » Elle était large pour la nourriture des religieuses : « Prenez », disait-elle un jour à une Supérieure, « prenez une nourriture fortifiante et pour vous et pour vos Sœurs. Ces Sœurs qui se dépensent en ont grand besoin. » Et dans une autre circonstance : « Il ne s'agit pas de faire des épargnes aux dépens de la santé de mes filles. Je ne veux pas qu'on porte à la Communauté le sang des Sœurs. » Sa vigilance, pour être religieusement obéie sous ce rapport, allait aussi loin qu'il est possible.

Dès qu'une Sœur était malade ou seulement indisposée, la Mère Maria se sentait saisie d'inquiétude. Elle lui interdisait aussitôt toute fatigue, tout travail. Et si le mal devenait sérieux, elle voulait passer auprès d'elle tous ses moments libres. Elle avait des condescendances ineffables. « Quand j'ai été malade », nous disait une vénérable religieuse, « je prenais des bains ; elle-même voulait les préparer de ses mains. »

Toutes les fois qu'une Sœur avait une opération pénible et douloureuse à subir, elle restait là, près d'elle, et l'assistait malgré sa grande sensibilité naturelle ; et, pendant ce temps, elle envoyait toujours quelques Sœurs devant le saint Sacrement prier pour la patiente.

Les pauvres malades ont souvent des idées bizarres qu'ils seraient les premiers à désapprouver, étant en bonne santé. La Mère Maria comprenait merveilleusement ces infirmités de la nature humaine, et condescendait à tout avec une grande bonté. Une Sœur donc un jour était malade. Son lit ayant besoin d'être changé, la religieuse préposée à la lingerie envoya des draps qui ne plurent pas à cette pauvre Sœur. La Mère Maria dit aussitôt à l'infirmière : « Ne la contrariez pas ; on doit me changer mes draps ; ils sont dans ma chambre, allez les prendre et donnez-les lui. »

Elle ne voulait pas que la Sœur de la lingerie s'en aperçût, et elle avait à cœur que la malade fût contente.

Quand, malgré ses prières, ses soins, ses prévenances, la Sœur était en danger, on voyait la Mère Maria, le cœur rempli d'une inexprimable angoisse, épier les progrès de la maladie. La mort la trouvait inconsolable.

Elle portait ce besoin d'adoucir tout ce qui pouvait être pénible pour les Sœurs jusque dans les réprimandes qu'elle se trouvait parfois obligée de faire. Ses observations ne tombaient jamais à faux, et quand elle avait dit ce que lui dictait sa conscience, tout était fini. Elle reprenait, au reste, avec une autorité pleine de grâce et de douceur; et aussitôt qu'elle voyait la personne répréhensible humiliée, elle effaçait suavement cette humiliation par une tendre parole.

« Quand nous avions fait quelque faute », nous dit une Sœur, « elle nous reprenait doucement; la raison avec le cœur venaient si bien dans ses paroles, qu'on ne pouvait s'empêcher de voir les torts qu'on avait eus; et la Mère Maria s'arrangeait toujours de façon à éloigner toute amertume de l'aveu de nos manquements. Jamais la moindre rudesse dans l'exposition des griefs qu'elle pouvait avoir à nous reprocher. »

« Vous me dites », écrivait-elle à une Sœur, « que je me suis montrée pour vous bien sévère dans les avis que je vous ai donnés. Ils ont tous été dictés par l'amour vrai et sincère que je vous porte en Dieu et pour Dieu ; car votre âme m'est plus chère que ma vie... Sachez bien que les blessures d'une amie sont infiniment préférables aux caresses d'une ennemie, telle qu'est notre mauvaise nature, notre extrême sensibilité et notre vaine recherche de l'estime du monde et d'une gloire éphémère. »

« Votre lettre », écrivait-elle à une autre Sœur, « me laisse entrevoir que mes observations vous ont été pénibles. Je le pensais bien un peu, connaissant le naturel de votre caractère. Mais mon cœur m'y poussait fort. N'y pensez donc plus ; et ne vous en faites aucune peine, vous tenant bien assurée que ceci n'a diminué en rien les sentiments que je vous ai voués. »

CHAPITRE DOUZIÈME

Administration de la Mère Maria. — Observance de la règle. — Le chapitre. — Uniforme des postulantes. — Les fondations. — Grande sagesse de la Mère Maria sur ce point. — Choix des sujets, et sa remarquable perspicacité. — Sa délicatesse pour les changements et les sacrifices à demander aux Sœurs. — Rapports avec les autorités locales. — Réparation des bâtiments. — Sollicitude de la Mère Maria pour l'instruction du peuple. — Les vœux annuels. — Arrêté relatif à l'élection triennale. — Projet d'échange entre Chartres et Bonneval. — Agrandissement de la chapelle. — L'expropriation.

Il reste maintenant à relater la manière dont la Mère Maria conduisait le côté temporel proprement dit de son œuvre. Le gouvernement d'un ordre religieux, considéré sous cette face, embrasse l'observance extérieure de la règle, la nomination des Sœurs aux diverses fonctions, et les rapports avec l'extérieur.

La Mère Maria, devenue Supérieure, ne négligea aucune occasion pour faire comprendre que l'observance de la règle était le point essentiel et vital de la Congrégation.

Elle profitait, au reste, de toutes les occasions pour inculquer la nécessité de cette obéissance. Un jour, plusieurs sœurs causaient ensemble pendant la récréation; la cloche vint à sonner; quelques mots furent encore prononcés. La Mère Maria les reprit et leur dit avec un ton de fermeté qui ne tarda pas à s'éteindre dans la douceur, qu'*au premier son de cloche, il fallait couper une parole en deux.*

« Notre Père Supérieur m'avait envoyée au petit parloir », nous dit une Sœur. « N'étant pas sortie juste au moment où la règle le prescrivait, je fus privée par notre Mère de la sainte communion, le lendemain qui était jour de très-grande fête. »

C'est par une foule de traits de ce genre que la Mère Maria travaillait à enraciner de plus en plus dans la Congrégation l'esprit d'obéissance à la règle.

Mais il est une institution qui a par excellence la vertu d'assurer l'observance exacte des constitutions : c'est le chapitre. Cette institution précieuse, dont on ne saura jamais trop faire comprendre l'importance, suppose que le religieux, faisant de l'obéissance à ses saintes règles un point capital, veille avec la plus grande attention sur lui-même, afin de constater les manquements qui échappent à sa fragilité. Et pour que cette vigilance ait l'efficacité voulue, elle est mise à l'abri de l'humilité, cette vertu qui féconde si prodigieusement tout ce qu'elle touche. Le religieux doit donc déclarer en public ses manquements à genoux, et recevoir avec une pénitence salutaire les réprimandes du Supérieur. Cette pratique sainte ne tombe jamais en désuétude sans que la règle n'en reçoive une atteinte plus ou moins grave. La Mère Maria ayant constaté que la coulpe ne se faisait pas avec la régularité nécessaire, voulut à tout prix changer cet état de choses, si préjudiciable à la Communauté, et chaque samedi elle avait soin de réunir les Sœurs dans ce but. Cette vénérable Mère a laissé un profond souvenir de la manière dont elle présidait cet exercice. Elle citait quelque passage de saint Paul ou de nos autres livres sacrés, et elle le commentait. Puis elle engageait les Sœurs à s'accuser clairement, nettement, ayant grand soin de faire ressortir les avantages de cet acte solennel d'humilité. Mais le moment le plus impressionnant était celui où, après avoir entendu l'accusation des Sœurs, elle-même lentement quittait sa place, s'avançait, se mettait à genoux de l'air le plus pénétré. Ses accusations toujours fort nettes, faites d'un ton très-ferme, édifiaient beaucoup. Elle ne se ménageait pas, et paraissait profondément convaincue. Elle se reprochait d'avoir troublé l'office en entonnant mal; d'avoir manqué de soin pour ses vêtements; d'avoir fait de la peine aux Sœurs par des paroles acerbes (toute la Communauté cherchait quelles étaient ces paroles sans les pouvoir naturellement trouver); d'avoir gaspillé des morceaux de papier, ce qui était contre la pauvreté.

Il appartient au Supérieur ecclésiastique de présider cet exercice; et elle ne le faisait qu'à son défaut, trop heureuse de recevoir, quand ses fonctions lui permettaient de venir au chapitre, les réprimandes austères que son zèle sacerdotal ne lui épargnait jamais.

Sa sollicitude, qui veillait à tout, n'oublia pas les postulantes. Jusqu'ici elles avaient conservé l'habit séculier, mais la Mère Maria sentait combien il était convenable qu'elles portassent des vêtements particuliers. Elle arrangea toute chose avec le conseil; et il fut décidé que, dès le premier mois de leur séjour à la Communauté, les jeunes personnes admises à devenir plus tard novices porteraient un costume spécial, en harmonie avec leurs saintes fonctions.

Les Sœurs de Saint-Paul, de plus en plus connues, étaient demandées avec instance dans une foule de localités pour y exercer leur ministère de charité. Mais la Mère Maria, tout en se prêtant dans de sages limites aux vœux des populations, ne voulait pas étendre son œuvre au détriment de la formation des Sœurs.

Il est dit quelque part relativement à la formation des Pères de la Compagnie de Jésus : « Saint Ignace n'a pas eu la prétention d'improviser des hommes; il pensait au contraire qu'un seul ouvrier lentement formé, mais vraiment achevé, rendrait plus un jour que cent autres brusqués au commencement et avortés à la fin. L'institut prolonge les préparatifs, dût-il abréger le ministère, pourvu qu'il centuple le fruit. » La prudente Supérieure s'appliquait à faire prévaloir ces principes d'une si grande sagesse. Elle sut donc toujours mesurer l'extension de son œuvre au nombre des sujets capables de la mener à bonne fin. Durant les neuf années qu'elle gouverna la Congrégation, elle fonda seulement vingt-cinq établissements, quand soixante lui étaient demandés; et on ne saurait trop appuyer sur ce point qu'elle eut constamment un faible pour la fondation d'établissements pauvres; et que, dans ses scrupules sur la réussite de l'œuvre faite par des Sœurs insuffisamment préparées, jamais la question ne se tranchait plus vite que quand il s'agissait de donner aux malheureux une maison de plus.

La Mère Maria n'ignorait pas que le succès d'une œuvre dépend, en grande partie, du choix des personnes qui sont les plus capables d'y apporter un concours sérieux et intelligent. Elle cherchait donc avant tout à bien connaître les sujets. Son œil si fin et si pénétrant avait vite jugé la portée et l'aptitude de chacun. Elle se rendait toujours un compte exact de ce dont étaient capables les Sœurs qu'elle choisissait pour un office. Mais toutes les ressources de la prudence humaine épuisées, elle se réfugiait dans la prière et attendait de Dieu la meilleure part d'action dans cette affaire délicate du choix des sujets.

Une manière d'agir si sage lui réussit toujours merveilleusement. Et il était connu de tout le monde que personne ne découvrait mieux que la Mère Maria les voies tracées par la divine Providence à chacune des Sœurs.

« Quand nous étions postulantes », raconte une

Sœur, « la Mère Maria un jour nous considéra toutes avec une grande attention; puis elle nous dit : Il y en aura une parmi vous qui sera maîtresse des novices et Supérieure générale, mais ce ne sera pas de notre Communauté. Quatre ans après la chose arrivait comme elle avait dit. Une communauté fondée en Angleterre avait à sa tête la Sœur qu'elle avait eu en vue en prononçant ces paroles. A l'époque où elle avait fait cette sorte de prédiction, rien absolument, du moins aux yeux de la Congrégation, n'apparaissait dans cette religieuse, par où on put conjecturer ce qu'elle devint plus tard. »

Une Sœur avait quitté deux fois la Communauté; d'abord sa santé l'avait obligée de s'en éloigner momentanément; rentrée plus tard, on avait cru devoir la renvoyer pour un défaut de caractère. Une autre Sœur qui portait à cette pauvre fille le plus vif intérêt, apprit son départ. Elle en témoigna sa douleur à la Mère Maria qui lui dit : « Je n'ai été pour rien dans le renvoi de cette Sœur; tout le conseil était contre elle; je ne pouvais m'y opposer; mais soyez-en sûre, elle mourra Sœur de Saint-Paul. » La prédiction de la Mère Maria va chaque jour vers son heureux accomplissement, car maintenant cette Sœur est une excellente religieuse.

La Mère Maria, pour les changements de personnel à opérer dans les établissements, était d'une grande sagesse. Mais elle n'hésitait pas à les faire quand la gloire de Dieu le demandait, ou quand elle avait lieu d'appréhender que ses filles bien-aimées, qui devaient avoir toujours le cœur si libre d'attaches même les plus innocentes, avaient besoin d'être transplantées ailleurs pour y fleurir mieux encore, et y répandre de plus purs parfums de vertu. Elle était toujours très-énergique dans ces circonstances, en face des Sœurs que le changement contristait. Elle disait à une d'elles un jour : « Quoi ! voulez-vous perdre une si belle récompense pour quelques regrets que vous ne ressentirez plus demain peut-être ? Ah ! ma sœur, n'attachons notre cœur nulle part : qu'il soit tout entier élevé vers Dieu. J'attends de la générosité de vos sentiments que vous nous donnerez toujours des sujets de consolation. » Quand elle avait à confier une mission pénible à une Sœur, elle s'exprimait ainsi : « Les desseins du bon Dieu sont que vous fassiez telle chose ; conformez-vous-y donc. » Ou bien : « J'ai une croix à vous présenter : recevez-la avec reconnaissance. » Ou encore : « Le bon Dieu vous demande un grand sacrifice. »

La Mère Maria n'était pas sans avoir à résoudre souvent des questions administratives avec les autorités des pays où ses Sœurs avaient des établissements. Point de difficultés qu'elle ne réussît à aplanir au grand contentement de tout le monde. Parmi les différentes lettres qui lui arrivaient de la campagne relativement à des fondations de maisons ou à des embarras particuliers, il s'en trouvait quelques-unes dans lesquelles l'intelligence des choses laissait bien parfois à désirer; de plaisants malentendus amenaient de curieux incidents. Mais la vénérable Supérieure arrangeait tout avec une grande charité sans jamais faire sentir le ridicule aux personnes. Un jour la Mère Maria demandait à une municipalité qu'elle croyait indécise pour l'avenir, si elle voulait continuer aux Sœurs le traitement qui leur avait été accordé jusqu'ici. Le mot de *traitement* fut non pas mal lu, mais mal compris; et la Mère Maria répondit au plus vite : « Je viens de recevoir votre lettre. Il était loin de ma pensée que nos Sœurs aient eu à souffrir aucun mauvais traitement de la part de la commune. En parlant de traitement dans ma lettre, j'ai entendu par ce mot l'allocation que nos Sœurs reçoivent chaque année. » Le nuage étant dissipé par ces paroles, l'affaire s'arrangea.

Après la Révolution, les Sœurs de Saint-Paul, ainsi que nous l'avons vu, s'étaient établies dans un ancien couvent de Jacobins. Le temps n'avait pas impunément passé sur les édifices qui menaçaient ruine; et la Mère Maria dut bientôt songer à en faire restaurer au moins une partie. L'état de délabrement était tel que les ouvriers, en démolissant les murs, s'étonnaient que la maison ne fût pas tombée cent fois pour une. La Supérieure générale surveilla avec le plus grand soin tous les travaux. On la vit bien des fois avec édification ramasser, par esprit de pauvreté, les débris de bois qui étaient à terre, afin de les utiliser pour le chauffage; et les postulantes, heureuses de l'imiter, recueillaient à l'envi de petits fagots qu'elles portaient à la cuisine.

Ces bâtiments furent construits assez rapidement; aucun luxe d'architecture ne s'y distingue, l'esprit de l'Institut de Saint-Paul le voulant ainsi. Il suffit à ces humbles servantes des pauvres d'avoir un toit pour les abriter.

Une pensée préoccupait vivement alors la Mère Maria. C'était l'instruction du peuple. A ses yeux rien n'était de trop ici. Non pas qu'elle prétendît élargir dans des mesures déraisonnables le cercle assigné par le bon sens pratique aux personnes dont la vie doit se passer au milieu du travail manuel et des soins domestiques. Mais la lecture faite avec intelligence, le calcul si nécessaire, des notions historiques et géographiques élémentaires solides, une écriture lisible sinon artistique, et la facilité voulue pour exprimer dans un style correct ses pensées, voilà ce qu'elle enviait pour les élèves fréquentant les écoles des Sœurs de Saint-Paul. Elle pensa que rien ne devait être négligé afin d'atteindre un but si cher, et elle eut soin de faire donner des leçons particulières aux Sœurs institutrices, durant les vacances, non pas pour fortifier chez elles ces notions élémentaires qu'elles possédaient pleinement, mais afin qu'elles apprissent les meilleures méthodes d'enseignement. Elle présenta aussi aux examens pour les brevets trente religieuses, dont trois seulement échouèrent, et quatre obtinrent le brevet supérieur. Elle décida en outre qu'il y aurait uniformité de livres pour l'enseignement, dans tous les établissements ; et un dépôt d'ouvrages classiques fut formé à cet effet à la maison mère. Elle avait également la pensée d'établir un règlement de classe uniforme ; mais ce projet ne fut réalisé que plus tard.

Un autre dessein plus important absorbait les meilleures pensées de son cœur, celui de substituer aux promesses de la profession les vœux annuels en usage dans le plus grand nombre des congrégations religieuses. L'absence de ce secours, elle l'avait remarqué, était cause que plusieurs faiblissaient dans leurs saintes résolutions. Elle avait encore observé que cela pouvait éloigner bon nombre d'âmes attachant avec raison un grand prix à cette consécration spéciale. Enfin, elle le comprenait, celles même que l'absence de vœux ne détournait pas d'embrasser l'Institut des Sœurs de Saint-Paul ne devaient pas laisser que d'en ressentir la privation. Il était en outre incontestable que les vœux annuels plaçaient la Congrégation dans un état de perfection véritable.

Toutes ces raisons l'engagèrent à tenter les moyens d'obtenir ce désirable résultat. Elle eut le mérite de l'avoir provoqué ; mais il ne fut atteint réellement que treize ans plus tard, sous l'administration de la Mère Victorine.

Une lettre montrera clairement quelles étaient ses vues à ce sujet.

« Ma bien chère Sœur,

» Je ne vous dirai aujourd'hui que quelques mots, ayant encore deux ou trois cents lettres qui m'attendent, et que je n'ai pas encore lues.

» Vos souhaits me sont d'autant plus agréables que je les sais dictés par la sincérité et un attachement vrai; j'y suis extrêmement sensible et vous en remercie.

» Ce que vous me dites au sujet de notre bon Père et de votre Supérieure ajoute encore à ma satisfaction : vous voyez par là qu'il ne faut pas toujours se laisser aller au premier mouvement naturel, ni juger sur les apparences et selon que nous sommes affectés, dans les différentes circonstances qui nous mettent en rapport avec les personnes que Dieu a établies sur nous.

» Oui, nous désirons que la Communauté soit liée à Dieu par les vœux de Pauvreté, de Chasteté, d'Obéissance et de Stabilité. Ce sera un puissant moyen pour resserrer avec ce bon et tout aimable Maître cette union éternelle qui doit assurer notre bonheur présent et futur; ce sera aussi une source nouvelle de grâces, de force et de paix, pour ceux de ses membres qui y seront constamment fidèles, et qui se feront gloire de le servir avec générosité et amour. Mais cette mesure qui, une fois arrêtée, fera loi pour les personnes qui seront admises désormais parmi nous, n'enveloppera que les âmes de bonne volonté, qui, de plein gré, voudront embrasser la voie étroite de la perfection évangélique et religieuse. Aucune des Sœurs, professes antérieurement à cet arrêté, n'y sera forcée. Dieu ne veut pas de contrainte dans le service qu'on lui rend conformément à ses vues ; nous laisserons donc tout le monde libre.

» Consultez bien le bon Dieu pour savoir ce que vous avez à faire, et demandez-lui la plénitude de son divin esprit, pour bien comprendre la nature et la gravité d'un vœu, et à quelle sainteté de vie il nous oblige ; je la réduis à deux mots : crucifier le vieil homme, y substituer le nouveau.

» La crèche du bon Sauveur nous apprendra ce qu'il faut faire pour arriver à cette fin, qui nous fera goûter par anticipation le bonheur des élus. »

Différents sujets fixèrent encore l'attention de la Mère Maria.

Le temps régulier de l'exercice de la supériorité avait été outrepassé par la Mère Josseaume, élue successivement en 1790, en 1810, en 1817. Ceci tenait naturellement à la difficulté des temps. Mais ce point important demandait nécessairement à être réglé. Quand la Mère Maria eut achevé sa troisième année, elle provoqua une décision de Mgr l'évêque de Chartres, afin que le point de la règle qui veut l'élection triennale soit rigoureusement observé. On stipula clairement que, au bout de trois ans, la même personne pouvait encore être élue, mais qu'elle ne pouvait aller au delà de six ans. Le vénérable évêque ne voulut pas que cet arrêté eut un effet rétrospectif, et les six ans de la Mère Maria commencèrent à cette époque, vers la fin de 1837. Voilà pourquoi sa première administration se prolongea durant neuf ans.

Elle eut à trancher en 1838 une question fort importante. Il s'agissait de transférer la maison mère de Chartres à Bonneval. Il y avait plus d'une raison en faveur de ce projet, et M. l'abbé Sureau y applaudissait. Là, au moins, le terrain ne manquerait pas pour le développement de la Communauté. Aucun des avantages que la Congrégation pourrait trouver à Bonneval n'échappa à la Mère Maria, si intelligente; et elle eut véritablement à défendre son cœur contre les séductions du projet. Mais deux choses ne purent dans son esprit s'effacer suffisamment pour amener son consentement : la haute nécessité qu'une maison mère soit parfaitement et facilement accessible à toutes les Sœurs, et la perte, à ses yeux trop considérable, de l'abri tutélaire de l'auguste Vierge de Chartres. « Une pareille bénédiction », dit-elle, « reposant à perpétuité sur le berceau d'une Communauté est une grâce insigne, dont pour ma part je n'aurais jamais le courage de me séparer. Ce ne serait pas à coup sûr, briser avec Marie; avec elle, pour nous naturellement c'est à la vie et à la mort; mais ne pas voir qu'elle nous a chéries en appelant sous son manteau notre petite Congrégation, et nous en retirer quand elle nous a ainsi montré une si délicate tendresse, non, jamais. » Comme raison secondaire sans doute, mais très-touchante aussi, elle alléguait les rapports toujours si sympathiques entre les bons habitants de Chartres et les Sœurs de Saint-Paul. Ceux-ci voulaient bien les regarder, elles, les humbles servantes des pauvres, comme une de leurs gloires; et de leur côté les Sœurs étaient consolées de leur rendre en tendres soins, en prières, en amour, l'affection et la vénération qu'ils leur prodiguaient depuis la grande révolution dont ils n'avaient pas voulu qu'elles fussent les victimes, les faisant sortir des prisons où on les avait renfermées à Rambouillet, et les rappelant au milieu d'eux, afin que sous un habit laïque elles exerçassent encore leur ministère de charité. De pareils souvenirs créaient à ses yeux des liens trop sacrés pour avoir le courage de se séparer d'une telle population; et après une lutte soutenue avec la plus grande humilité, mais avec la plus grande fermeté, la Mère Maria eut la victoire. On abandonna le projet de Bonneval, et le berceau des Sœurs de Saint-Paul de Chartres resta sous le double abri du sanctuaire de Marie et de l'amour de la pieuse et généreuse cité.

La Mère Maria s'occupa aussi de l'agrandissement de la chapelle. Tel qu'on le voit aujourd'hui, ce modeste asile de la prière porte dans son ensemble un caractère de grave simplicité. Vous y chercheriez vainement cette architecture délicate, cette sculpture merveilleuse dont à notre époque la piété se plaît à orner les temples des maisons religieuses. La petite église des Sœurs de Saint-Paul est sans dorure, sans azur. Dans les chapelles latérales se trouvent cependant deux autels tout déchiquetés de sculpture en bois étranger. Cette délicate menuiserie, ornée de fines et profondes ciselures, a été envoyée des colonies, où les Sœurs de saint Paul ont des établissements.

En 1840, ces chapelles n'existaient pas. La pensée vint à la Mère Maria de les faire construire et d'agrandir en même temps le péristyle; car l'église telle qu'elle se trouvait alors était tout à fait insuffisante. On ne peut pas absolument dire que le meilleur goût présida à ce travail d'agrandissement et de restauration, mais la faute n'en fut pas à la Mère Maria, qui eut à lutter, et qui crut devoir céder pour le maintien de la paix et de la charité, « préférant ces doux biens », comme elle disait, « à toutes les beautés architecturales du monde ».

La Communauté se rappelle encore que, durant les travaux, il survint une grande difficulté au moment où on s'y attendait le moins. Les ouvriers, pour les fondements, avaient déjà creusé à une grande profondeur, et n'avaient pu encore trouver la terre ferme. La Mère Maria, qui s'appuyait surtout sur la prière, allait à l'infirmerie et disait aux Sœurs malades : « Je vous en supplie, offrez quelques-unes de vos souffrances, afin que le bon Dieu nous vienne en aide. » On fut obligé de bâtir sur pilotis.

Un incident qui se prolongea durant presque tout le temps de la première administration de cette vénérable Mère va nous donner une preuve nouvelle de sa sollicitude pour ses Sœurs et pour les pauvres.

La maison mère des Sœurs de Saint-Paul se trouve assez malheureusement enclavée pour ne pouvoir recevoir aucun agrandissement, dans le cas où le personnel de la maison viendrait à augmenter. Borné par les remparts de la ville d'où on a une si belle vue sur la campagne, contigu à la prison et resserré par des rues, l'espace appartenant aux Sœurs est presque entièrement couvert de bâtiments indispensables. Les cours, les jardins et les bosquets ne sont que des miniatures. Les fleurs cependant y viennent avec une grâce charmante et un parfum délicieux, et les feuilles vertes des arbustes ont toujours une grande fraîcheur. Dieu a des attentions délicates pour les servantes de ses pauvres. Or, un jour il vint à la pensée des administrateurs de la ville de prendre un morceau de ce terrain, déjà si étroit, pour construire un tribunal. La vénérable Mère Josseaume avait défendu de tout son cœur, on peut le dire, la chère parcelle pendant plusieurs années; et la Mère Maria, en lui succédant, n'était pas plus décidée qu'elle à la céder. Elle eut donné vingt fois en argent la valeur du terrain ; mais quant à consentir à s'en dessaisir, jamais. Dans la simplicité de sa foi, la Mère Maria ne vit qu'une chose, le bien des pauvres qu'il s'agissait de conserver intact ; et elle consacra à ce soin toute l'énergie de son caractère et toute l'habileté de son esprit. Elle ne pouvait ôter de son cœur cette pensée : « La Sœur de charité appartient au pauvre, sa personne tout entière, son temps, son cœur, sa santé, sa vie ; à plus forte raison la chétive demeure qui l'abrite et l'espace de terrain nécessaire pour qu'elle respire un peu d'air pur après s'être fatiguée à soulager l'indigence. Les pauvres souffriront si mes filles souffrent ; ils seront atteints si mes filles sont atteintes. Je dois les défendre. » Et voici les motifs qu'elle alléguait pour s'opposer à l'expropriation du terrain demandé par la ville : « Il s'agit d'enlever le tiers d'un jardin qui est pour toute la Communauté le seul lieu placé en bonne exposition. Cette réduction va reporter le mur de clôture dans la partie nord, dans une proportion qui ôtera à l'autre partie du jardin tout son agrément et toute sa salubrité. L'air ne circulera plus, parce qu'il sera étroitement cerné par un enclos de mur d'une prodigieuse élévation. Alors ce séjour, si utilement fréquenté par la Communauté et surtout par les bonnes Sœurs anciennes et infirmes qui, en ce moment, sont au nombre de quarante, deviendra malsain et par conséquent inhabitable. Qu'on se figure en outre la gêne d'un tel voisinage ; une société de vierges chrétiennes, une nombreuse jeunesse en face d'un entourage contre l'œil et l'oreille duquel elles doivent constamment se mettre en garde. »

Ce dernier point l'inquiétait beaucoup. « Aujourd'hui, disait-elle, on demande du terrain; demain ce seront des fenêtres qu'on voudra ouvrir sur la Communauté. Et alors la crainte d'yeux et d'oreilles ne viendra-t-elle pas troubler dans leurs récréations innocentes ces vierges de Jésus-Christ, et enlever ainsi à leurs délassements les plus doux charmes? »

Tout ce qu'il y eut de grand, de noble, d'élevé dans la résistance de la Mère Maria, ne sera jamais assez compris, ni assez loué. Il lui était surtout singulièrement amer de voir déclarer d'utilité publique un terrain contre une communauté d'utilité publique aussi, s'il en fut jamais, puisqu'elle ne vit que pour les pauvres, et que le soulagement et la consolation des indigents n'est pas sans doute une chose dont l'importance doive être reléguée au dernier plan. « Si, lorsque l'intérêt général », dit-elle dans un mémoire, « se trouve en présence d'un intérêt particuculier, la loi veut qu'on apporte la plus grande circonspection quand il s'agit d'enlever un droit de propriété, combien, à plus forte raison, ne doit-on pas exiger lorsqu'il s'agit de rendre victime d'une expropriation un établissement qui est lui-même de la plus grande utilité? Cette lutte entre deux intérêts publics ne saurait être admise sans d'étranges contradictions. »

Inspirée par des pensées si élevées et appuyée sur de si solides raisons, la Mère Maria se montra, sous des formes douces et pleines de tact, constamment inflexible. Elle fit propositions sur propositions, mémoires sur mémoires. Elle écrivit au ministre, employa toutes les influences, et s'adressa même à la reine Amélie. Elle offrit des sommes d'argent au conseil général. Mais toutes ces démarches ne firent que reculer le moment fatal de l'expropriation sans pouvoir empêcher la consommation de cet acte. Le 23 janvier 1838 une ordonnance royale trancha la question, en déclarant « d'utilité publique, pour servir à la construction d'un tribunal civil à Chartres, l'acquisition d'un terrain dépendant de la Communauté de Saint-Paul. » La Mère Maria dut s'incliner devant la force, après avoir constamment gardé dans la lutte l'attitude digne d'une véritable mère des Sœurs et des pauvres. Étrange vicissitude des choses humaines! Et comme les faibles mortels ont réellement pour la vérité un respect relatif, trop souvent! Avant la révolution de 1830, la question, déjà pendante, avait été décidée dans un sens absolument contraire.

Nous ne pouvons terminer ce chapitre sans faire observer que les froissements, dans toute administration, sont des choses inhérentes à la nature humaine. Mainte fois la Mère Maria rencontra sur sa route la pensée du Supérieur en opposition avec la sienne, soit au sujet des constructions, soit au sujet des fondations, des changements de Sœurs ou des nominations de Supérieures. Il est impossible qu'il n'en soit pas ainsi. Une œuvre à deux, fût-elle menée par des saints, quand l'autorité, ou en droit ou en fait, se contrebalance, surtout quand une capacité hors ligne se trouve en présence de talents ordinaires, ne saurait être exempte de ces conflits. Mais la Mère Maria suivit constamment, dans ces circonstances, la ligne de conduite la plus propre à enlever les difficultés, ou du moins à en adoucir la portée, et à faire fondre tous les orages en paix et en douceur. Elle savait céder; et, dès l'instant où elle voyait que c'était nécessaire, elle le faisait de la meilleure grâce du monde. Jamais on ne la vit défendre sa pensée à outrance, ni montrer la prétention d'avoir toujours raison. « Bien des choses », disait-elle, « se tranchent par l'abnégation; et il y a d'autant moins d'inconvénients pour les intérêts de Dieu à faire le sacrifice de nos vues, qu'en définitive la réussite est tout entière dans ses mains adorables; et, s'il permet qu'une pensée qu'il nous inspire ne soit pas goûtée des hommes, il a nécessairement à part lui d'autres moyens d'arriver à son but, et il les mettra en œuvre à son heure. » Nous ne voulons pas dire que, par cette manière si sage et si pleine de foi de battre en retraite en présence d'avis contraires qui s'imposaient, la Mère Maria arrivait toujours à pacifier l'esprit de ceux qui s'opposaient à ses desseins, et auxquels elle rendait si loyalement les armes. La grandeur d'âme humilie parfois ceux qui la font exercer, et il est rare que les susceptibilités ne s'éveillent pas en face d'elle. Mais au moins l'essentiel du bien était sauvé; et aux heures de tranquillité et de calme, M. l'abbé Sureau, avec son intelligence et sa foi profonde, reconnaîtra toujours la valeur de la Mère Maria. Ses amis intimes l'entendront souvent se plaindre, quand elle sera déposée, du vide immense qu'elle a laissé et de la charge qui lui pèse à lui-même sur les épaules depuis qu'elle n'est plus Supérieure générale. C'est de sa bouche émue que sont sorties ces significatives paroles : « La Mère Maria, dans son petit doigt, a plus d'esprit que n'en a dans toute sa personne la Sœur pourtant si digne qui la remplace. » Et, à son lit de mort, ce vénérable prêtre fera venir la Mère Maria, et il provoquera une de ces scènes d'humilité qu'on ne rencontre que dans la vie des saints. Il sera heureux, en quittant la chère Communauté de Saint-Paul pour aller à Dieu, de la remettre entre les mains de cette vénérable Mère, afin qu'elle continue, avec le succès dont elle avait déjà donné tant de gages, tout le bien que lui-même avait souhaité et réellement fait à la Congrégation dont il était Supérieur.

CHAPITRE TREIZIÈME

Esprit intérieur de la Mère Maria. — Souvenir de Notre-Dame de Nanteuil. — L'époque de Noël. — Notes de retraite. — Dévotion de la Mère Maria envers saint Joseph. — Les âmes du Purgatoire. — Lectures de la Mère Maria. — Son grand soin pour se préparer au sacrement de pénitence. — Son estime pour la Compagnie de Jésus. — Elle jugeait toute chose à la lumière de la foi. — Sa mortification dans les petites choses. — Comment elle pratiquait la pauvreté. — Ses bonnes œuvres. — Incendie de la cathédrale. — Recherches infructueuses, pour le moment, du précieux livre des *Instructions*. — La Mère Maria fait venir à Chartres, pour être enterrées dans la chapelle de la Communauté, les dépouilles mortelles du fondateur de la Congrégation et de son premier Supérieur.

On pourrait croire la Mère Maria absorbée entièrement par les soins accablants de sa charge. Malgré toute l'élasticité de son esprit qui lui permettait d'embrasser à la fois tant de choses et de les mener de front avec une énergie douce, mais efficace, on se demande ici quelle place la vie intérieure pouvait tenir dans son âme. La Mère Maria avait une maxime qu'elle aimait à répéter : « Plus on est jeté par la volonté de Dieu dans les choses extérieures, plus le cœur doit vivre à l'intérieur. » Ces paroles n'étaient que l'expression exacte de ce qui se passait en elle. Toujours opiniâtrement décidée à ne rien révéler de son intérieur et à ne jamais parler d'elle-même, elle ne laissait transpirer sur ce point que ce qui échappait à son excessive circonspection. Mais on peut assurer que le divin Maître l'avait favorisée d'une haute oraison. Elle abordait toujours Dieu avec simplicité, avec assurance, avec un cœur épanoui et souriant; et on voyait bien à son attitude que tout son être se tenait devant lui dans une révérence ineffable et dans un abaissement infini. Que de fois on l'a surprise dans ces moments d'union céleste avec Dieu, heures sacrées de quiétude enivrante, où la pauvre créature, véritablement comblée et tout à son bonheur, a profondément oublié la terre! Les théologiens donnent des noms à tous ces états sublimes; la Mère Maria y a passé sans en connaître la dénomination, et nous nous inclinons respectueusement devant ces secrets de la grâce divine. Plusieurs Sœurs ont spécialement conservé le souvenir d'un de ces instants délicieux dont elles furent un jour témoins. La Mère Maria était en visite à Montrichard. Après avoir assisté à la messe dans la chapelle miraculeuse de la sainte Vierge de Nanteuil, elle resta longtemps comme absorbée et élevée au-dessus de la vie temporelle, au sein d'une contemplation profonde. Les Sœurs qui l'attendaient déjà depuis près d'une heure, commençant à perdre patience, se mirent à l'appeler. Mais elle ne répondit pas. Elles crurent alors devoir la secouer doucement, et, s'approchant plus près d'elle à cet effet, elles furent vivement frappées de la blancheur lumineuse de sa figure et de l'empreinte d'un bonheur inénarrable répandue dans tous ses traits.

CHAPITRE TREIZIÈME.

La Mère Maria revint alors à elle-même et elle se contenta de dire en soupirant : « Oh! mes Sœurs, que vous me faites tort! » Puis elle se hâta de quitter le lieu saint, confuse d'avoir été surprise dans cette sorte d'extase, et conjurant avec humilité ses Sœurs de lui pardonner de les avoir fait si longtemps attendre.

Ces choses merveilleuses qui se passaient entre Dieu et elle laissaient souvent durant des jours entiers des traces visibles dans toute sa personne, et elle exhalait généralement de tout elle-même comme un parfum d'oraison et de paix céleste. Ses yeux et sa figure avaient une expression de douceur qui ne se trouve pas, avec la même nuance et la même délicieuse et pure intensité, dans des traits humains.

La Mère Maria, une fois sortie de l'oraison, ne quittait pas pour cela Dieu qui avait ainsi rayonné sur son âme. L'œil si pénétrant de son amour le découvrait où qu'elle allât; et c'est ce sentiment de la présence de cet être divin dont ne pouvait se passer son cœur, qui la rendait si doucement sérieuse, si modeste en toute chose, si constamment maîtresse d'elle-même. On l'aurait dite partout comme dans un sanctuaire.

Avec une invariable régularité, chaque année, aux approches de Noël, elle faisait sa retraite. Rien au monde n'aurait pu la porter à remettre à un autre temps ce saint exercice. Avant et après la semaine ainsi donnée à Dieu, elle redoublait de vigueur pour expédier les affaires, ne voulant pas que l'administration eût à souffrir de ses actes de piété.

Le doux mystère de la naissance de Notre-Seigneur avait donc pour son âme un attrait indicible. Elle disait qu'auprès de la crèche on se rafraîchissait merveilleusement des fatigues d'une vie consacrée au service des pauvres. Il est certain qu'il doit être singulièrement doux aux âmes dont l'existence tout entière se consume dans le dévouement aux malheureux, de contempler le divin pauvre en personne, et de s'arrêter de temps en temps devant sa sublime misère. Comme, en définitive, ce n'est que lui que la Sœur de Charité entend assister dans les indigents, son bonheur et son besoin sont naturellement de voir quelquefois de près et d'adorer à genoux Celui auquel, en réalité, se rapportent toutes les pensées de sa vie et toute l'effusion des trésors de sa tendresse. La Mère Maria, pour pouvoir dire avec cet élan enthousiaste et attendrissant les nobles paroles déjà citées : « Que les pauvres sont beaux, quand on pense à Jésus-Christ! » sentait donc le besoin de raviver en elle cette pensée délicieuse de son adorable Maître, en venant, à l'anniversaire de sa naissance, méditer, prier, pleurer sur la paille de la misérable étable où il était étendu.

Sa retraite se passait toujours douce, recueillie, silencieuse. Elle prenait, sous l'inspiration de la grâce, des notes qu'elle a malheureusement fait disparaître avec une trop opiniâtre humilité. Il eût été bien consolant d'y voir le reflet de son âme. Quelques petits morceaux de papier échappés à sa main destructive ne peuvent qu'augmenter ici nos regrets. Cette femme admirable, avec toute la douceur de son cœur et de sa piété, se traitait elle-même avec une énergie de fer et avec un mépris difficile à qualifier. On trouve dans les fragments échappés à sa vigilance des phrases comme celles-ci : « Lutte à mort contre moi-même... » « Mon indigne nature a besoin d'être brisée, elle est de fer. Mais vous, tendre Jésus, vous fondrez ce fer au feu de votre amour ! » « En face de votre humilité sur la paille, adorable Maître, comment mon orgueil, mon abominable orgueil ne meurt-il pas ? Oh ! rejetez-moi de votre face, Jésus adorable ! Quand on veut tout maîtriser, on n'est pas digne de verser même une larme sur la paille de votre crèche ! » « Doux lion de la tribu de Juda, broyez-moi ; prenez pitié de mon caractère si violent et si rebelle ; n'ayez pas peur de m'écraser. Vous aurez beaucoup à faire pour que je devienne souple et aimable. Enfin, mon vif désir est de me vaincre. Ce n'est que quand je me serai vaincue que j'oserai vous dire : je vous aime. » « Est-ce que je n'arriverai pas à retenir mon cœur sur la pente où il est à aimer davantage les Sœurs dont j'ai davantage la confiance? C'est de la nature. Je veux faire exactement le contraire. » « Ne m'occuper à rien par un mouvement de la nature, mais toujours en vue uniquement de la volonté de Dieu, voilà ce qui fera l'objet de mes constants efforts. » Tels sont les quelques passages des notes de la Mère Maria qui nous ont été conservés. Des larmes tombées en maculent différentes phrases; et tout est écrit d'une main énergique et sûre.

A la suite de ces retraites, la Mère Maria, sous l'impression des saintes pensées qu'elle y avait recueillies, mêlait toujours dans sa correspondance un mot sur ce doux sujet : « Je vous remets », disait-elle alors, « entre les mains et plus encore dans le cœur du bon Jésus de la crèche, pour qu'il vous inonde des biens qu'il est venu apporter en naissant aux âmes de bonne volonté; qu'il daigne vous affermir dans cette solide paix qui surpasse tout sentiment : c'est le Paradis de la terre. »

Elle disait encore : « Allez à la crèche du bon Jésus, méditez les leçons d'abnégation qu'il nous donne et copiez son exemple. »

A l'occasion de Noël, la Mère faisait dire chaque année neuf messes pour les Sœurs, et c'est ce qu'elle appelait « leurs étrennes ». Elle leur annonçait toujours cette faveur par une lettre circulaire.

Saint Joseph se trouve si intimement lié avec les mystères de la sainte Enfance, qu'il semble presque inutile de dire combien cette vénérable Sœur aimait tendrement l'admirable père nourricier de

CHAPITRE TREIZIÈME.

Notre-Seigneur et l'angélique gardien de la virginité de sa douce Mère. Pour lui, elle était tout cœur, et rien ne lui plaisait comme de le recommander à l'amour de ses chères filles. Elle savait aussi beaucoup compter sur lui pour ses bonnes œuvres, et, avec une grâce charmante dont la naïveté pleine de fraîcheur épanouit agréablement l'âme, elle exploitait, au profit de ses pauvres, les trésors de bonté dont tout le monde sait l'incomparable Joseph dépositaire.

La Mère Maria était très-dévouée aux âmes du Purgatoire. Elle a fait installer dans plusieurs salles de la maison Mère, et dans chacun des établissements de la Congrégation, *le sort spirituel*. C'est un catalogue ou tableau qui contient sous différents chiffres une foule d'intentions pour lesquelles on peut prier. Au bas du tableau se trouvent d'autres numéros qu'on prend à la main et qui correspondent à ceux du catalogue. Si on tire, par exemple, le numéro quarante-huit, on regarde sur le catalogue l'intention placée sous ce chiffre, et on trouve : « Pour les âmes qui sont le plus agréables à la sainte Vierge. » Si on tire le numéro quarante, on regarde sur le catalogue l'intention placée sous ce chiffre, et on trouve : « Pour les âmes qui ont eu beaucoup de dévotion au saint Sacrement de l'autel. » On dit ordinairement un *De profundis*, un *Pater* et un *Ave* pour les âmes dont le chiffre correspond au numéro sorti. Jamais la Mère Maria n'entrait au réfectoire ou à l'infirmerie sans tirer un numéro.

Chaque jour, la Mère Maria cherchait dans quelque lecture sainte un aliment pour son cœur. Les pages de l'Évangile l'attendrissaient toujours vivement, et elle s'en nourrissait avec délices. Quant aux Épitres de saint Paul, elles étaient profondément gravées dans sa mémoire, tant elle les avait souvent lues; et elle y revenait sans cesse avec un charme toujours nouveau. Les écrits de sainte Thérèse et quelques autres livres ascétiques substantiels, mais en petit nombre, formaient la bibliothèque où son âme pieuse se plaisait à savourer le don de Dieu. Elle lisait peu, lisait lentement, lisait avec amour, et ne quittait jamais son livre sans avoir recueilli un fruit précieux.

La Mère Maria se préparait avec le plus grand soin au sacrement de pénitence; la routine, quelquefois si à craindre dans cet acte souverainement important, était pour elle une chose qu'elle ne connut jamais. Ayant au plus haut degré ce que nous appelons le sens religieux, elle avait, sans être en aucune manière scrupuleuse, une extrême délicatesse de conscience pour les choses les plus minimes; et dans ses accusations toujours extrêmement exactes, précises et positives, il y avait un parfum de ravissante édification. Elle se regardait comme un instrument indigne entre les mains de Dieu, et se reprochait vivement son indocilité, bien qu'elle se soit constamment prêtée à l'action de la grâce autant qu'il était possible de le faire. Extrêmement simple, au reste, dans ses affaires spirituelles, comme déjà on l'a observé, il ne lui vint jamais la pensée de rechercher une direction extraordinaire, et elle se contenta toujours de celle des vénérables prêtres chargés de la maison, M. l'abbé Compagnon et M. l'abbé Sevestre.

Elle attachait cependant, avec grande raison, le plus haut prix à la direction des Pères de la Compagnie de Jésus. Voici ce qu'elle écrivait un jour à des Sœurs qui avaient le précieux avantage de se trouver placées sous leur conduite : « Votre mission est pénible, c'est vrai ; mais quels puissants motifs d'encouragement n'avez-vous pas sous les yeux, dans la personne des Pères Jésuites, sous la direction desquels vous avez le bonheur d'être placées ! Les salutaires avis, les beaux exemples de sainteté de ces hommes de Dieu ne vous disent-ils pas bien haut qu'il faut travailler sérieusement à notre réforme, surmonter nos répugnances naturelles et faire une guerre implacable au moi humain, si nous voulons sauver notre âme? » Ces paroles de la Mère Maria montrent qu'elle avait saisi avec une justesse de coup d'œil frappante la marque caractéristique des enfants de saint Ignace de Loyola. Tous formés sur les *Exercices spirituels*, ils sont, s'il est permis de parler de la sorte, l'incarnation vivante et les infatigables prédicateurs de la pensée mère du livre inspiré par l'Esprit-Saint à leur immortel patriarche : *Exercices spirituels pour se vaincre soi-même et régler sa vie sans se déterminer par aucune affection désordonnée.* Après la connaissance qu'on a de la Mère Maria, on n'est pas surpris de la voir remplie d'une si grande estime pour la vénérable Compagnie. Elle n'a jamais connu la vie chrétienne et pieuse que dans le sens exprès de saint Ignace; et dès onze ans, on se le rappelle, la lutte fut son attrait, la victoire son ambition. Toute son existence roula dans ce noble et sublime cercle. Elle a légué à la Congrégation sa vénération pour les Jésuites. La grande sainte Thérèse, « son amie de cœur », ainsi qu'elle le disait, pensait exactement comme elle.

Ainsi plongée dans la vie surnaturelle, la Mère Maria ne considérait toute chose qu'au point de vue de Dieu. Le flambeau de la foi était sa seule lumière. De là venaient cette grandeur de vue et cette largeur d'appréciation qu'on admirait tant en elle. Elle avait un art merveilleux pour démêler dans les événements ce que Dieu voulait; et, quand cette volonté adorée lui avait apparu, elle mettait tout en œuvre pour la faire prévaloir.

Il était visible, à la manière dont elle se conduisait et dont elle parlait, qu'elle connaissait profondément le cœur de Dieu. Aussi, comme elle se reposait sur lui avec sécurité et béatitude ! Ne voulant absolument que l'exécution de ses desseins, elle était toujours tranquille au milieu des plus grandes contradictions, parce qu'elle savait bien que tout échoue contre sa divine sagesse, tout cède à son autorité, tout fléchit sous son bon plaisir, et ce qu'on place devant lui comme un obstacle, il sait le changer en moyens.

Étant jeune religieuse, la Mère Maria avait un grand attrait pour les austérités ; mais, comme nous l'avons vu, on lui fit comprendre à cette époque que ce n'était pas l'esprit de la Congrégation des filles de Saint-Paul, et elle se voua dès lors avec une générosité de plus en plus ingénieuse et touchante aux petites mortifications si connues et si familières de saint François de Sales. Le doux et ferme évêque de Genève était devenu dans cette question importante son docteur préféré. On ne lui voyait donc jamais faire de pénitences extraordinaires. Sa grande mortification était beaucoup d'abnégation. Tout le monde savait qu'elle n'avait aucun soin d'elle-même. « Il fallait », nous disent les Sœurs qui l'ont connue, « la forcer de se chauffer ; elle assurait n'avoir jamais froid, et elle était comme un glaçon. Jamais on ne lui a vu témoigner aucune préférence pour la nourriture ; ce qu'il y avait de pire lui agréait le plus. » Elle permettait difficilement les pénitences extraordinaires aux Sœurs. Elle disait volontiers à ce sujet : « Si mes filles ne meurent pas sous le cilice, elles meurent martyres de leur dévouement, qui forme

bien aussi un cilice fructifiant pour les pauvres. »
Et cela, en effet, arrive souvent. Après plusieurs
années de travail, bien des Sœurs reviennent à la maison Mère pour y porter leur dernier soupir, sans
compter celles qui meurent à la peine à leur poste,
et les autres que dévore, à la fleur de l'âge, le climat
insalubre des colonies. Aussi, elle faisait souvent
aux religieuses cette recommandation : « Nourrissez-vous suffisamment, vous en avez besoin pour soutenir votre santé qui appartient à la religion et au
prochain. J'attache une grande importance à ce
point-là. »

La Mère Maria pratiquait avec amour la sainte
pauvreté. Elle n'avait jamais qu'un vêtement, et il
fallait lui soustraire le vieux pour la contraindre à en
prendre un autre. Elle s'ajustait au reste toujours fort
bien, mais sans recherche, et sa propreté était parfaite. Elle tenait grandement à voir les Sœurs vêtues
avec beaucoup de simplicité. Un jour de fête, une
d'entre elles, étrennant un habit neuf, s'était peut-être
un peu trop bien épinglée. La Mère Maria, entrant
dans la salle de récréation, l'aperçut bientôt au milieu
des autres. Après avoir dit à chacune d'elles un mot
obligeant, elle va doucement à cette bonne Sœur, et
feignant, en riant, de croire que le temps lui a manqué pour s'habiller, elle lui dit : « Oh! ma fille, tenez,
tenez, voyez donc comme c'est mis cela, comme
votre fichu vous fait mal! » Et au même instant elle

détacha les épingles et les replaça elle-même, disant : « Comme cela, vous êtes parfaitement bien. »

Les soins si multipliés de l'administration d'une Congrégation importante; la direction donnée avec une activité hors ligne à l'esprit des Sœurs par les entretiens de l'intimité, par la correspondance, la parole publique, les visites, les rapports aimables en récréation, la vie intérieure la plus développée, ne suffisaient pas pour absorber tout le cœur de la Mère Maria, qui trouvait encore le temps de s'occuper à une foule de bonnes œuvres extérieures. Son obligeante activité, on peut le dire, répondait à toutes les formes du bien, et elle avait une singulière disposition à tout accueillir et tout seconder, sa meilleure jouissance étant de rendre service et de faire plaisir le plus possible. Elle venait en aide aux communautés religieuses avec une générosité incomparable. Les églises pauvres étaient l'objet de ses plus pieuses sollicitudes et surtout elle aimait à favoriser les vocations à l'état ecclésiastique. A ses yeux, l'or ne pouvait être mieux employé « qu'à donner au sanctuaire un prêtre pour immoler la victime sainte, et au peuple un sauveur pour lui ouvrir le ciel ». Elle payait ainsi chaque année, avec un esprit de foi admirable, les frais d'éducation d'un certain nombre de séminaristes. Il est vrai qu'en cela la vénérable Mère atteignait le côté le plus élevé et le plus noble des bonnes œuvres qu'on puisse faire ici-bas.

Les pauvres étaient aussi largement assistés par la Mère Maria. Toutes les misères étaient assurées de trouver près d'elle l'accueil le plus gracieux et le plus consolant. Ce qu'elle a donné est fabuleux. En présence des demandes les plus urgentes et les plus multipliées, alors que pour y faire face elle n'avait pas même un centime, on ne la vit jamais inquiète un seul instant. « Son caissier céleste », comme elle disait, était toujours là quand sur la terre les fonds lui manquaient pour consoler ses chers pauvres et tirer d'embarras les personnes dans la peine qui la venaient trouver. Le fait est que, d'une manière imprévue, le secours lui arrivait toujours à temps, et elle y comptait avec une imperturbable confiance. Elle y était habituée. De longue date, en effet, elle avait expérimenté quels fonds on doit faire sur l'inépuisable libéralité de Dieu; et elle savait qu'on a de quoi donner quand on puise dans son adorable cœur.

Au reste, à Chartres, comme à Dreux et à Blois, elle était très-ingénieuse pour se créer des ressources. A l'occasion de l'incendie de la cathédrale, elle fit éclater son talent si curieux dans ce genre, d'une manière fort attendrissante. Il est vrai que ce majestueux et sublime édifice dédié à la sainte Vierge était pour son cœur un objet d'insigne vénération et d'admiration profonde. Avec son riche habillement de sculptures et de ciselures, et ses gigantesques masses de pierre transformées en feuilles, en fleurs, en dentelles, ce monument est un des joyaux de la France; et l'antique souvenir de Marie, saluée prophétiquement par les Druides dans son inénarrable privilége de la Virginité unie à la maternité, « *Virgini pariturœ* », que ce temple grandiose a mission d'immortaliser, en fait presque une relique pour la piété chrétienne. La consternation de la ville de Chartres fut grande quand elle s'éveilla à la lueur des flammes qui embrasaient sa cathédrale, montant entre les deux clochers avec des tourbillons d'étincelles. On parvint à maîtriser le feu, malgré la pluie de plomb fondu qui s'échappait des gouttières et formait dans les rues de brûlants ruisseaux. Mais les dégâts furent fort considérables, et chacun, s'intéressant à ce lamentable désastre, apporta l'offrande de sa charité. La Mère Maria fut une des premières à offrir pour ainsi dire l'or à pleines mains. Mais ce n'était pas assez pour son zèle pieux. Elle fit savoir à tous les établissements de la Congrégation que, chacun devant contribuer à la restauration de la cathédrale, il fallait envoyer dans le plus bref délai, à la maison Mère, tous les objets de quelque valeur qu'on pouvait posséder. Bien que la pauvreté interdise aux Sœurs de se servir d'objets d'argent et de meubles recherchés, on avait jusqu'ici toléré l'acceptation de certains dons précieux offerts par la reconnaissance. Tout fut envoyé. La Mère Maria s'empressa de vendre l'argenterie, les montres et autres choses de prix, deux fois heureuse d'en enrichir le sanctuaire de la sainte Vierge et de voir rentrer, par un si touchant moyen, la royale pauvreté, avec toute son austère grandeur, dans la Congrégation.

Les instants de repos que la Mère Maria pouvait trouver au milieu d'une vie si occupée, elle n'avait pas de plus grand bonheur que de les passer dans des actes d'humilité. Cette vertu, en effet, est un bien doux refuge; et notre Seigneur, en lui attribuant la délicieuse propriété de donner à l'âme le repos, n'a pas restreint son bienfait à la sphère spirituelle; le corps et les facultés intellectuelles peuvent y trouver aussi un aimable rafraîchissement. C'était du moins sa pensée et son attrait. Toutes les fois donc qu'elle envoyait les postulantes, les novices et les jeunes Sœurs à la promenade, elle faisait le service de la maison avec une joie indicible, à la grande édification des bonnes vieilles religieuses. On la voyait, radieuse, prendre ses bouts de manche et le tablier de vaisselle, laver les assiettes, balayer la cour, les escaliers, et mettre tout en place. Les Sœurs, à leur retour, en apprenant ces détails touchants, éprouvaient pour leur Mère une vénération plus profonde; car la dignité ne se perd pas dans les fonctions humbles, et l'autorité n'a peut-être pas d'auréole plus douce et plus attractive que la simplicité qui s'abaisse par amour. Après s'être ainsi plongée dans les douceurs de l'humiliation, la Mère Maria reprenait d'une main plus ferme, plus confiante, le gouvernement de la Congrégation.

Le vénérable M. Maréchaux, premier Supérieur de la Congrégation des Sœurs de Saint-Paul, avait écrit de sa main, pour ces humbles servantes des pauvres, un petit livre intitulé : *Instructions pour bien faire ses actions.* Quelques mots sur cet homme rempli de l'esprit de Dieu feront connaître et la valeur de l'opuscule et le prix que la Congrégation y attache.

« Il a pratiqué », dit M. de Truchis, « avec beaucoup de perfection toutes les vertus qui concourent à former un saint prêtre ; on peut dire néanmoins que l'amour de la pénitence et le zèle du salut des âmes ont été celles pour lesquelles il a eu le plus d'attrait : elles forment son caractère particulier. Tendre et compatissant pour les autres, il n'a cessé d'exercer sur lui-même les rigueurs de la pénitence qu'en cessant de vivre. C'est une espèce de prodige qu'il ait pu joindre, comme il l'a fait, les austérités d'un solitaire avec les travaux de la vie apostolique. On l'a vu quelquefois s'enfermer des semaines entières avec un pain et une cruche d'eau pour faire ses retraites. C'est ainsi qu'il passait la semaine sainte, et que souvent il passait les mercredis et vendredis. Lorsqu'il était seul, il ne se nourrissait presque que de laitage ; depuis que son tempérament avait commencé à s'affaiblir, il prenait seulement une soupe le soir. Pendant le carême, sa collation consistait en deux ou trois bouchées de pain ; son lit était un fauteuil où il ne reposait que quelques heures, afin de donner, comme il disait, plus de temps à la prière. L'esprit de mortification lui était si familier que ses délassements, même dans son cabinet, étaient de faire des instruments de pénitence dont il se servait pour lui-même, d'autant plus volontiers qu'il était plus resserré à en permettre l'usage aux autres. Ses grandes austérités ne l'empêchaient pas de se livrer sans réserve aux plus pénibles travaux du ministère : le zèle ardent qu'il avait pour le salut des âmes lui faisait tout entreprendre pour les sauver. Combien de missions n'a-t-il point faites! et avec quelles fatigues!

» Quelque facilité qu'il eût acquise pour parler en public pendant le grand nombre d'années qu'il s'est appliqué à cette importante fonction, sur la fin de sa vie, il préparait les sermons qu'il devait faire à la campagne avec autant de soin qu'il en avait mis à composer ceux qu'il devait prononcer dans l'église de Chartres, lorsqu'il en était théologal ; c'est-à-dire que le profond respect qu'il avait pour la parole de Dieu lui ôtait presque tout le repos de la nuit toutes les fois qu'il se disposait à l'annoncer: ce qu'il fit toujours avec beaucoup d'onction et de dignité. Il ne se lassait point de ce saint exercice; jamais il n'a laissé passer d'occasion d'instruire les peuples des plus importantes vérités du salut, particulièrement ceux de la campagne ; et si on l'a vu quelquefois, pendant quelques années, interrompre ses missions, ce fut pour des raisons auxquelles il était obligé de céder. Il a refusé le doyenné de l'église de Chartres, uniquement pour se conserver la liberté de se consacrer à ce travail, ce qu'il n'aurait pu faire s'il eût accepté cette dignité. Il a fait même de très-vives instances pour qu'on lui permît de quitter sa prébende et de ne garder que cinq cents francs de revenu, afin d'aller plus librement annoncer l'Évangile en tel lieu que la Providence lui marquerait. « Quoi ! » répondait-il aux oppositions qu'on mettait à l'exécution de son dessein, « n'y a-t-il point de vocations particulières? faut-il compter pour rien les attraits de la grâce? sont-ce des illusions que les pensées que j'ai eues depuis trente ans de mener une vie pauvre, pénitente et de me sacrifier pour le service du prochain? pensées qui sont dans mon esprit plus fortes que jamais. » « Il est vrai », ajoutait-t-il », qu'étant âgé je puis bientôt devenir infirme, mes forces ayant constamment diminué; mais, quand cela arrivera, ce me sera une occasion de souffrir et de faire pénitence; je ne m'en sens point effrayé. » Ces pensées n'ont point été que de simples projets. Sans sortir de l'état de chanoine dont il remplissait exactement tous les devoirs, dans les intervalles des missions qu'il faisait à la campagne, il a su se sanctifier par la pauvreté, la mortification et le travail; il a été attentif à ne point laisser échapper d'occasions de gagner des âmes à Jésus-Christ; et il s'est écoulé si peu de jours entre la dernière mission qu'il a faite et sa mort, qu'on peut dire qu'il n'est descendu de la chaire que pour entrer dans le tombeau. Il est mort comme il le désirait, dans le travail et même dans l'excès du travail : il avait prêché tous les dimanches du carême dernier dans la paroisse de Saint-Saturnin à Chartres. Pendant la semaine sainte, il était allé au secours d'une paroisse de la campagne dont le pasteur était tombé malade; il y avait joint les fatigues de la prédication à l'assiduité au confessionnal. Depuis ce temps jusqu'à la Saint-Jean, il n'avait presque point discontinué ces pénibles fonctions; il les exerçait à Angerville lorsqu'on lui manda, de la part de notre prélat, que sa présence était nécessaire à Nogent-le-Rotrou pour former un établissement en faveur des pauvres orphelins de ce lieu, qui sont en grand nombre et plus abandonnés que partout ailleurs; il obéit promptement, et, quoiqu'il fût épuisé par les missions qu'il venait de faire seul, prêchant jusqu'à deux fois par jour, et confessant dans les intervalles de ses prédications, il courut à l'autre bout du diocèse sans se reposer. A peine y fut-il arrivé qu'il s'appliqua à terminer l'affaire qui l'y avait appelé. Avant de l'achever, il voulut visiter à pied quelques terres qu'un vertueux ecclésiastique venait de léguer pour cette bonne œuvre; il le fit pendant la chaleur du jour, afin de ne pas perdre de temps. Le lendemain de cette visite, qui était un dimanche, il se sentit fort incommodé; il célébra néanmoins la sainte Messe pour la dernière fois et il l'entendit le lundi suivant, fête de saint Pierre, quoiqu'il pût à peine se soutenir. Tout le monde le jugeait dangereusement malade, lui seul attribuait l'état où il se trouvait au repos dont il jouissait depuis deux jours, et disait que, s'il eût été en mission, il n'en aurait point discontinué les exercices pour un sujet si léger.

» Cependant son courage n'arrêtait point les progrès du mal, il croissait à vue d'œil. On lui fit entendre que c'était porter les choses à l'excès que de refuser plus longtemps de se mettre au lit; il se soumit avec une docilité d'enfant, et cette docilité fut pendant sa maladie comme sa vertu particulière. Il était naturellement peu attaché à son sentiment, et, quelques lumières que l'étude et l'expérience soutenues d'un esprit juste lui eussent acquises, il consultait volontiers les personnes mêmes auxquelles il était supérieur en toutes choses; et combien d'exemples n'en a-t-il point donnés ! Une de ses pratiques était de demander tous les jours à Dieu qu'il le fortifiât dans la volonté de ne rechercher que sa gloire; de ne se soucier point de plaire aux hommes, ni de ne pas craindre de leur déplaire et de ne prendre toujours que le parti qu'il croirait lui être le plus agréable. Lorsqu'il l'avait pris une fois, il le soutenait avec autant de fermeté qu'il avait de facilité à céder dans les affaires purement temporelles qui ne regardaient que lui seul. Quoique sa maladie fût violente, il demeurait constamment dans la même situation que les médecins lui avaient prescrite, et il prenait tous les remèdes qu'on lui présentait avec autant d'indifférence que si sa vie n'y eût point été intéressée : aussi serait-il difficile de trouver quelqu'un qui en fît moins de cas que lui et qui la méprisât davantage. M'ayant demandé ce que les médecins pensaient de sa maladie, et lui ayant répondu qu'il n'y avait rien de désespéré, il me reprocha que je ne lui parlais pas assez clairement ; et, après que je lui eus dit ce que ces mots signifiaient, il me répondit : « C'est assez », avec une assurance qui marquait combien peu il se souciait de la vie, « c'est assez, ne songeons plus qu'à l'éternité. » Il voyait avec joie les approches de sa dernière heure, et il se trouvait heureux de mourir, pour me servir de ses termes, sur le champ de bataille, les armes à la main. Lorsque la transaction qui devait finir l'affaire pour laquelle il était venu ici fut disposée, il se la fit apporter ; il en entendit la lecture, y fit ses observations et la signa, quoique ce fût dans le fort de son mal, mettant ainsi la dernière main à cet établissement si nécessaire, qu'il avait commencé il y a environ trois ans lorsque, avec feu M. l'abbé Dhamont, digne compagnon de ses travaux, il distribua plus de quinze mille francs aux pauvres du Perche dont la misère était extrême.

» L'application continuelle à Dieu dans laquelle on l'a vu pendant sa vie ne fit que redoubler dans sa dernière maladie. On ne pouvait lui faire un plus sensible plaisir que de l'en entretenir; dès qu'on le laissait un moment seul, le feu divin dont son cœur était embrasé ne lui permettait pas de prier en silence; il faisait entendre sans cesse une voix confuse qui marquait parfaitement bien la ferveur de ses oraisons. Je le pressai plusieurs fois de ne pas tant parler; je le lui fis redire par les médecins; c'est alors qu'on lui entendit prononcer ces belles paroles pendant que nous nous retirions : « Seigneur, les hommes veulent me détourner de vous parler; me tairai-je pour leur obéir ? Ils peuvent fermer ma bouche, mais ils n'empêcheront pas mon cœur d'être avec vous. » « Veillez sur mon corps, nous dit-il une autre fois que nous lui redisions les mêmes paroles, veillez sur mon corps, j'y consens, mais laissez-moi penser à mon âme. » Comme son domestique faisait de nouvelles instances pour l'engager à ne point tant se fatiguer : « Il ne s'agit que de quelques moments de vie, répondit-il; peu m'importe de vivre quelques heures de plus; mais il est nécessaire de bien profiter du peu de temps qui me reste. » Il continua ses entretiens avec Dieu, et il soutint cette application d'une manière digne de ce grand courage qu'il avait fait paraître toute sa vie. Il combattit le sommeil avec une violence dont il n'y a guère d'exemples, même dans les plus grands saints; la crainte qu'il avait qu'il ne l'accablât enfin et qu'il ne lui dérobât quelques-uns de ces moments qu'il estimait si précieux lui fit prendre un moyen extraordinaire. Il chargea son domestique de remuer continuellement sa couverture et, parce que ce mouvement ne le réveillait point encore autant qu'il le désirait, il lui ordonna de le frapper avec une houssine; mais, comme il ne le frappait point encore assez fort à son gré, il la prit lui-même et s'en frappa plusieurs fois le visage jusqu'à en laisser des marques. Par cette violence continuelle, il triompha enfin du sommeil, et il n'a presque pas fermé les yeux les trois derniers jours de sa maladie, excepté quelques heures avant que la mort les lui fermât pour jamais. L'humilité, qu'il aimait si singulièrement, lui avait fait éviter avec un soin extrême ce qui aurait pu le faire distinguer. Ses meubles, ses habits, son extérieur, ses conversations, ses discours, tout chez lui, sans être affecté, respirait cette vertu si essentiellement nécessaire aux ministres d'un Dieu anéanti.

« Pour satisfaire aux offenses que j'ai commises contre Dieu », écrivait-il, dans une retraite de 1692, « je dois faire pénitence toute ma vie par la pratique de la plus profonde humilité et de la mortification autant qu'il me sera possible. » Il a exécuté de si saintes résolutions même au lit de la mort, car, ayant pressé plusieurs fois son domestique de lui dire ce qu'il désirait de lui, celui-ci, suffoqué par la douleur, n'eut de paroles que pour supplier un si bon maître d'excuser toutes les fautes qu'il avait faites à son service. Il s'humilia encore au-dessous de lui et alla jusqu'à lui demander pardon de lui avoir donné ses ordres peut-être avec trop de sévérité. Il ne désirait rien davantage sur la terre que d'être effacé de la mémoire des hommes; il me pria de ne point souffrir qu'après sa mort on tirât son portrait, ni qu'on lui dressât d'épitaphe; il souhaita même d'être enterré dans le cimetière avec les pauvres. Il s'observait toujours afin qu'on n'entendît point les ferventes prières qu'il adressait continuellement à Dieu, dans la crainte de découvrir quelque chose des trésors de sainteté qui étaient dans son âme. Il poussait si loin la délicatesse sur cet article, qu'il eut du scrupule d'avoir laissé échapper quelques-uns de ses sentiments dans le commencement de sa maladie. Ce fut dans cette vue, selon toutes les apparences, qu'il m'engagea à ne laisser entrer personne dans sa chambre : ce qu'il me recommanda plusieurs fois. Il me chargea d'une infinité d'affaires pendant le peu de jours que je fus avec lui, ce qui m'ôta l'attention qui m'eût été nécessaire pour remarquer bien des choses édifiantes qui m'ont échappé. Il a conservé une présence d'esprit admirable presque jusqu'au dernier moment. S'il venait quelque ecclésiastique auquel il ne pût parler, il lui faisait faire des excuses. Il me dicta d'assez longs mémoires sur les œuvres de piété dont il était chargé, qu'il circonstancia avec la dernière exactitude; il m'y donna une nouvelle preuve de son détachement entier, car, ayant commencé à faire écrire une chose en faveur d'une personne de sa famille où sa tendresse naturelle avait beaucoup de part, il s'arrêta aussitôt et me dit : « Effa-cez, c'est la chair et le sang qui m'ont fait parler. »

» Sa maladie a été une fausse pleurésie qui dégénéra bientôt en une fluxion de poitrine si violente qu'il n'a été que quatre jours au lit, et si extraordinaire qu'elle a duré même après sa mort. Cependant il n'a jamais donné aucune marque de sensibilité, et il n'a parlé d'un point qui le tenait au côté que pour faire connaître son mal aux médecins; de sorte que, n'étant arrivé auprès de lui que le second jour de sa maladie, je n'ai point su s'il souffrait, ni ce qu'il souffrait, et je serais encore dans la pensée que sa mort a été assez douce, si les plaintes que la violence du mal lui fit pousser lorsqu'il eut perdu connaissance, un peu avant d'expirer, et ce que les médecins m'en ont dit ne m'avaient convaincu du contraire. Il passait cinq ou six heures de suite dans des sueurs forcées, sans se remuer et sans donner le moindre signe d'impatience. Aussi avait-il contracté une sainte habitude de souffrir, et les rigueurs qu'il avait exercées sur lui-même, tant pour ses propres fautes que pour celles du prochain, lui avaient rendu la pénitence comme naturelle. Pour en conserver l'esprit jusqu'au dernier soupir, il me demanda qu'on lui lût les Psaumes d'une voix bien articulée. Alors il s'offrit à Dieu comme une victime prête à recevoir tous les coups de sa justice et à expier dans le Purgatoire ses fautes, aussi longtemps qu'il l'ordonnerait ; il semblait même qu'il se fît un plaisir d'y aller souffrir, et j'observai que, me chargeant de faire célébrer un certain nombre de messes pour lui, il avait quelque pensée de l'augmenter ; puis reprenant : « Non, dit-il, il vaut mieux que le peu que je laisse soit employé à des bonnes œuvres que de m'être appliqué. » Dès qu'il se sentit véritablement malade, ses premières pensées furent pour les Sacrements ; il ne voulut point consentir à une nouvelle saignée qu'il n'eût fait une seconde revue de toute sa vie. Il demanda aussitôt après le saint Viatique avec beaucoup d'instances ; lorsqu'il l'eut reçu, il parla assez longtemps sur l'œuvre qu'il venait de consommer, et en général sur le soin des malades, sur l'aumône et sur les autres pratiques de charité qu'on ne saurait trop recommander dans un pays où la misère règne plus que partout ailleurs. Son empressement pour recevoir l'Extrême-Onction fut encore plus grand ; il n'y eut point d'heure dans la journée qui précéda sa mort qu'il ne demandât ce sacrement ; je ne doute point que ce fût pour récompenser l'ardeur qu'il avait de le recevoir dans une parfaite connaissance, qu'on le lui donna enfin sur le soir contre le sentiment de presque toute l'assemblée. Le lendemain, il n'eût plus été temps. Toute sa piété se renouvela pour lors ; il répondit aux prières et fit de sa part tout ce qu'il fallait pour faciliter au prêtre l'administration de ce sacrement. Ce qui toucha extrêmement l'assemblée, ce fut de l'entendre ensuite se présenter devant la Majesté de Dieu comme un enfant prodigue qui s'était éloigné de lui, revenant à son père avec confiance, espérant tout de sa miséricorde.

» Il fit en même temps approcher celle de vos Sœurs qui est ici pour servir les pauvres orphelins; elle lui demanda sa bénédiction pour elle et pour vous: il la lui donna volontiers, et, dans le peu de paroles qu'il lui dit, il ne lui parla que de la fidélité à suivre votre Règlement et à vous livrer entièrement au travail. Il s'attacha à lui faire comprendre que c'était le seul moyen de persévérer dans votre vocation et de porter davantage dans ce diocèse les fruits de bénédictions qu'il attend de vous; il vous l'avait répété mille et mille fois, mais il avait paru encore plus rempli de cette pensée dans les derniers temps de sa vie, et je ne puis omettre ce qu'il a dit à une de vos Sœurs en allant à Nogent finir sa course: que si Dieu lui conservait la vie, il prendrait des mesures pour détruire votre établissement, si jamais vous veniez à négliger le travail, puisque c'est le seul moyen, comme il le redit encore quelques heures avant sa mort, que vous ayez, à l'imitation de saint Paul, de faire connaître Jésus-Christ aux pauvres et aux enfants, sans être à charge à personne, ce que vous devez faire autant qu'il se pourra. Aussitôt après, il fit fermer les rideaux de son lit pour ne plus penser aux choses temporelles et s'entretenir plus librement avec Dieu, ce qu'il continua une heure et demie environ. On lui donna un remède qui le fit dormir pendant quelque temps; on s'aperçut à son réveil, sur les deux heures du matin, qu'il n'avait plus la même connaissance; il ne fut que deux ou trois heures en cet état, pendant lesquelles tous ses discours ne roulèrent que sur les œuvres de piété dont il s'était occupé pendant toute sa vie. Il fut environ autant de temps sans parole et rendit son âme à Dieu sur les huit heures du matin, le vendredi, 2 juillet 1716, âgé de plus de soixante ans. »

Tel est l'homme qui composa le livre des *Instructions*.

Cet ouvrage est le commentaire des Constitutions, et il enseigne admirablement avec quel esprit il faut les observer. En donner l'analyse est chose réellement impossible, parce que tout porte. Le vénérable auteur avait trop d'humilité pour rechercher un plan extraordinaire; il traite successivement *des actions en général, du règlement, du lever, de l'oraison, du travail, de l'office divin, des moyens pour s'entretenir pendant l'office divin, de la sainte Messe, des lectures, de l'examen de conscience, des repas, des récréations, de la lecture, écriture et autres exercices semblables; du chapelet et autres dévotions à la sainte Vierge; du coucher, de l'école, du soin des malades, du sacrement de Pénitence, de la sainte*

Communion, de l'abstinence et du jeûne, des fêtes et des dimanches, de la Messe de paroisse, des retraites, de l'ouverture du cœur à l'égard des directeurs, du compte de conscience, des visites, voyages, des promesses de baptême, des maladies, etc. Sous des titres aussi simples, se trouvent les pensées les plus élevées; et on sent en chaque phrase le souffle d'un saint. C'est le genre, le style, l'esprit du vénérable archidiacre d'Évreux, M. Boudon, cet homme si humble, si pieux, dont la grande figure ascétique attire de plus en plus le respect des fervents chrétiens. On trouve dans ces pages, où le style toujours parfaitement français est simple jusqu'à l'abandon, autant de passages magnifiques qu'elles comptent de lignes. Voici, en prenant au hasard, les recommandations de M. Maréchaux, au sujet des maladies :

« Nous sommes tous exposés à mille sortes d'infirmités et de maladies; elles font partie de la condamnation que Dieu a prononcée contre nous, et il n'en est point de si étrange dont nous ne puissions être frappés; mais, quelque sévère que paraisse d'abord cet ordre du Tout-Puissant, il est vrai que les maladies nous sont avantageuses : parce qu'il n'est point de moyen plus propre pour nous faire rentrer en nous-mêmes, point de pénitence plus salutaire pour nous faire expier nos péchés, point d'œuvre plus méritoire de la grâce dont nous avons besoin à chaque instant, et de la gloire que nous attendons.

» Les Sœurs ne se contenteront pas de faire ces réflexions qui regardent indifféremment toutes sortes de personnes; elles songeront encore que les saints ont mis les maladies au nombre de ces faveurs dont Dieu fait présent à ceux pour lesquels il se sent une tendresse particulière, et que les plus zélés d'entre les ouvriers de sa vigne ont regardé une longue et douloureuse maladie comme la récompense des travaux auxquels ils s'étaient livrés pour sa gloire : car enfin, outre qu'elles nous rendent semblables à Jésus-Christ souffrant, elles étouffent les sentiments d'orgueil que la santé et nos bonnes œuvres ont coutume de nous inspirer; elles nous détachent de nous-mêmes et du monde, et elles nous portent naturellement à recourir à lui comme à l'asile le plus sûr où puisse se jeter un malade.

» Mais ce n'est qu'avec les yeux de la foi qu'on aperçoit ces avantages, comme ce n'est que par une grâce spéciale qu'on s'élève au-dessus des oppositions que la nature fait éprouver aux plus parfaits dans ces occasions. Il faut donc que les Sœurs fassent leurs efforts pendant la santé pour vivre de la foi, c'est-à-dire pour se remplir des vues qu'elle nous fournit; qu'elles songent, lorsqu'elles se trouveront auprès de quelque malade, que bientôt elles seront dans la même situation ou dans une plus fâcheuse encore; qu'elles demandent pour ces personnes et pour elles-mêmes la grâce de porter patiemment leurs maux;

qu'elles s'offrent à Dieu pour tout ce qu'il ordonnera de leur santé et de leur vie, et qu'elles s'accoutument de bonne heure aux souffrances. Elles ne s'attacheront pas à considérer les défauts où les malades tombent assez ordinairement; mais, si elles ne peuvent s'empêcher de les voir, elles s'humilieront dans la pensée que peut-être, dans une pareille rencontre, elles en commettraient de plus grands; elles prieront Dieu de les en préserver, et elles s'animeront à mettre tout en œuvre pour faire un fonds de patience qui puisse les garantir des imperfections qu'il leur est si facile de condamner dans les autres.

» Lorsqu'elles se sentiront attaquées de quelque infirmité et que la force du mal les contraindra de s'arrêter, elles se mettront à genoux, baiseront la terre, et elles accepteront tout ce que Dieu a ordonné d'elles en les privant de la santé. Elles se représenteront que beaucoup de maladies, qui paraissent d'abord de peu de conséquence, tournent tout d'un coup à la mort; que d'autres nous privent de l'usage de notre raison, que toutes l'affaiblissent, et, dans cette pensée, elles se prépareront à la mort; et elles prieront leurs Sœurs de les avertir de bonne heure de se disposer à recevoir les sacrements, qu'elles demanderont avec instance dès qu'on leur fera connaître qu'il est temps d'y songer.

» Elles diront simplement ce qu'elles souffrent, lorsqu'on le leur demandera; elles prendront généreusement la nourriture et les remèdes qu'on leur donnera, et elles ne manqueront pas d'en remercier les personnes qui leur rendront quelques services. Elles prieront la Supérieure de leur faire faire la lecture de ce présent article de la conduite, et qu'on leur rafraîchisse la mémoire des choses qu'elles sembleraient oublier. Elles feront leurs examens particuliers sur les défauts qui échappent plus ordinairement aux malades; et, si elles sont capables d'attention, elles demanderont qu'on leur fasse de temps en temps quelque autre lecture; elle y feront, le mieux qu'il leur sera possible, de saintes réflexions. Enfin, elles élèveront souvent leur cœur à Dieu, et elles lui offriront avec amour les maux qu'elles endurent.

» Elles tâcheront de se ressouvenir des douleurs aiguës dont tant de saints ont été éprouvés : comme une sainte Thérèse, le saint homme Job, etc. Elles penseront aussi aux tourments des saints Martyrs et à ces désirs ardents qui les ont fait soupirer après les croix, les roues, les bûchers, pour s'unir plus tôt à Jésus-Christ. Surtout elles se représenteront ce divin Sauveur attaché à la croix; elles compareront ses tourments avec leurs peines, sa couronne d'épines avec leurs maux de tête, le fiel et le vinaigre dont il fut abreuvé avec les remèdes qu'on leur présente, la soif qu'elles peuvent endurer avec celle qui lui fit demander à boire sur la croix; et ainsi des autres choses qu'elles peuvent souffrir. S'il s'agissait de quelque grande opération, elles le considéreront se couchant sur la croix, étendant les bras, donnant ses mains, allongeant ses pieds, et s'ajustant au gré des soldats qui le crucifiaient, sans laisser échapper ni plaintes, ni paroles, ni soupirs.

» Elles s'appliqueront avec encore plus de soin à éviter les défauts qu'elles ont remarqués et peut-être condamnés dans les autres : comme de ne penser qu'à ce qu'elles souffrent, de ne parler que de leurs maux, de l'amertume des remèdes, de leur dégoût, du bruit qu'on fait autour d'elles. Elles se garderont bien de faire paraître de l'inquiétude lorsqu'on ne leur donnera pas sur-le-champ ce qu'elles demandent, ou de se plaindre qu'on ne fait pas assez pour elles, de désirer avec trop d'ardeur le recouvrement de leur santé et les soulagements qui leur paraissent nécessaires. »

Ce monument si précieux pour la Congrégation de Saint-Paul s'était perdu durant la révolution de 1793. La Mère Maria pensa qu'il fallait mettre tout en œuvre pour le retrouver, et elle l'eût racheté au poids de l'or. Elle fit adresser au ciel de ferventes prières dans ce but; mais aucune lueur d'espérance n'apparut. Dieu voulait, en différant de le rendre providentiellement aux Sœurs, montrer qu'il méritait d'être acheté par elles au prix de longues oraisons et de larmes abondantes. Quand on l'a lu, on touche cela du doigt. Quoi qu'il en soit, la Mère Maria, en attendant le moment de Dieu, travailla à le remplacer par un autre ouvrage qui en approchait autant que possible. La vénérable Mère, avant de mourir, eut la consolation de voir substitué à son œuvre provisoire ce livre tant recherché. Une colonie de Sœurs de Saint-Paul appelées par un prince de l'Église, Mgr le cardinal de Rohan, à fonder des établissements sur les bords du Rhin, l'avait emporté en 1734; et c'est à Strasbourg qu'on a eu l'heureuse fortune de le retrouver en 1865.

Un des derniers actes de l'administration de la Mère Maria fut un trait touchant de piété filiale pour sa Congrégation. Le vénérable M. Chauvet, curé de Leveville-la-Chenard, fondateur de l'Institut des Sœurs de Saint-Paul, avait été enterré dans cette petite localité; et c'est à Nogent-le-Rotrou que reposaient les dépouilles mortelles de M. Maréchaux, le premier Supérieur de la Congrégation. Depuis longtemps la Mère Maria avait formé le projet de faire transporter ces cendres vénérées dans la chapelle de la Communauté, à Chartres. Ainsi les précieux restes des deux hommes à qui la Congrégation devait son existence seraient placés sous la garde du cœur et des prières des Sœurs à jamais reconnaissantes. Après bien des démarches, il lui fut donné de réaliser ce dessein. Au fond d'une chapelle latérale, de chaque côté de l'autel, une plaque de marbre blanc est scellée dans le mur. Sur la première, à droite, on lit cette inscription :

« Louis Chauvet, curé de Leveville-la-Chenard, mort le 22 juin 1710. — 27 août 1843. » La seconde plaque, à gauche, porte gravés ces mots : « Claude Maréchaux, enterré à Nogent-le-Rotrou, en juillet 1776. — 2 juillet 1843. »

CHAPITRE QUATORZIÈME

L'avancement aux yeux de Dieu. — Le 7 octobre 1843, la Mère Maria est remplacée par la Mère Thaïs, dans le gouvernement de la Congrégation. — Son bonheur. — Avec quel tact elle sait s'effacer. — Elle observe avec la plus grande fidélité les moindres prescriptions de la Règle.— Sa position devient difficile. — Un trait de sa condescendance. — Elle est envoyée à l'asile des aliénés de Blois. — Sa vive reconnaissance. — Combat de générosité entre elle et la Sœur Eulalie. — Les tendres soins dont elle entoure ses pauvres malades. — Les fêtes à la chapelle. — Incendie. — La Mère Maria avec les administrateurs. — Ses recommandations aux Sœurs relativement au service.

C'est la merveille de l'organisation religieuse que ceux qui ont tenu le plus considérable emploi soient placés ensuite dans une position inférieure, et se dédommagent de leur élévation passagère par l'humilité d'un service obscur, mais toujours utile. Le monde n'entend rien à ces sages dispositions, et il croit sincèrement disgraciés ceux qui descendent du pouvoir pour reprendre le doux joug de l'obéissance. Les religieux animés de l'esprit divin laissent le monde se tromper dans cette question, comme dans beaucoup d'autres; et sachant bien que l'avancement n'existe pour eux, comme pour tout chrétien au reste, que dans la simplicité d'un cœur pieux et fidèle qui, en vaquant aux plus humbles travaux, peut être plus grand qu'en conduisant un empire, ils ambitionnent uniquement l'approbation de Dieu.

La Mère Maria était arrivée au terme de son administration. La Règle prescrivait l'élection d'une nouvelle Supérieure. C'était le 7 octobre 1844. Le choix tomba sur la Sœur Thaïs. Grande fut la joie de la Mère Maria en se voyant déchargée du lourd fardeau de la conduite d'une Congrégation qui, en devenant de jour en jour plus florissante, créait de nombreuses occupations et d'accablantes sollicitudes.

Une fois déposée, elle s'effaça avec un tact exquis, afin de laisser à la nouvelle Supérieure générale sa liberté d'action et l'influence qu'elle devait légitimement exercer. Durant l'année qu'elle passa à la maison mère en qualité d'assistante, elle édifia tout le monde par son amour de la vie cachée, par sa scrupuleuse exactitude à suivre tous les points de la Règle ; et ce qu'elle avait exigé des Sœurs, étant Supérieure générale, elle l'exécuta toujours avec une grande ponctualité. Le lendemain même de sa déposition, elle demanda humblement à la Supérieure la permission de donner une pauvre image. Toutes ses qualités éminentes, placées ainsi dans un demi-jour, avaient quelque chose de singulièrement touchant. Sa correspondance d'alors respire un parfum d'amabilité plus doux, et la suavité de son cœur éclate à chaque instant dans ses paroles.

Cependant la position de la vénérable Mère ne

tarda pas à devenir difficile. La Mère Thaïs n'était pas à la hauteur de celle qu'elle remplaçait; et on ne s'en étonnera point, parce que des femmes comme la Mère Maria ne se rencontrent pas à chaque instant. M. Sureau, le Supérieur de la Congrégation, disait de la Mère Thaïs : « C'est une écorce commune qui renferme un bois bien précieux. » En tout cas, cette excellente Mère avait un caractère tout différent de celui de la Sœur Maria. Elle n'hésitait pas au reste à reconnaître loyalement que le vide était difficile à combler, et M. Sureau, le sentant plus que personne, disait quelquefois en soupirant : « Quel fardeau j'ai maintenant sur les épaules! »

Des difficultés administratives survenant, on était obligé souvent, pour s'en tirer avec plus de facilité, de recourir à la Mère Maria, qui n'acceptait qu'avec répugnance de se mêler d'affaires dont elle n'avait plus la conduite. Sa délicatesse et sa discrétion sur ce point étaient on ne peut plus grandes. Sans tenir à son avis, la Mère Maria, consultée, le donnait à la fin; et comme il arrivait plus d'une fois que, en ne le suivant pas, les Supérieurs faisaient fausse route, ce n'était pas sans quelque humiliation qu'on voyait les événements donner raison à la vénérable assistante. Il ne faudrait pas connaître la nature humaine et sa grande fragilité, même dans les âmes les meilleures, pour ne pas compter plus ou moins sur ces suscepti-bilités dont, du reste, souvent on a à peine conscience, mais qui doivent presque nécessairement se faire jour au milieu de circonstances analogues à celles-ci. La Mère Maria, qui comprenait tout cela, s'en désolait et priait humblement Dieu « de permettre qu'on ne la consultât plus, et qu'on la laissât en sa sainte présence faire sa broderie, son tricot et ses petits travaux d'aiguille ». Cette prière, si simple et si humble, révélait son grand bon sens qui prévoyait qu'elle ne pouvait manquer d'être un embarras pour la Communauté dans la position où elle se trouvait. Dieu l'exauça; et bientôt on ne la consulta plus. Cet oubli la combla de joie. Quand quelque Sœur lui témoignait de la peine de la voir ainsi mise de côté, elle répondait d'un ton fort grave qu'il ne fallait pas juger l'autorité; que ce qu'on faisait était fort bien, et que jamais elle n'avait été si heureuse.

Au milieu de ces tribulations, rien au reste ne la quitta de cette amabilité qui avait répandu tant de charme et de douceur sur son administration. Et sa grande bonté se traduisait sans cesse par une foule de traits attendrissants. Un jour la Mère Maria et la Mère Thaïs étaient assises ensemble dans le jardin, où se promenaient les postulantes. Celles-ci s'empressèrent, en les voyant, de leur porter deux petits bancs sous les pieds. La Mère Maria accepta en souriant; la Mère Thaïs refusa. « Eh quoi ! dit la Mère Maria à la Mère Thaïs, vous refusez à cette enfant le plaisir qu'elle a de vous faire cette amabilité ! »

Au bout d'un an, on pensa définitivement à lui donner un emploi en dehors de la maison mère; et Dieu, qui tient le cœur des hommes dans ses mains et l'incline où il veut, eut encore pour Sœur Maria une tendresse particulière en la plongeant de nouveau dans l'humiliation.

La maison destinée à recevoir à Blois les infortunés que le plus grand des malheurs a privés de leur raison prenait de l'extension. Comme plusieurs Sœurs de Saint-Paul remplissaient déjà dans cet établissement leur ministère de charité, on crut devoir augmenter leur nombre en leur adjoignant la Sœur Maria. Cette vénérable Mère, âgée alors de cinquante-deux ans, reçut cette mission à genoux, avec une effusion de reconnaissance qui émut tous ceux qui en furent les témoins. Elle demanda à se rendre de suite à son poste, afin de ne pas faire couler plus longtemps par sa présence les larmes de toute la Communauté qui l'aimait, et que la nouvelle de sa destination affligeait si cruellement. On pleurait de voir une femme d'un tel mérite avec trois Sœurs dans une maison de fous. « Mon Dieu ! que je me fais de peine à votre occasion », lui dit une Sœur en l'embrassant, « et que toute la Communauté s'en fait avec moi! » « Pourquoi, ma fille », répondit-elle, « il n'y a pas de petite place auprès des malheureux. » Et elle partit.

Le spectacle de cette bonne Sœur allant avec un

esprit de foi si profond occuper le poste douloureux qui lui était assigné, la joie au fond du cœur, la bénédiction sur les lèvres, après avoir eu la première charge de la Congrégation, avait remué jusqu'au fond le cœur des Sœurs présentes à la maison mère. M. Sureau, de concert avec la Mère Thaïs, écrivit aussitôt à la Supérieure du bureau de bienfaisance d'offrir à la Mère Maria, à son arrivée, sa propre place, et de prendre la charge de Supérieure des Sœurs des aliénés. La Sœur Eulalie, Supérieure du bureau, fut tout heureuse de cette combinaison. Sa joie était grande d'épargner à ses dépens à la Mère Maria le chagrin d'avoir à conduire un établissement d'aliénés. Mais la Mère Maria n'était pas femme à laisser la peine pour les autres et à prendre pour elle les agréments. Un combat de générosité eut lieu entre elle et la Sœur Eulalie; et rien n'est plus édifiant que ces deux bonnes religieuses se disputant la meilleure part d'abnégation. La Mère Maria dut triompher dans cette lutte, et ces mots inspirés par son grand esprit de foi consacrèrent sa victoire : « Je dois rester là où le bon Dieu m'a mise. »

La Sœur Placide, en la voyant arriver à Blois, lui demanda à quoi on la destinait. « Au service des aliénés », lui répondit-elle, avec son sourire si doux et si expansif. « Comment! au service des aliénés! » « Oui, je serai bien là. On vient de me proposer de changer avec la Sœur Eulalie. Il ne s'agit pas de tirer cette excellente personne de sa place, pour croire me faire plaisir; ce serait tout le contraire. »

La joie de toutes les personnes qui l'avaient connue à Blois fut bien grande; on était cependant affecté de la voir dans cette position. Elle et Dieu seuls étaient contents.

Un nouveau genre de vie se présentait donc à la Sœur Maria. Il allait s'agir pour elle de se dévouer sans bruit, à chaque heure, de se dépenser sans éclat, goutte à goutte, au service d'une infortune sans nom, d'une infortune assez profonde pour ne pas même sentir le prix d'aucun service. Comme elle allait avoir besoin de cette volonté supérieure dont Dieu l'avait douée, et de ses vertus acquises, pour remplir cette tâche pénible, vulgaire, ingrate! Toutefois, son génie et sa vertu ne sembleront pas déplacés dans l'humilité de ces simples devoirs à quiconque ne mesure pas l'œuvre à son éclat, mais à l'héroïsme qu'on pratique quand on a un grand cœur, dans l'uniformité d'une existence obscure, recommençant chaque jour le travail de la veille, et servant de pauvres fous.

Une telle existence ne va pas être au-dessous de son courage, et jamais la Mère Maria ne nous paraîtra plus grande; et le diamant de sa couronne du ciel le plus précieux, c'est là qu'elle l'aura conquis.

Ses résolutions en face de sa nouvelle position furent bientôt prises. « Me voici », se dit-elle, « en contact avec ces gens infortunés. C'est de toutes les misères humaines la plus poignante et la plus irrémédiable; s'il n'est pas dans mon pouvoir d'anéantir les déplorables résultats matériels de ce mal, j'y donnerai du moins tous les adoucissements que la foi et la piété peuvent inventer. Il me suffit que la main de Dieu, du Dieu toujours juste et miséricordieux, les ait touchés pour que j'aie pour eux la plus tendre sollicitude, et, quand il me viendra la pensée que tout mon amour s'adressera à des âmes incapables de comprendre, je me rappellerai que Jésus-Christ comprend tout pour eux ! Il me faut donc les rendre aussi heureux que possible. » Et elle se mit à ce travail si touchant avec un cœur admirable.

Avec l'attention délicate qu'autrefois elle avait pour ses Sœurs, elle veillait sur la nourriture, les vêtements de ces pauvres malades ; elle s'occupait de la manière dont ils étaient traités, tempérant par la douce intervention de son inépuisable pitié un régime que bien des motifs obligent souvent à être sévère, surtout quand on ne sait pas assez faire prévaloir les sentiments d'une charité patiente à l'égard de pauvres êtres irresponsables de leurs actes extravagants.

Afin donc d'assurer l'exécution de ses vues pleines de bonté, elle se trouvait à chaque instant, dans les commencements, auprès de ses malades. On la voyait errer au milieu d'eux, le visage serein et tranquille, ayant sur les lèvres des paroles douces et affectueuses, mêlant une gaieté aimable à sa profonde compassion ; trouvant à chaque pas de nouvelles consolations pour de nouvelles misères.

La bonté a une influence beaucoup plus considérable qu'on ne le croit communément, et le cœur où l'amour réside éveille des échos puissants, là même où tout sentiment semble éteint. Les animaux dépourvus de raison comprennent la bonté, et on a vu un lion, déconcerté par le cri d'une mère, lâcher l'enfant de cette femme éperdue, qu'il allait dévorer sous ses yeux, et le lui rendre.

La Mère Maria produisait par son amour une impression profonde sur tous ces pauvres gens. Aussi avait-elle sur eux un ascendant extraordinaire. Quand chaque matin elle apparaissait à neuf heures pour sa visite accoutumée, tous à l'envi accouraient près d'elle. « Oh! notre mère », s'écriaient-ils. Lorsque, dans tout ce monde, quelques-uns s'étaient laissé aller à quelque excentricité un peu criante, elle leur disait avec une extrême bonté : « Vous n'avez pas été sages; mais cela n'arrivera plus. » Elle ne s'en allait pas sans dire à chacun une bonne parole.

Sa vue leur faisait donc véritablement du bien. Elle obtenait de ces infortunés à peu près tout ce qu'elle voulait. Quand avec sa voix si caressante la Mère Maria disait aux femmes de travailler, aucune n'aurait osé lui désobéir; et ces pauvres mains que l'intelligence n'était plus là pour diriger se prenaient, mues par une bonne volonté touchante, à ébaucher quelque travail grossier et presque toujours incorrect, pour le seul bonheur de faire plaisir à la Sœur Maria. La bonne Mère, satisfaite, les récompensait toujours par quelques douceurs qu'elle avait en réserve. Il serait bien impossible de décrire l'épanouissement de sa douce figure, quand elle distribuait ainsi à ces pauvres créatures des gâteaux, des sucreries. Une mère eût été moins tendre pour ses enfants. Et c'étaient des folles qu'elle traitait ainsi! En face de la suprême infortune elle avait le suprême amour, et moins Jésus-Christ était reconnaissable dans ces malheureuses, plus elle l'y voyait vivement et l'entourait d'attentions délicates.

La Mère Maria prenait leur défense avec un grand bon sens qu'on oublie malheureusement trop souvent d'avoir en face de leur misère profonde. Un jeune homme, tailleur d'habits, était devenu idiot. Très-doux, absolument inoffensif, il pouvait rendre quelques petits services, malgré son déplorable état; et la Sœur préposée à la garde du vestiaire lui donnait à confectionner des vêtements d'hommes. Il s'acquittait assez bien de son travail; mais il avait la manie de ramasser soigneusement tous les bouts de fil qu'il trouvait dans la maison, de quelque nuance qu'ils fussent; et il ne manquait pas de s'en servir par esprit d'économie. De là grand mécontentement quand la

Sœur voyait son habit cousu de bleu, de rouge, de vert. Le pauvre idiot était grondé; mais la Mère Maria intervenait; elle prenait sa défense. « Le pauvre enfant », disait-elle, « il n'est pas responsable de ce qu'il fait. »

Elle prenait avec un grand sang-froid, mêlé d'une compassion douce, les extravagances de ces infortunés malades; et, quand elle était de leur part l'objet de quelque traitement peu respectueux, elle s'opposait à ce qu'on les rappelât à l'ordre par la rigueur. Une femme voulait faire une promenade en dehors de la maison, et, dans l'espoir d'obtenir cette faveur, elle ne mangeait pas. « Prenez un peu de nourriture », lui dit la Mère Maria avec bonté, « et je vous ferai moi-même sortir. » La pauvre folle n'entendit pas raison; elle lança son pain qu'elle avait à la main à la figure de la bonne Mère, qui se contenta de dire avec sa douceur ordinaire : « On ne peut pas s'en fâcher. »

La Mère Maria s'attachait surtout à ceux qui étaient les plus malheureux. Il y avait dans la maison une malade idiote dont la difformité inspirait à tout le monde la plus vive horreur. Rien de plus hideux et de plus dégoûtant ne se pouvait voir. La Mère Maria était assidue près d'elle et lui prodiguait les soins les plus empressés. Elle passait doucement sa main sur son visage repoussant, et la comblait de caresses; et elle recommandait aux infirmières de la promener dans les jardins et de la bien traiter. Là pauvre idiote semblait comprendre que la Mère Maria s'intéressait à elle, et un mot qui caractérise d'une manière délicieuse la charité de cette admirable religieuse venait souvent épanouir son affreuse figure en tombant de ses lèvres décolorées, et ce mot était : « Maman. » C'est ainsi qu'elle appelait la Mère Maria.

La Sœur Maria aimait surtout à ce que ses malades se trouvassent bien dans la maison de Dieu. Elle avait à cause de cela grand soin d'orner la chapelle. Les nappes, d'une blancheur de neige, et les dentelles précieuses qui en rehaussaient l'éclat; les vases élégants et les fleurs douces et suaves; les petites étoiles de lumière parmi les fleurs, tout dans ce temple charmait les yeux, reposait le cœur et faisait penser à la présence de l'adorable Eucharistie, infiniment plus douce que tout cela.

Comme la Mère Maria comptait d'une manière très-particulière sur le cœur de la sainte Vierge pour faire du bien à ses malades, elle voulait que chaque année, dans la maison, le mois de mai se passât de la façon la plus édifiante. A cette chère époque, le sanctuaire se transformait à la lettre en un temple de fleurs élevé à la consolatrice des affligés. Rien donc n'était aimable alors comme de venir prier devant la statue de Marie dont la beauté semblait se réfléchir dans le pur éclat des fleurs. Et, afin que tout fût toujours frais dans ce gracieux sanctuaire, la Mère Maria, tous les matins, allait choisir les plus belles fleurs nées la nuit au souffle de la brise. On dit que son admiration pour l'œuvre de Dieu ici si délicate, si embaumée, si douce, l'empêchait tout d'abord de toucher ces charmantes et aimables créatures. Puis sa main s'enhardissait. « Ces pauvres petites », se disait-elle, « sur l'autel du bon Dieu feront bien encore, et ne cesseront pas le cantique que, en ce moment, elles chantent à son amour; et si elles se flétrissent, ce sera toujours sous ses yeux et pour lui. » Elle coupait vite le muguet, la rose, les marguerites et les pervenches bleues. Sa moisson faite, elle la déposait en gracieux bouquets aux pieds de la sainte Vierge, avec la candide injonction de conserver leurs parfums jusqu'au soir.

C'était environ vers cinq heures qu'avait lieu le principal exercice. Tout alors était mis en œuvre pour rendre attrayante et douce la réunion en l'honneur de la reine du ciel. Il y avait dans la maison quelques pauvres gens que la folie était venue saisir au milieu de brillants succès musicaux; comme de ces lyres brisées quelques belles et suaves notes pouvaient encore tomber, la Mère Maria leur demandait leur concours, pensant que ces débris de gloire et d'harmonie ne laisseraient pas que d'être très-touchants au pied de l'autel de la mère des malheureux. C'était la prière de l'infortune par excellence; et tous ces pauvres gens, les plus à plaindre qui soient au monde, après toutefois ceux qui font le mal, se ranimaient à ces accents. La Mère Maria triomphait. Et quand l'harmonie se taisait, elle, debout, un livre à la main, souvent fermé, à la vérité, de sa douce voix parlait à ses enfants avec un abandon plein de charme. C'est là qu'elle était belle, sublime. Elle avait alors une de ces figures comme on en voit dans les tableaux de grands maîtres; et la parole de consolation lui venait du cœur, dans la mesure où elle pouvait être comprise de chacun de ces infortunés, et les sentiments les plus tendres et les plus vifs éclataient. Ce mois de Marie passait toujours trop vite, et on en attendait le retour avec une vive impatience. La Mère Maria vit bien des fêtes durant le cours de sa longue vie; nous ne trouvons dans ses lettres aucune trace des émotions qu'elle en a reçues; il n'y a que son mois de Marie au milieu de ses chers aliénés dont elle parle.

Une circonstance exceptionnelle montra combien la Mère Maria était dévouée à ces pauvres malades. Ce fut à l'occasion d'un incendie qui éclata dans l'asile.

Partout le feu est une chose terrible, surtout quand il se déclare au milieu de la nuit; mais ce sinistre, dans une maison d'aliénés, a un caractère navrant. Le son du tocsin, l'éclat des flammes, le bruit des pompes avaient exaspéré ces malheureux, qui poussaient des cris d'effroi. Les ténèbres de la nuit empêchaient de les surveiller comme il aurait fallu. C'était un désordre complet. La Mère Maria avait un calme imperturbable ; elle allait rassurer ceux qui étaient effrayés, puis elle se mettait à travailler avec un courage surhumain. A un moment, une pauvre femme jetait des cris : « Mère Maria, sauve-moi. » Elle la fit mettre dans sa propre chambre. Des Sœurs ainsi que des dames venues pour porter secours, après avoir aussi beaucoup travaillé, sentaient leur cœur faiblir à la vue de ces flammes toujours dévorantes et des malheureux malades qui allaient et venaient furieux au milieu de la foule. Le vénérable évêque de Blois, qui portait de l'eau, s'en aperçut. Il appela la Mère Maria occupée à l'endroit le plus dangereux, et lui dit de faire retirer ses Sœurs effrayées, afin de ne pas répandre davantage la désolation. La bonne Supérieure prit les Sœurs avec elle et les emmena dans une chambre où elles se remirent peu à peu de leur émotion ; puis elle retourna, allant toujours là où le feu était le plus ardent, se dépensant en efforts généreux, encourageant tout le monde, distribuant du vin pour donner des forces aux travailleurs. Elle montra le plus grand courage jusqu'à la fin du feu, et fit preuve d'une étonnante énergie. Son attitude fut remarquée avec admiration.

Dans ses rapports avec l'administration de l'asile, la Sœur Maria montra toujours une sagesse à la hauteur des difficultés qui se rencontrèrent. La maison ne faisait que commencer, il devait nécessairement y avoir pour elle plus d'un ennui à supporter. Par sa patience, son grand tact, par la science qu'elle avait de souffrir et d'attendre, elle arriva à établir cette œuvre sur un excellent pied.

Avant tout, la Mère Maria demanda un règlement qui déterminât d'une manière précise la mission des Sœurs dans l'asile. Il était naturellement nécessaire que ce règlement fût conforme à la dignité de l'état religieux; qu'on y introduisît clairement des clauses favorables à l'accomplissement du bien; qu'on y facilitât la bonne surveillance et le maintien de l'ordre, et qu'on laissât à l'influence religieuse le rôle essentiel qui lui convient; et, pour assurer tout cela dans la pratique, il fallait une confiance absolue de l'administration. Sans ces conditions, elle le sentait bien, la religion ne pourrait faire que très-peu de bien, et elle aurait beaucoup à souffrir.

Mais tout le monde n'est pas obligé d'avoir sur cette grave question des idées aussi mûres; et les différents directeurs qui ont administré l'asile, pour n'en avoir pas saisi toute l'importance, négligèrent plus ou moins certains de ces points. La Mère Maria eut à en gémir plus d'une fois, car des tiraillements se produisaient nécessairement. Elle en était toujours vivement affectée; mais elle ne se plaignait jamais et n'en parlait point. On comprendra sans peine ce que peut ressentir le cœur d'une personne consacrée à Dieu d'avoir, par exemple, sous les yeux le spectacle du travail du dimanche en permanence; de la violation des lois de la sainte Église relativement à l'abstinence. Avec un habit religieux on se trouve dans une fausse position en présence de telles choses. En outre, il arrivait plus d'une fois que de pauvres malades mouraient sans avoir pu voir le prêtre. C'était pour la Sœur Maria une cruelle douleur; car fréquemment ces infortunés, à la mort, ont quelques éclairs de raison qui autorisent à leur accorder les consolations suprêmes de la sainte Église. Quand elle était témoin de ce malheur : « En voilà encore un, disait-elle, qui est mort sans sacrements, faute d'aumônier; vous comprenez que c'est un deuil pour moi. »

Durant le temps que la Mère Maria passa dans cette maison, elle s'appliqua donc à obtenir tout ce qui pouvait faciliter l'exercice de sa pieuse mission auprès des malades, dans la mesure où les dispositions personnelles des directeurs le lui permettaient. Quelques-uns, appréciant sa haute vertu et sa capacité hors ligne, lui donnèrent pleinement leur confiance; et c'est alors que le bien, étant sans entraves dans ses mains, progressa tous les jours.

La Mère Maria avec le soin des malades avait encore la surveillance des gardiennes. Il est facile de comprendre tout ce qu'il y a de difficile et de délicat dans cette tâche. Elle s'en acquitta toujours avec une fermeté mêlée de douceur; mais ce ne fut jamais sans souffrance. Les recommandations qu'elle faisait aux

Sœurs pour les porter à accomplir leurs difficiles et pénibles devoirs d'une manière conforme aux vues de Dieu méritent d'être ici consignées. « Veillez bien sur vous-mêmes », leur disait-elle, « pour ne point vous échapper en paroles, surtout dans vos services. Partout il nous faut être sobres et bien réservées sur ce point; mais là où vous êtes il faut être d'une circonspection qui ne nous permette pas même une seule parole ou réplique, si ce n'est pour indiquer le devoir aux gardiennes avec douceur et modération. Hors de là, contentons-nous de répondre en peu de mots aux questions qui nous sont adressées par MM. les directeurs. Ce sera le moyen de nous maintenir en dignité. Rien n'en impose plus et ne porte davantage au respect et aux convenances qu'un silence grave, modeste, qui se remarque dans toute l'attitude d'une bonne religieuse qui, dans tous ses actes, ne voit que Dieu et ne tend qu'à lui. Ce silence parle plus haut à ceux qui en sont témoins que tout ce que nous pourrions dire de·bon. Vous savez combien on exige de nous, à qui l'on ne passe et l'on ne pardonne rien. Les religieuses doivent être bonnes et vertueuses comme des anges; c'est ce que prétendent les gens du monde qui ne savent faire aucune part à la fragilité humaine qui les enveloppe aussi bien qu'eux. Ils voudraient les trouver impeccables et parfaites en tout. Nous devons bien veiller sur nous et faire bonne garde à tous nos sens et manières d'être, pour ne pas leur donner prise sur nous. Usons donc de beaucoup de précautions; étudions notre faiblesse pour nous en corriger. Parlons peu, écoutons beaucoup, surtout en ce qui peut nous éclairer, nous instruire et mûrir notre expérience pour bien connaître et juger les personnes et les choses. »

On le voit, dans les actes et les paroles de la Sœur Maria, tout était marqué au coin de la sagesse et de la bonté.

CHAPITRE QUINZIÈME

La Mère Maria éprouve toujours le besoin de faire des heureux autour d'elle. — Intelligence et délicatesse de sa charité. — Ses visites aux pauvres. — L'ouvroir. — Où la Mère Maria puisait ses ressources pour faire le bien. — Consolations qu'elle prodiguait aux personnes affligées. — Différentes lettres touchantes. — Ses gaies reparties. — Sa prédilection pour l'enfance. — Comme son amour pour Dieu éclatait dans tout ce qu'elle faisait. — Les Sœurs avaient en elle la plus grande confiance. — Un trait de son attachement à la stricte observance. — Son amour de la pauvreté et de la mortification. — Elle ramène à Dieu, par sa bonté, un vieillard obstiné. — Entrevue avec M. l'abbé Sureau, au lit de mort. — La Mère Maria quitte asile des aliénés de Blois, pour aller reprendre à Chartres le gouvernement de la Congrégation. — Vive joie des Sœurs. — M. l'abbé Barrier succède à M. Sureau dans la charge de Supérieur des Sœurs de Saint-Paul. — Reconstruction des bâtiments du noviciat. — Abnégation de la Mère Maria.

Avec sa nature si riche et si expansive, la Mère Maria, habituée à une activité extraordinaire, ne pouvait restreindre son action aux murs douloureux de l'asile où elle était enfermée. Elle éprouvait d'ailleurs trop vivement le besoin de rendre heureux le plus de monde possible. Il se forma donc peu à peu autour d'elle, à Blois, dans toutes les classes de la société, un cercle d'amies pieuses. Les riches avaient les consolations de son cœur; et les larmes, que l'or n'empêche pas de couler, elle les tarissait par l'effusion d'une infinie tendresse. Les pauvres recevaient ses soins, ses paroles fortifiantes, les vêtements, le pain de sa charité et de son amour.

CHAPITRE QUINZIÈME.

Personne n'avait comme elle le flair de la misère qui se dérobe par respect humain aux yeux de la charité la plus attentive; personne surtout comme elle ne devinait les chagrins du cœur et ne savait discerner, sous les apparences de la joie et du bonheur le plus complet, les peines et les amertumes. Et quel baume elle apportait à tout cela! Sa voix si caressante, son amabilité si expressive, si vraie, jusqu'à la soudaineté de ses visites, arrivant juste au moment où la misère était à son comble et le désespoir à son paroxysme, comme un ange du ciel pour transformer ces peines en espérances délicieuses : tout chez elle, en face de la souffrance physique ou morale, produisait la consolation à un degré inénarrable. Pour faire même le plus léger plaisir, elle ne reculait devant rien. Elle allait au milieu de la neige, sur la glace, dans des temps où personne n'eût voulu sortir, porter quelquefois une simple petite fleur à une pauvre femme, uniquement parce que c'était sa fête. Cette fleur n'était rien, mais elle contenait tout son cœur, et cette bonne Mère savait bien que si le pauvre est ému quand on lui donne du pain, des vêtements, il ne se voit pas non plus sans attendrissement l'objet des attentions délicates du cœur. Et quand cette femme lui disait qu'elle n'aurait pas dû ainsi se déranger, la Mère Maria l'embrassait en lui demandant avec un tendre reproche si elle n'en valait pas bien la peine.

Dans les visites régulières qu'elle faisait à ses chers pauvres, elle apportait toujours avec elle des bas, des pantalons, des gilets, des robes, du chocolat, du sucre; car elle donnait elle-même aux personnes. Elle avait grand soin qu'on ignorât ses charités. Elle arrivait donc sans bruit dans chaque maison, la figure toujours gracieuse, avec un petit air fin, et parfois une légère malice à dire en riant. Quand elle avait fini sa tournée, on disait : « Nous avons vu la Mère Maria. Elle est pourtant toujours la même! » Et c'est seulement de cette manière qu'on avait connaissance de son passage.

Le cœur de la Mère Maria n'était fermé à aucune angoisse, d'où qu'elle vînt. Une malade de l'asile avait sa sœur dans une maison de refuge, à Tours, où elle avait été placée toute jeune à la classe de préservation. Cette enfant vint à perdre la santé, et la Supérieure du refuge écrivit à la malade de faire reprendre sa sœur parce que le médecin avait ordonné un changement d'air. La pauvre dame éplorée confia à la Mère Maria l'embarras où elle se trouvait, n'ayant plus personne dans la famille qui pût se charger de l'enfant. « Je prends tout sur moi », lui dit la Mère Maria; « ainsi tranquillisez-vous. » Elle envoya en effet une Sœur chercher la jeune fille à Tours; attendit seule jusqu'à une heure très-avancée dans la nuit l'arrivée des deux voyageuses; servit elle-même la jeune personne, après l'avoir accueillie avec bonté,

CHAPITRE QUINZIÈME.

comme elle le faisait si bien. Le lendemain matin, elle ne voulut céder à personne le soin de s'occuper de cette enfant; et elle seule lui rendit les services que réclamait sa santé. Quelques jours après, elle lui avait ouvert la porte d'une maison de charité où cette demoiselle bénit encore aujourd'hui la mémoire de celle qui lui servit ainsi de mère. La Sœur Maria ne la perdit jamais de vue, et plus tard, étant Supérieure générale, elle lui écrivait comme à une de ses filles.

Ceci est un trait entre cent du même genre.

Parmi les nombreuses bonnes œuvres auxquelles elle se dévoua à Blois, il faut compter l'ouvroir fondé par M. de Belot, de vénérée et douce mémoire. Cet établissement modeste recevait toutes les petites filles pauvres appartenant à des parents peu capables de les élever dans le bien. Ces enfants arrivaient couvertes de haillons; il fallait les vêtir, et la Sœur Maria se chargeait volontiers de ce soin. Elle apportait des habillements par douzaines, des chemises, de l'étoffe pour faire des robes. Elle faisait tricoter des bas aux bonnes vieilles de l'asile. Elle montra constamment pour cet ouvroir une sollicitude de mère.

Tous les établissements de bienfaisance chrétienne avaient une large part dans ses munificences. A l'époque où les petites Sœurs des pauvres vinrent se fixer à Blois, elle les combla de dons utiles, et leur continua ensuite ses délicates attentions. Elle donna également des preuves de sa pieuse générosité à d'autres communautés religieuses.

Sa manière de faire l'aumône avait un caractère de délicatesse et de respect où éclatait la hauteur de ses vues et de ses sentiments. On aurait dit qu'elle se croyait obligée à la reconnaissance envers les personnes qui voulaient bien recevoir quelque chose d'elle. Voici sur ce point la déposition invariable de tous ceux que nous avons interrogés : « Ce qu'elle recevait d'une main, elle le distribuait de l'autre. Et quand on voulait la remercier, elle disait : *Vous ne me devez aucune reconnaissance; cela m'a été offert.* Et elle faisait croire qu'on l'obligeait en acceptant. » Ou encore : « En face de la Mère Maria, celui à qui la reconnaissance eût pesé se fût trouvé fort à l'aise; cette vénérable Mère se croyait redevable envers tous ceux auxquels elle faisait du bien, loin d'attendre d'eux le moindre sentiment de gratitude. Il fallait bien savoir s'y prendre pour lui faire agréer quelque remercîment ».

La Mère Maria parvenait à subvenir à tant de besoins, parce que tout le monde connaissait son cœur, sa tendresse pour les pauvres. La charité ne pouvait être faite par une main plus discrète, plus délicate, plus pure; et ainsi mille dons lui arrivaient de partout : denrées, meubles, objets en nature, chaussures, bonnets, habits, rien de ce qui peut soulager le pauvre n'était oublié. Les nombreux amis qu'elle s'était acquis savaient que le seul moyen de la rendre heureuse était de lui procurer le bonheur de donner, et ils le faisaient largement.

A l'égard des personnes généreuses et distinguées qui la mettaient ainsi à même d'exercer la charité dans de si larges proportions, la Sœur Maria n'était pas ingrate. Elle savait que les dons de la fortune et de l'esprit ne mettent pas à l'abri des peines de cœur; et ce sont ces blessures, souvent ignorées du monde, qu'elle était heureuse de panser avec une délicatesse admirable. Dépositaire des plus intimes confidences, bien peu de larmes étaient répandues sans qu'elle en fût le témoin ému. Nous ne pouvons ici soulever le voile qui couvre ces scènes d'intérieur où, en ange consolateur, elle exerçait une influence si touchante, si irrésistible, si efficace. Mais ses lettres contiennent des accents profonds, et on en lira ici avec intérêt quelques-unes.

A une personne cruellement éprouvée par la perte d'une de ses amies, elle écrit ces lignes émues :

« Oh! que vos lettres si riches d'expression et de sentiment me touchent! La sympathie de mon cœur pour le vôtre me fait ressentir vivement le contre-coup de toutes les angoisses qui le déchirent, depuis le vide affreux qu'a laissé à votre âme la perte douloureuse de la vertueuse amie que vous pleurez, et que je pleure avec vous; car c'est un ange de moins sur la terre, et pour vous une digne émule qui faisait le charme de votre vie.

» Mais elle est au ciel, et la pensée de son bonheur présent doit vous être un doux rejaillissement de joie céleste. Il me semble en effet qu'elle prie pour vous, afin que le Seigneur répande sur votre cœur brisé le baume souverain des plus suaves consolations, par les touches secrètes de son divin amour qui rempliront ce cœur si aimant de chastes délices, en compensation des joies qui vous ont été ravies par cette pénible séparation.

» Je conçois facilement que le monde et sa joie éphémère vous soient insipides. Il faut à votre cœur un aliment plus substantiel. C'est en Dieu et dans les vrais amis qui vous sont attachés en lui que vous le trouverez.

» Oui, un jour, toutes nous serons réunies aux chers objets de nos affections, pour en jouir à jamais sans crainte d'en être séparées, au sein d'une félicité qui fait déjà le partage de l'ange qui voit couler vos larmes et qui conjure le Dieu qu'elle possède d'en tarir la source, en vous comblant des bénédictions et des consolations de sa bonté. »

La lettre suivante montrera combien elle s'intéressait aux moindres choses concernant les personnes qu'elle aimait en Dieu.

« Vous avez enfin vendu votre maison, me dites-vous; ce vous sera un tourment de moins pour le présent et une source de tranquillité pour l'avenir. Vous paraissiez le désirer vivement, dans le but de vous réunir à votre chère famille et d'y couler ensemble des jours sereins et paisibles dans l'unité d'un même esprit et l'exercice des vertus et des bonnes œuvres qui font l'aliment et le charme de votre cœur.

» Que Dieu daigne toujours vous bénir, seconder et réaliser vos désirs, si c'est pour sa gloire. Car, ainsi que vous le dites fort bien, la vie présente est bien peu de chose; mille misères la remplissent. Votre bon esprit vous en fait voir le néant, pour vous élever plus haut et vous faire aspirer aux vrais biens de l'éternité. C'est une grande grâce. Votre lettre si bonne, si pieuse, m'a bien édifiée. J'écris aujourd'hui à madame *** pour la féliciter de son heureuse délivrance, et de la naissance de l'enfant béni que Dieu lui a donné, à la grande joie de tous. »

Elle adresse ces mots aimables à une famille, à l'occasion de la première communion d'un enfant.

« C'est de grand cœur que j'intéresse le ciel en votre faveur, et que je m'associerai à cette chère enfant pour partager avec elle, avec vous et toute sa famille, la joie et le bonheur d'un si beau jour.

» Une première communion bien faite est si riche de grâces pour l'âme innocente qui en sent tout le prix, qu'elle est, par cette sainte action, confirmée dans le bien et marquée du sceau des élus. Ce sera donc pour nous une bien douce et délicieuse fête que nous célébrerons de plein cœur. Je me tiendrai bien intimement unie à vous et à tous les *chers vôtres*, au banquet eucharistique, et au contentement délectable qui surabondera en chacun, quand le Dieu de toute sainteté prendra pour la première fois possession de ce petit cœur vierge pour y fixer sa demeure et en faire son sanctuaire tout de délices. Que de douces espérances n'inonderont pas celui de sa vertueuse mère qui l'accompagnera d'une manière si intime dans le cours de cette émouvante et très-solennelle cérémonie ! »

Voici quelques lignes écrites à une amie, pour s'excuser de ne lui avoir pas souhaité sa fête :

« Je ne sais ce que vous pensez de moi, qui suis si en retard avec vous ! Mon cœur en a souffert, et j'ai essayé de m'en dédommager auprès du Seigneur, le priant de suppléer à mon impuissance en vous faisant une visite d'amour. Je voulais vous écrire pour le beau jour de saint Louis, et vous offrir le bouquet d'un cœur qui vous est dévoué et attaché à jamais. Impossible de trouver le moment. Là encore, j'ai compté sur le bon Dieu pour qu'il vous dise tout ce que je ne pouvais vous dire moi-même. J'espère que sa bonté vous aura donné mon bouquet de fleurs. Oh ! si vous saviez combien je pense à vous devant son autel et celui de Marie immaculée notre bonne mère ! J'appelle toutes les grâces du ciel pour que tous vos jours soient heureux et bénis. Je vois pourtant que la tribulation ne vous a pas été étrangère. Mais j'y découvre à côté une consolation qui en adoucit l'amertume, et qui, en même temps, affermit votre vertu et augmente vos mérites pour un monde meilleur. »

Elle écrit à une personne affligée :

« Je n'ai que quelques minutes à ma disposition. Je vous les consacre pour vous dire que je souffre pour vous et avec vous des afflictions dont Dieu vous afflige. L'état souffrant et douloureux de votre amie m'est une véritable peine; et j'y compatis sensiblement et partage vos chagrins. Vous si bonne, si sensible, je comprends ce que votre cœur doit éprouver de douleur au sujet de la maladie cruelle d'une si vertueuse amie. Mais j'espère que votre piété, votre foi si vive à l'une et à l'autre vous soutiendront dans cette veine d'épreuves si peu souriantes à la nature, et que toutes vos angoisses se changeront en perles qui orneront votre couronne dans la vie future où tous les maux seront finis, et où la gloire et le bonheur dureront toujours. »

Voici d'autres lignes également très-touchantes.

« C'est bien sincèrement que je partage votre peine et mêle mes larmes aux vôtres sur la perte d'une si bonne personne. Sa piété était si douce, si vraie, si belle, et son cœur si bien façonné sur celui de la sainte Vierge dont elle portait le nom! Mais nous ne devons pas pleurer comme ceux qui n'ont pas d'espérance. Cette chère amie que nous pleurons est entrée en possession du bonheur des élus. C'est donc une protectrice de plus que nous avons auprès de Dieu; et nous la retrouverons un jour au ciel. J'unirai mes prières aux vôtres pour accélérer sa gloire, si besoin en est... »

La Mère Maria ne se bornait pas à consoler par des paroles; mais, si elle avait quelque objet susceptible d'être agréable à la personne dont elle désirait tant adoucir la peine, elle le lui offrait. Une de ses amies les plus chères conserve, en souvenir d'elle, avec une vénération émue, un magnifique reliquaire qu'on peut considérer comme une portion de son cœur; car les reliques qu'il contient lui étaient extrêmement chères. Avec ce doux objet, la Mère Maria pouvait essuyer une larme; et c'est avec un bonheur ineffable qu'elle s'en défit en faveur de cette amie, alors cruellement affligée.

La Mère Maria était également à l'aise avec les pauvres gens et avec les grands personnages; et sa noble simplicité la mettait au niveau des uns et des autres. Pour tous elle avait des reparties qui respiraient la bonté de son cœur, la distinction de son intelligence; et les petites saillies spirituelles lui venaient à propos. Elle sortait un jour de l'église avec plusieurs dames qui s'étaient fait une joie de l'attendre, afin de jouir quelques instants de sa compagnie, toujours si aimable. Le vent ayant agité les volants de soie de leurs robes, le chapelet de la Mère Maria s'y accrocha obstinément. « Voilà pourtant mon rosaire pris dans les futilités du monde », s'écria-t-elle; « mais tenez, tenez, comme c'est difficile à l'en arracher! »

Bonne avec tout le monde, la Sœur Maria avait pour les enfants une tendre prédilection. Elle avait pris en amitié une charmante et gracieuse petite fille dont l'innocence allait à son âme. Cette petite enfant, voyant la religion si aimable sous les traits de la bonne Mère, déclarait avec une candeur naïve qu'elle voulait être religieuse; et, pour apprendre à le devenir, elle suppliait la Sœur Maria de lui permettre de réciter l'office avec elle. L'excellente Sœur lui mettait un livre entre les mains pour lui faire plaisir; et l'enfant, sans s'inquiéter de son ignorance de la lecture, récitait doucement avec un aplomb imperturbable « je vous salue Marie », sans se lasser jamais. Quand la Sœur Maria avait fini, elle avait aussi fini. Souvent elle racontait à la bonne Mère ses graves projets d'avenir; elle lui parlait de son bonheur d'être novice sous elle, car elle ne voulait pas l'être sous la conduite d'une autre. Alors, la Sœur Maria, en souriant, lui disait : « Vous ne serez pas religieuse. » L'enfant ne soufflait plus mot; mais elle devenait plus caressante, dans l'espoir sans doute qu'un arrêt adouci en sa faveur sortirait de la bouche de cette Mère tant aimée. Mais la Sœur Maria ne varia jamais dans son appréciation; et la candide petite fille devenue grande n'a pas trompé ses prévisions. Dans le monde, aux enfants que Dieu lui a donnés, elle raconte aujourd'hui les douces et fraîches impressions des premières années de sa vie passées auprès de la Mère Maria. Quand la vénérable Sœur quitta Blois pour prendre encore une fois le gouvernement de la Congrégation, par une attention gracieuse elle laissa à cette enfant devenue jeune fille deux tourterelles ravissantes qui lui avaient été données, les chargeant de la mission de lui rappeler par leurs roucoulements plaintifs son souvenir ému auprès de Dieu.

Avec la consolation et la joie qu'elle versait dans le cœur de tous ceux qui l'abordaient, la Mère Maria laissait une impression profonde de son amour pour Dieu. Le moindre bien qu'elle faisait était fortement marqué de cette empreinte; et rien n'était plus facile à voir et à sentir. Quant à ses paroles, elles étaient toutes de Dieu; et son amour pour lui éclatait à son insu, dans ses expressions, son air, son geste. Elle en parlait en toutes circonstances, dans les petites choses comme dans les grandes, avec une onction et une éloquence qui saisissaient. Lorsqu'on lui avait raconté quelque offense faite à Dieu, elle se montrait affectée bien douloureusement, et restait longtemps sous cette impression; et plusieurs jours après, rencontrant une amie, elle l'abordait avec des paroles de ce genre : « Mon cœur n'est qu'une plaie; est-il possible que Dieu soit ainsi outragé! » Elle avait d'ailleurs une piété extrêmement aimable et douce;

et, pour employer les expressions de toutes les personnes qui l'ont connue alors, « elle rendait la dévotion aimable comme elle ».

Telle était donc la Sœur Maria dans ses rapports avec le monde. Vis-à-vis des Sœurs dont elle avait la conduite, elle se montra toujours bonne, sage, empressée à faire tout ce qui pouvait dépendre d'elle pour les rendre heureuses en Dieu. L'influence qu'elle avait eue, étant Supérieure générale, lui était restée avec je ne sais quoi de doux et d'attendrissant que donne la souffrance. Les Sœurs de Saint-Paul répandues dans la ville et aux environs se faisaient une fête de venir fréquemment la voir. A la moindre difficulté administrative qui surgissait, les Supérieures arrivaient aussitôt près d'elle, afin de recevoir ses conseils.

Elle fut toujours pour elles un exemple de régularité. Chaque année on donnait à toutes les Sœurs une retraite dans la maison du faubourg de Vienne. Afin d'assister aux exercices, elle faisait trois fois par jour le chemin fatigant qui sépare l'asile de la Communauté située sur l'autre rive de la Loire. Ce trajet lui était souvent très-pénible. On lui proposait de la faire conduire en voiture; mais elle s'indignait doucement et s'écriait : « Grand Dieu! une Sœur de charité en voiture! »

Voici un trait qui montre combien elle tenait à la Règle. Les années, en passant sur le costume religieux, lui laissent quelque chose de très-vénérable; et plus il est loin des modes du jour, plus il a un cachet qui doit le faire aimer aux personnes consacrées à Dieu. Néanmoins, si l'on n'y prend garde, on est porté à corriger de temps en temps, dans les choses de forme qui ne sont pas absolument essentielles, ce qu'on craint humainement de voir un peu suranné. C'est un grand tort à nos yeux. Les bonnes Sœurs de l'asile donnant légèrement dans ce travers avaient plus d'une fois cherché à s'affranchir l'hiver du manteau qui doit être porté, d'après la Règle, depuis la Toussaint jusqu'à Pâques ; ou au moins elles avaient reculé le plus loin possible le moment de s'en revêtir. Elles appréhendaient la critique au sujet de l'élégance plus ou moins contestable de ce manteau. La Mère Maria interposa son autorité et son exemple, et on revint à l'antique usage.

Elle pratiqua toujours avec une prédilection marquée la pauvreté, durant son séjour à l'asile ; et on ne pouvait voir sans quelque attendrissement la vénérable Mère s'exercer à cette grande vertu religieuse jusque dans ses modestes repas. A table, jamais elle ne touchait à d'autres mets qu'au bœuf ; et, bien qu'elle aimât beaucoup les fruits, pour lui en faire accepter, il fallait qu'on eût l'industrie de les couper, de les peler et de les mettre ainsi sur son assiette. Alors seulement, afin de ne pas contrister ses chères filles si prévenantes à son égard, elle consentait à faire violence à son attrait pour la pauvreté unie à la mortification, et elle les mangeait. Chaque année, à l'occasion de sa fête, elle voulait bien encore, dans le but d'être agréable à celles qui l'aimaient avec tant de tendresse, sacrifier ses goûts prononcés pour la pauvreté, en recevant quelque don fait à elle personnellement. Inutile de dire que le prix en allait toujours aux pauvres. Une seule fois elle s'opposa à cette touchante démonstration de l'amitié. C'était l'année où le feu prit à l'asile. « Dieu m'a fait, il y a deux jours, une fête à lui », disait-elle pour s'excuser; « et je ne puis recevoir la vôtre. » Le fauteuil que des mains affectueuses avaient brodé avec tant d'art pour lui être offert en cadeau de fête resta aux mains des généreux donateurs.

Terminons par un trait pris parmi bien d'autres dans lequel éclate, avec son inépuisable bonté, l'ascendant irrésistible qu'elle exerçait sur les âmes. Voici comment le raconte une Sœur qui en fut témoin. « Elle allait souvent visiter les vieillards du petit hospice de Menars, localité voisine de la ville de Blois. On lui avait fait remarquer un pauvre homme, véritablement malheureux sous tous les rapports, et dont on pouvait à peine approcher, tant il était difficile. Loin de reconnaître les services que les Sœurs lui rendaient, il recevait toujours leurs soins en murmurant; et souvent il faisait pire encore que cela. Aussitôt que la Mère Maria l'eut vu, elle sembla lui avoir voué une affection toute particulière.

Il était plus à plaindre que les autres; c'était assez pour son cœur. Toutes les fois qu'elle entrait dans la salle où il était, elle trouvait toujours le moyen de remplir auprès de lui un de ces offices qui sont si rebutants pour la nature. Un jour, elle voulut le peigner, car, malgré tous les soins des Sœurs, qu'il repoussait, la vermine le gagnait. Tout en s'acquittant de cet acte de charité, elle lui parlait de l'amour de Dieu et de sa miséricorde pour nous. Quand elle eut fini, le vieillard se mit à sangloter, et lui dit qu'il ne pouvait pas résister à tant de bonté et qu'il était vaincu. Il se convertit et mourut quelque temps après de la manière la plus édifiante ».

De pareils faits, joints à ce que nous savons déjà de l'insigne bonté de son cœur, expliquent sans peine le profond attachement dont la Sœur Maria était l'objet. Il est à remarquer que cette vénération affectueuse, tout en reposant sur elle, rejaillissait doucement sur toutes ses Sœurs, et les paroles suivantes qui ont été recueillies sur les lèvres de dames du monde, et conservées, traduisaient une vérité touchante : « Depuis que nous connaissons la Sœur Maria, nous aimons toutes les filles de Saint-Paul; car elles nous semblent bien bonnes toutes à travers son cœur !... »

C'est ainsi que la Mère Maria passa sa vie durant onze ans. On était en l'année 1855. M. Sureau, Supérieur des Religieuses de Saint-Paul, atteint depuis quelque temps déjà d'une maladie qui devait le conduire au tombeau, voyait approcher avec calme son dernier jour. Le souvenir de la Sœur Maria était constamment présent à son esprit. Il voulut la voir avant de mourir. Cette bonne Mère quitta tout pour se rendre à son désir. La cérémonie du couronnement de Notre-Dame de Vienne devait avoir lieu prochainement; mais elle fit volontiers le sacrifice de la joie que lui aurait causée le triomphe de la Sainte Vierge dans une ville qui lui était si chère. Elle accourut à Chartres. « J'avais besoin de vous parler, ma mère », lui dit le malade, en la voyant s'avancer vers son lit de douleur : « J'avais besoin de vous parler, avant de m'en aller à Dieu. J'éprouve un chagrin profond de vous avoir contristée. De ce que je vous ai plus d'une fois contredite, il ne s'ensuit pas que vous aviez tort. Je regrette de vous avoir fait de la peine. Tout tenait à ces deux seuls mots : Je voulais, et vous vouliez. » La Mère Maria, qui était loin de s'attendre à ces paroles, fondit en larmes; elle ne put lui dire, au milieu de sa profonde émotion, que ces mots, expression si juste et si fidèle de ses sentiments : « Mon Père, je n'ai jamais eu pour vous que de l'estime et de l'affection. » Cette scène émouvante répandit une grande douceur sur les derniers jours que le malade vénéré passa encore sur la terre. Il mourut dans les plus beaux sentiments, le 13 septembre 1855.

Tandis que la Sœur Maria se dépensait en œuvres saintes, la Mère Victorine voyait approcher le terme de son administration. On se préoccupait déjà de celle qui devait la remplacer dans cette charge importante, et on demandait à Dieu sa lumière afin de faire une élection selon son cœur. La pensée et les vœux de toutes les Sœurs se portaient sur la Mère Maria, dont le souvenir était resté si profondément imprimé dans les âmes. On sentait le besoin de la voir de nouveau à la tête de la communauté; et M. Sureau, au lit de mort, avait dit qu'elle seule pouvait mettre la Congrégation en relief. C'était la désigner au choix des religieuses. Elle avait alors soixante-quatre ans. Cet âge ne pouvait pas être un obstacle; et, bien que son front large et haut commençât à se rider, dans ses yeux un peu enfoncés éclataient une vive jeunesse et une vie ardente. Elle fut élue au mois d'octobre 1855, à l'unanimité.

Habituée à se courber avec amour sous la volonté adorable de Dieu, elle accepta de sa main le fardeau qu'on lui imposait, non sans jeter un coup d'œil attendri sur les chères humiliations qu'il lui fallait quitter. Elle versa quelques larmes à la pensée de sa première élévation à cette charge, suivie après de tant de douleurs. Mais bientôt elle reprit son calme, et se disposa à partir. On fut très-douloureusement impressionné à l'asile. La ville de Blois apprit sans étonnement, mais avec une peine vive, la nouvelle de son changement. Chacun à l'envi exprimait ses regrets en racontant le bien qu'elle lui avait fait. A cette occasion on entendit dire à un des personnages les plus influents ces remarquables paroles : « Toutes les fois que je m'entretenais avec la Sœur Maria, je sortais de sa conversation avec un véritable parfum dans l'âme; et cette impression me restait longtemps. » Et il ajouta que « quand il avait quelque chose de difficile à résoudre, en agissant d'après ses conseils, il s'en trouvait toujours bien ». Il en coûta aussi beaucoup à la Sœur Maria de laisser tant d'amis sans pouvoir leur dire adieu; mais, comme la précipitation de son départ nécessitait un voyage prochain à Blois pour régler définitivement toutes ses affaires, elle se consola à la pensée qu'elle allait bientôt revenir, du moins pour quelque temps.

A Chartres, la joie des Sœurs fut extrême en apprenant son arrivée. Toutes les religieuses vinrent dans la cour au-devant d'elle; et, quand elles l'aperçurent de loin, leur allégresse ne connut plus de bornes; elles se jetèrent dans ses bras; ce fut une explosion de bonheur. La Mère Maria ne marchait pas; on la portait. La cérémonie par laquelle les Sœurs font leur soumission à la nouvelle Supérieure élue se fit avec un enthousiasme indescriptible. Chaque religieuse s'agenouilla devant elle et lui promit non-seulement de lui obéir, mais encore d'aller au-devant de ses désirs. Jamais pareil entrain ne s'était vu.

Le premier acte de la Mère Maria fut une circulaire

par laquelle elle annonçait à tout l'Ordre son élévation à la charge de Supérieure générale.

« Le lourd fardeau qui vient de m'être imposé par les suffrages de la Congrégation et l'autorité de Monseigneur effraye ma faiblesse.

» Me voilà redevenue votre Mère. Dieu seul qui connaît ma misère sait combien j'ai besoin de son puissant secours pour remplir mes devoirs selon ses vues adorables.

» Plus je médite l'importance et l'étendue des obligations attachées à cette charge si pesante, plus je tremble et pour vous et pour moi.

» Aidez-moi donc de vos prières. Ces saintes prières je les réclame instamment de votre piété la plus fervente pour que toutes les grâces dont j'ai besoin dans ma nouvelle position me soient accordées.

» Nous allons faire à Notre-Dame de Chartres une neuvaine dans ce but béni, et je vous invite à vous unir à nos intentions. Neuf messes seront célébrées à l'autel de la Sainte Vierge. Vous en entendrez neuf dans vos localités, et vous réciterez les litanies du saint Cœur de Marie, avec une invocation à sa Conception immaculée. Offrez, je vous en prie, toutes vos bonnes œuvres de chaque jour à Dieu, et pratiquez quelques mortifications intérieures dans le but de la neuvaine que vous ouvrirez et fermerez par une communion.

» J'ai conjuré avec une grande effusion de cœur la

Sainte Vierge au jour de son couronnement de prendre la Congrégation sous sa protection spéciale et de s'en faire la Supérieure. Instrument profondément vil et méprisable, élue aujourd'hui, je m'empresse d'abdiquer entre ses puissantes mains où seront si bien placés nos plus chers intérêts à toutes. Si nous la prions avec confiance et avec amour, que n'avons-nous pas à attendre de son cœur dépositaire de tous les trésors du ciel ? Il peut tout nous obtenir.

» Daigne ce cœur immaculé et tout aimable s'incliner vers nous pour diriger notre marche et nous conduire sûrement au ciel !

» Adieu, mes bien chères Sœurs. Vivez dans l'unité d'un même esprit. Que la paix, la joie et la douce charité de Jésus-Christ demeurent dans vos cœurs et dans vos maisons ! Vous consolerez et vous rendrez ainsi véritablement heureuse celle que ce bon Maître vient de vous donner pour Mère, dans ses vues impénétrables, et qui vous est si tendrement dévouée en son divin amour.

» Sœur Maria. »

Quand elle eut mis tout en ordre dans la maison, elle vint à Blois afin de terminer les choses qu'elle avait dû laisser pendantes. Elle se rendit une dernière fois auprès des malheureux aliénés. Elle leur fit une fête, et leur dit les plus touchantes paroles, leur promettant de ne les oublier jamais. Longtemps après qu'elle les eut quittés, ils parlaient encore d'elle avec émotion.

On donna à la Mère Maria la Sœur Placide pour l'accompagner dans ses visites, et rester toujours près d'elle. La Providence semblait avoir mis cette bonne Sœur sur tous les chemins qu'elle avait parcourus. A Mantes, à Dreux, à Blois, à la maison-mère, à Blois encore, elle avait rencontré la Sœur Placide qui, admiratrice de ses vertus, s'était profondément attachée à elle. La Mère Maria le lui rendait; mais en aucune circonstance elle n'avait jamais voulu rien faire pour l'avoir près d'elle, tant elle mettait de délicatesse à ne point rechercher ce qui pouvait lui procurer quelque douceur. Elle accepta avec simplicité et reconnaissance la compagnie de cette excellente Sœur qui ne la quittera plus qu'à la mort.

La Mère Maria reprit sa vie de Supérieure, comme si elle n'avait jamais cessé de l'être; et elle déploya tous les talents qui avaient donné tant de lustre à sa première administration. Mgr l'évêque de Chartres avait à nommer un nouveau Supérieur de la Congrégation en remplacement de M. Sureau. Il choisit un vénérable prêtre, homme de Dieu aussi capable que modeste, M. l'abbé Barrier. A cette occasion, la Mère Maria adressa aux différents établissements la lettre suivante : « Monseigneur s'est adjoint pour le gouvernement de la communauté et les affaires journalières de son administration M. l'abbé Barrier, son nouveau vicaire général. Ce choix est digne de la piété de notre évêque, sans cesse occupé du bien de nos âmes. Je viens vous annoncer cette heureuse nouvelle : veuillez vous joindre à nous pour en bénir le Seigneur; et, par une humble et fervente prière, conjurons sa divine bonté de répandre sur lui la plénitude de son esprit de grâce, de sagesse et de lumière, afin que ce vénérable Père soit pour toutes et chacune de nous l'ange de son bon conseil, l'appui de notre faiblesse et notre guide aussi dans le chemin périlleux de la terre au ciel. »

De concert donc avec ce digne Supérieur, la Mère Maria, douée d'une vigueur que l'âge n'avait pas ralentie, s'occupa tout d'abord des réformes les plus urgentes, et 'elle décida, entre autres choses, que le conseil de la communauté, qui jusqu'ici ne se tenait qu'à de rares intervalles, se réunirait tous les mois.

La communauté prenant tous les jours de nouveaux accroissements, les anciens bâtiments étaient devenus trop étroits. Le noviciat surtout ne pouvait plus contenir les nombreuses postulantes. On en comptait alors une centaine. La Mère Maria dut se résoudre à proposer la construction d'un nouveau corps de bâtiment dont le bas servirait de salle d'étude et de travail, et le haut de dortoir. Le besoin était trop urgent pour que personne eût même la pensée de faire opposition à ce projet, qui fut accepté aussitôt.

On avait deux plans, et le conseil n'était pas d'accord sur celui qu'il fallait suivre. On appela seize Sœurs exerçant en dehors de la maison, pour trancher la question plus facilement. La Mère Maria eut bien soin de laisser ignorer aux Sœurs étrangères son avis, afin de n'exercer sur elles aucune influence. Le plan contraire au sien ayant été adopté, la vénérable Supérieure s'inclina humblement. Elle surveilla les travaux sans laisser jamais échapper un mot qui pût faire soupçonner ses regrets, ni même rappeler le plan qu'elle avait proposé. Cette admirable femme, qui savait si bien vouloir, savait aussi renoncer à sa volonté et être assez forte pour ne jamais revenir sur des choses consommées contre ses désirs.

CHAPITRE SEIZIÈME.

Ce que fut la Mère Maria durant sa seconde administration. — Sa fermeté et sa tendresse éclatent plus que jamais. — Son amour pour la Congrégation. — Elle est inflexible pour la Règle. — Dans sa direction intime, elle insiste auprès des Sœurs sur la nécessité de la vie intérieure. — En quoi la perfection consistait à ses yeux. — Combien elle inspirait le respect. — Sa grande simplicité. — Ses attentions maternelles pour les Sœurs. — Sa sollicitude à l'égard des religieuses malades, et comment elle les préparait à la mort. — Souvenir touchant qu'elle laissait toujours dans le cœur des parents des Sœurs. — Différents points essentiels qu'elle traite dans sa correspondance. — Visite des établissements. — Ses recommandations. — La Mère Maria durant les retraites. — Son éloquente parole. — Elle avait le don de faire goûter aux parents le sacrifice que Dieu leur demandait. — Importance capitale qu'elle attachait à la prière pour faire de la bonne administration.

La Mère Maria, dans le gouvernement de la Congrégation, fut ce qu'elle avait été autrefois. Seulement l'âge, une plus grande expérience du monde, beaucoup de peines endurées avec le sentiment chrétien avaient agrandi son intelligence et singulièrement ennobli son cœur. Les Sœurs la retrouvèrent donc tout entière, mais avec bien plus de tendresse encore, et avec une fermeté de caractère peut-être plus grande qu'autrefois, mais détrempée actuellement dans une onction et une suavité incomparables.

Ce qui apparut de suite, c'est son amour profond pour la communauté: le bonheur de sa Congrégation était visiblement le besoin de son cœur et le but suprême et unique de sa vie. Dans tous ses actes, elle a laissé d'elle avant tout ce souvenir que mille bouches nous ont traduit par ces simples et significatives paroles : « Oh! qu'elle aimait la Congrégation! » Il faut cependant remarquer que cet attachement profond ne lui fit jamais prononcer une seule parole de louange en sa faveur. Elle n'en parla tout le temps de sa vie qu'avec la plus grande humilité. Elle n'aurait jamais souffert qu'on la comparât aux autres Ordres religieux : « Les autres Congrégations », disait-elle, « sont bien au-dessus de nous. » Elle faisait au contraire très-volontiers l'éloge des autres communautés. Avec une opiniâtreté dont on ne l'aurait jamais crue susceptible, elle tenait un voile devant les yeux des Sœurs afin qu'elles ne vissent pas le bien que faisait l'Institut. Ses scrupules à cet égard étaient grands. « Ah! quelle perte nous ferions », disait-elle à ce propos, « si, nous complaisant dans nos œuvres, nous allions perdre la simplicité! » Et souvent un sanglot accompagnant ces paroles venait indiquer quelque chose du prix qu'elle attachait à cette vertu. Jamais on ne put obtenir d'elle qu'elle dise le nombre des Sœurs. Un évêque le lui demandant un jour, elle s'excusa d'une manière gracieuse, en alléguant l'exemple de David dans une circonstance semblable, et ajouta : « Dieu nous compte, est-ce que ce n'est pas assez! »

Dans sa seconde administration, la Mère Maria se

montra constamment la femme de la Règle et de la vie commune. On la vit déployer une exactitude et une fermeté remarquables pour la discipline religieuse. Loin d'avoir faibli sur ce point, à ses yeux capital, durant les années qu'elle avait passées en dehors de la maison-mère, elle affirma sa volonté de faire observer tout ce que prescrit l'Institut, et de ne pas en dévier d'un *iota*. C'est par ce soin jaloux que se conserve dans un Ordre cette sève de vie qui en assure la prospérité, pour la plus grande gloire de Dieu. L'importante question de l'apostolat fut aussi sa pensée fixe.

Plus que jamais, la Mère Maria dut recevoir les confidences intimes des Sœurs. Elle fut obligée, afin de satisfaire tout le monde dans un si légitime désir, d'économiser le temps par une sage distribution de tous ses moments. Dans ces instants d'entretien si précieux, pas une minute n'était perdue. Elle allait droit au but et savait écarter doucement les choses inutiles. On se retirait toujours content d'auprès d'elle.

Voici le cachet particulier dont se trouvent invariablement marqués les avis qui font, à cette époque, le fond de sa direction.

Elle connaissait par expérience combien l'union à Dieu était nécessaire pour bien remplir tous les devoirs d'une religieuse consacrée au service des pauvres. Et il est remarquable comme, sous l'empire de cette conviction profonde, elle insistait sur la vie intérieure, justement auprès des Sœurs qui se trouvaient débordées par des occupations extérieures. A une religieuse que le gouvernement d'une maison très-importante et des affaires de toutes sortes jointes au soin des malades absorbaient, au point de ne pas lui laisser un moment pour respirer, elle disait un jour : « Plus votre vie est agitée, occupée, plus votre cœur doit être avec Dieu. Pour nous, il n'y a pas de vie active possible, si la vie contemplative ne l'alimente et ne lui fournit une séve vigoureuse. Que voulez-vous donc que fassent de pauvres femmes comme nous au service du prochain, si nous ne sommes pas, par des rapports incessants, constamment avec Dieu? Ah! nous ferions bientôt plus de mal que de bien. Sitôt ces communications indispensables avec le ciel rompues, ne fût-ce que momentanément, que deviendrait, je vous prie, une œuvre qui emprunte toute sa vie à Dieu? »

« Ne disons jamais », répétait-elle souvent, « qu'une vie dont tous les moments sont pris ne peut se concilier avec l'esprit de prière. Cela est faux. Et je n'hésite pas à le proclamer très-haut : s'il était vrai que, pour faire face à toutes les occupations extérieures, il fallût négliger nos rapports avec le ciel et le travail de notre propre perfection, mieux vaudrait restreindre nos œuvres. Pensez donc, mes filles, si, sortant de l'élément surnaturel (et sans un soin très-grand d'y maintenir son âme, il est très-facile d'en sortir), nous n'allions plus faire de notre œuvre qu'une œuvre de bienfaisance humaine; si dans le pauvre nous n'allions plus voir Jésus-Christ, et dans notre ministère le but sublime que nous devons constamment poursuivre, la conquête des âmes! si cela devait arriver, je prie à l'avance le Dieu de toute bonté de faire écrouler nos maisons, sans en excepter une seule. Mais, en tout cas, cela n'arriverait que si l'Institut ne savait plus unir dans la mesure indispensable la vie contemplative à la vie active. »

Aux colonies surtout, le travail est souvent accablant et une activité dévorante est nécessaire en une foule de circonstances. Les Sœurs sont loin d'être toujours en nombre suffisant, et, pour peu que la maladie vienne en visiter quelques-unes, les autres se trouvent de suite fort surchargées. La Supérieure d'un de ces établissements étant un jour malade, le poids de l'administration retomba sur une pauvre Sœur qui avait déjà sur les bras une centaine d'enfants pauvres et malheureusement dépravés, comme il s'en trouve tant dans ces contrées. La Mère Maria, dans cette circonstance, ne pense qu'à la vie intérieure de cette Sœur. Elle lui écrit : « Je me représente constamment le poids parfois bien lourd de votre sollicitude incessante, la fatigue accablante que vous devez ressentir, les lassitudes journalières, les tourments de toute sorte. Mais je n'ai absolument qu'un mot à vous dire : Implorez sans cesse le secours de

Dieu pour n'agir que selon lui; tenez-vous toujours bien intimement unie à son divin cœur, pour devenir *foncièrement intérieure,* et vous maintenir dans cet esprit de prière et de recueillement qui vous fera marcher constamment en sa sainte présence, et avec cette foi vive qui donnera un grand prix à toutes vos actions, même les moindres. »

Ce n'est pas, au reste, dans les délices de l'oraison et les consolations de l'âme qu'elle mettait la perfection, mais dans l'accomplissement de ses devoirs, dans la correction de ses défauts et dans une lutte perpétuelle contre la nature. La prière et la victoire sur soi-même faisaient la base de sa doctrine, le courage et la confiance en formaient le caractère, la paix en était le fruit. On ne saurait croire comme, avec son genre ferme, positif, vigoureux, elle propageait ces principes et les faisait entrer profondément dans les âmes.

« Je demande à Dieu pour vous, mes Sœurs », disait-elle souvent, « cet esprit qui vous porte à le servir avec ferveur et dévouement, sans jamais lui rien refuser de ce qu'il sollicite de vous. Il ne peut s'agir du sentiment, car il ne dépend pas de nous de 'avoir, ni de connaître nos progrès. Ce qu'il nous faut, c'est une ferme et généreuse volonté qui ne se rebute de rien et qui ne fléchisse jamais. Nous lui prouvons ainsi que nous l'aimons et le servons pour lui-même, et non pour la satisfaction sensible que nous y trouvons : et voilà ce qu'il demande. Car, si nous recherchons nous-mêmes dans ce que nous faisons même de pieux et de bon, il le rejette et le dédaigne. Il ne reçoit comme lui étant agréable que ce qui est pur et sans mélange d'aucun intérêt propre. Soyons donc bien vigilantes et attentives, pour qu'il ne se glisse rien d'étranger dans nos œuvres. Surnaturalisons, épurons bien nos motifs, afin que tous nos actes aient accès auprès de son divin cœur. »

La Mère Maria, dans sa direction, était, comme autrefois, douce, forte, encourageante. C'était toujours ce même regard tranquille, bienveillant, compatissant. Ses lèvres étaient entr'ouvertes, souriantes, et son oreille s'inclinait aisément. Mais elle avait de plus qu'autrefois un air de sainteté qui impressionnait. « C'était, nous dit une Sœur, une âme qui avait besoin de donner le bon Dieu. Sa figure légèrement animée, ses manières à la fois dignes et vives révélaient le zèle qui la dévorait. On était en sa présence bien à l'aise, mais elle inspirait beaucoup de respect, et le laisser-aller n'était pas possible avec elle. »

Une Sœur revenait des colonies. Bien que comblée d'attentions par la Mère Maria, elle fut saisie par l'air de dignité qu'elle voyait en elle, et elle n'osa lui ouvrir son cœur. Pendant quelque temps, ce fut auprès de l'assistante, la Mère Victorine, qu'elle alla chercher des conseils. Elle aurait bien voulu parler de ses affaires à la Supérieure, mais elle n'osait; Mère

Maria avait l'air si saint que cela l'impressionnait au point de ne pouvoir rien lui dire. Un jour la Mère Maria alla la trouver, la prit par la main et lui dit : « Venez donc avec moi, vous avez besoin de me voir; nous causerons ensemble. » La Sœur n'avait fait part à personne de son désir. C'était un dimanche. La Mère Maria passa avec elle tout le temps des Vêpres; et après cet entretien la Sœur disait : « Je n'ai jamais été si heureuse; elle a vu mon âme tout entière; je lui ai tout dit; je ne savais même pas que je devais lui dire tout cela. »

Le souvenir qui a toujours été conservé de la grandeur et de la dignité de la Mère Maria, qu'on ne trouva jamais, nous assure-t-on, au-dessous d'elle-même, pourrait faire croire qu'au milieu d'une foule de qualités éminentes, la douce gloire de la simplicité lui manqua. Bien des traits cependant disséminés dans ce livre revendiquent pour elle ce lustre le plus touchant et le plus aimable des hautes vertus. Mettons de nouveau sous les yeux du lecteur des preuves qui établissent qu'elle était au fond peut-être plus simple encore que grande.

« J'allais souvent la voir », nous dit une Sœur, « et chaque fois que j'avais ce bonheur, c'était sa charmante simplicité qui me ravissait. Elle était pour moi d'une très-grande bonté. Je me souviens qu'un jour j'étais allée ensevelir une jeune fille, chose que je n'avais jamais fait et qui me coûtait extrêmement.

Je surmontai, grâce à **Dieu**, cette répugnance, et je pus remplir cet acte de charité; mais après je demeurai tellement impressionnée que j'en fus malade. J'entrai, en passant, chez les Sœurs, et je demandai à voir la Mère Maria, à qui je racontai ce que j'éprouvais. Cette bonne Mère vit bien que j'étais très-fatiguée. Elle m'offrit quelque chose qui me remit un peu; mais sa charité ne se contenta pas de cela. Elle voulut me garder toute l'après-midi, et elle me soigna elle-même avec une bonté, une simplicité et une délicatesse qui m'édifièrent beaucoup. Je me retirai tout heureuse d'avoir eu l'honneur d'être ainsi traitée par cette vénérable Mère. »

Voici quelques détails familiers et bas, mais vraiment caractéristiques. Il y a des fonctions qui, pour être souverainement répugnantes, n'en sont pas moins très-utiles. Une jeune Sœur s'étant senti le cœur soulevé de dégoût en cirant les cabinets d'aisance avait laissé sa besogne à moitié faite. Un luxe de propreté ici est loin d'être blâmable. La Mère Maria, inaccessible à toutes ces fausses délicatesses qui interdisent aux personnes élevées en dignité une intervention trop directe dans de pareils ministères, vint humblement avec sa brosse et son linge de laine achever ce que la novice avait laissé en train faute d'humilité. On la prit en flagrant délit. Elle eût pu ouvrir nos saints livres et montrer dans les pages sacrées Dieu lui-même donnant à son peuple, sous ce rapport, des conseils dont la portée n'échappe qu'aux esprits superficiels et légers. Elle ne le fit pas. Elle rougit seulement de se voir surprise dans cet acte de sainte abjection ; et dès ce jour, à la communauté, on sut comprendre que les plus humiliants devoirs, quand on les remplit avec de hauts sentiments, ne sont pas sans grandeur.

Encore, au milieu de mille autres, un trait de cette noble simplicité. Une personne cruellement affligée avait auprès d'elle l'accueil que son cœur se croyait toujours obligé de faire à la souffrance. La Mère Maria ne sachant comment la distraire de son profond chagrin, et comptant beaucoup pour l'allégement des douleurs de l'âme sur l'heureux effet produit par quelques instants de franche gaieté, l'invita à dîner. « Ma chère demoiselle », lui dit-elle, quand elle fut à table, « j'ai à vous annoncer une nouvelle qui va répandre sur notre soirée un petit nuage. Des messieurs doivent venir au dessert. » La pauvre demoiselle était fort désolée, ne sachant quelle attitude tenir, parce que, ses relations avec le monde étant depuis longtemps rompues, il lui était pénible au souverain degré de se trouver en face de tout ce qui pouvait le lui rappeler. La Mère Maria la consola, la fit rire, mais la tint toujours, en la rassurant, dans l'attente de la visite de ces messieurs. Au dessert, en effet, une magnifique pièce montée, chef-d'œuvre d'art de la confiserie, contenant trois beaux gentilshommes en sucrerie, apparaissait pompeusement au milieu de fleurs. L'effet produit fut doux, attendrissant. On sent avec émotion toute l'amabilité et la simplicité d'âme que montre ce trait.

Comme autrefois, dans ses entretiens intimes avec les Sœurs, la Mère Maria insistait avec une infatigable ardeur sur l'abnégation. « Ce qu'il nous faut », répétait-elle, « c'est la vie d'abnégation et de sacrifice. » « Ne vous tâtez pas tant », disait-elle, « et suivez votre chemin, confiante en Dieu, qui doit nous aider, puisque nous sommes à son service. » Elle appuyait sur l'esprit de foi, la volonté de Dieu; et elle savait dire avec un accent tout à fait à elle, mais pénétrant jusqu'au fond de l'âme, ce mot héroïque : « S'oublier ! »

Au reste, la même austérité de principes l'inspirait toujours quand il était question de recevoir des jeunes personnes dans la Congrégation. « Cette démarche », leur disait-elle, d'un air à la fois ferme et dégagé où perçait une franchise qui faisait plaisir, « cette démarche qui n'exige rien moins que le sacrifice entier de tout ce que vous avez de plus cher au monde, plus le sacrifice de vous-même qui devez être offerte à la religion en parfait holocauste, demande les plus sérieuses réflexions. » Et encore : « Sachez que la vie que vous voulez embrasser est toute de pauvreté, de travail, de dévouement et de sacrifice. Je prie Dieu de vous donner cette bonne et énergique volonté de la foi chrétienne qui ne dit jamais : c'est assez, et avec laquelle on sait tout bien faire dans sa sainte maison. Le zèle d'une Sœur de charité doit être sans bornes. Pensez y bien. »

Une chose aidait merveilleusement la Mère Maria à faire le bien : son extrême bonté dans tous les rapports qu'elle avait avec les Sœurs. C'est là qu'elle excellait. Elle était véritablement leur mère; et, par mille traits tous plus touchants les uns que les autres, elle faisait éclater son tendre amour. Il fallait, par exemple, qu'elle vît de ses yeux tous les petits détails concernant la santé et le bien-être de ses filles en Dieu. Quand une Sœur partait pour se rendre dans quelque établissement, elle ne se contentait pas de l'entendre lui dire que rien ne lui manquait; elle voulait s'en assurer par elle-même, examinant si ses chaussures étaient bonnes et ses vêtements chauds. Quand une Sœur arrivait, elle faisait la même aimable inspection, avec une grâce vraiment attendrissante, lui donnant ses propres manchettes, si elle voyait qu'elle avait froid, la conduisant elle-même à la cuisine, pour lui faire servir son repas.

Les Sœurs malades étaient surtout l'objet de sa sollicitude empressée et pieuse. Même quand leur état n'offrait rien de grave, elle était pour elles aux petits soins; et elle s'appliquait à les consoler de son mieux. Rien n'est pénible à une personne qui a en main les intérêts de Dieu comme l'inaction que lui impose la souffrance. Le repos si nécessaire au rétablissement de sa santé se trouve souvent cruellement troublé par la pensée que l'œuvre dont elle est chargée périclite, puisqu'elle est dans l'impossibilité de lui donner tous ses soins. La Mère Maria comprenait cette peine, et elle savait merveilleusement en adoucir la rigueur par ses bonnes paroles. « Gardez-vous bien », écrit-elle à une Sœur dans cette position douloureuse, « gardez-vous bien de vous inquiéter, de vous troubler de ce qu'il vous semble que, par suite de votre faible santé, et des fatigues du corps que vous ressentez souvent, vous ne faites pas ce que vous voudriez et devriez faire pour le bon accomplissement de vos devoirs. Dieu connaît votre zèle et votre désir; et comme il ne demande pas l'impossible, il se contente de votre bonne volonté, quand votre santé vous oblige à prendre un peu de repos. Ainsi, tranquillisez-vous et ne vous désolez pas comme vous le faites sur ce point, en vous imaginant qu'il résulte un grand préjudice pour vous et pour votre œuvre; ce bon Maître ne le permettra pas, et il suppléera lui-même à tout ce que vous ne pouvez faire. »

Quand elle voyait une Sœur s'acheminer vers Dieu par la mort, elle la suivait avec un cœur rempli d'alarmes. Après avoir beaucoup prié, elle s'efforçait de la rendre capable d'entendre le langage qu'on doit toujours tenir, quand on les aime, aux personnes qui sont sur le seuil de leur éternité. Que sa consolation était grande quand elle avait pu leur faire envisager d'un regard calme la mort prête à les frapper! Le sacrifice qu'en ce moment le chrétien fait à Dieu de sa vie est d'un prix sans nom; et l'adoration soumise de la volonté du Seigneur, en cette circonstance, a quelque chose de bien grand et de bien noble. La Mère Maria, qui souffrait plus que personne en voyant s'éteindre ses filles chéries, trouvait une force ineffable pour leur dire : « Chère enfant, il est temps d'adorer Dieu par l'holocauste de votre vie. » Et quand, dans le regard, dans le sourire, ou dans la parole émue de la malade, elle lisait ce « *fiat* » expressif du sacrifice amoureusement accepté, les pleurs de douleur qu'elle versait sur le front de l'agonisante se changeaient en larmes d'une joie surnaturelle, profonde et ravissante comme tout ce qui a pour principe l'amour souverain de Dieu. La Mère Maria, malgré les dispositions si pieuses dans lesquelles elle voyait les Sœurs rendre leur âme à Dieu, ne pouvait se consoler de les perdre. C'était l'endroit sensible par excellence de son cœur. Leur mort l'affectait toujours très-vivement. Ses lettres portent des traces nombreuses du déchirement de son âme dans ces circonstances; et il est frappant de voir avec quelle variété d'expressions elle rend sa douleur. Chaque Sœur, ayant véritablement dans son cœur comme une place à part, arrache à sa sensibilité si profonde un cri particulier et toujours saisissant qui la distingue des autres.

Les parents des Sœurs, comme autrefois, recevaient d'elle le plus gracieux et le plus aimable accueil. Un jour d'hiver, le père et la mère d'une Sœur étaient venus à la communauté. Ces excellents cultivateurs avaient fait un long chemin au milieu d'une neige épaisse. La Mère Maria les voyant transis de froid, les fit entrer dans son cabinet, et, tandis qu'ils se réchauffaient, elle alla leur chercher des bas; puis elle nettoya de ses mains leurs chaussures, les fit sécher à la cuisine et les rapporta sans rien dire de l'humble service qu'elle venait de leur rendre. Elle était heureuse et se disait honorée de faire quelque chose pour ces braves gens qui avaient bien voulu donner aux pauvres de Jésus-Christ une servante de plus dans la personne de leur fille bien-aimée. Bien d'autres traits auraient ici leur place pour attester la bonté de la Mère Maria à l'égard des parents des Sœurs. Mais le fait qui vient d'être cité suffit pour donner une idée de ce qu'était sous ce rapport cette excellente Mère.

Des attentions si délicates laissaient toujours une vive impression dans le cœur des parents; et le souvenir de la Mère Maria était tendrement vénéré dans toutes les familles des Sœurs. C'est que l'oubli à qui l'avait connue était impossible, et tôt ou tard sa seule pensée ramenait à Dieu des âmes trop longtemps oublieuses de leurs devoirs religieux. Voici ce qui, entre une foule d'autres traits analogues, nous a été raconté par une Sœur. « Mon père était venu me conduire à la communauté. L'accueil de la Mère Maria l'émut profondément; quand il me quitta, cette vénérable Mère, qui avait une si grande idée de l'autorité paternelle, le pria de me bénir. Les pratiques religieuses étaient loin de lui être familières, et il se trouva d'abord dans un visible embarras. Mais quel cœur de père n'est pas instinctivement pieux et quelle chose en sort plus naturellement qu'une bénédiction? Après un instant de trouble, de grosses larmes lui tombent des yeux, et il me bénit. Neuf ans après, il était sur son lit de mort. M. le curé vint le voir pendant huit mois sans pouvoir obtenir de lui faire accepter les secours de la sainte Église. Ce pauvre père ayant demandé à ce que je vienne, on me permit de me rendre près de lui. Je lui parlais de se confesser; mais il détournait vite la conversation. A un moment il me dit: « Et la bonne Mère Maria, qu'est-elle devenue? Est-elle morte? En me quittant elle m'a dit: Nous nous reverrons au ciel. » Et il se mit à pleurer. Puis il reprit: « Est-ce bien vrai que je la reverrai au ciel? Oh! le ciel doit exister quand de pareilles âmes le disent et y comptent. » Et, après quelques moments de silence, il ajouta: « Je veux voir de suite M. le curé. » Il fit avec une grande édification sa confession, il reçut plusieurs fois le sacrement d'Eucharistie, et il répéta bien souvent avant de mourir que c'était le souvenir de la Mère Maria qui l'avait converti. »

Les paroles les plus affectueuses se pressaient sous sa plume quand il s'agissait de consoler une Sœur éprouvée par la maladie ou la mort de ses parents : « Je prends part », écrivait-elle à une Sœur, « à votre affliction sur la maladie de votre bonne mère; nous prierons pour elle selon vos intentions. Tenez-moi au courant de son état. » Et à une autre : « Je partage votre peine sur le malheur arrivé à votre frère; je comprends votre affliction, et je prie le bon Dieu de l'adoucir en soulageant et en guérissant promptement votre pauvre malade, et en prenant fait et cause pour sa maison, ses enfants, par une protection paternelle. Ayez confiance en sa bonté. Sa divine Providence est puissante; elle s'intéresse à tout. » A une autre : « Je prends bien part à votre peine sur la mort des chers vôtres; nous les reverrons au ciel. Quel doux espoir! »

Mais c'est surtout quand elle voyait une Sœur dans des peines intérieures que sa grande compassion pour elle éclatait. « L'état pénible », écrivait-elle un jour à une Sœur, « dans lequel je vous vois me contriste vivement. Votre âme doit en souffrir beaucoup, et la mienne ne peut que s'en attrister. Pour le soulagement de l'une et de l'autre, j'ai recours à la prière, mon refuge ordinaire, et je demande sincèrement à Dieu qu'il daigne vous rendre le calme, le repos intérieur que vous goûtiez par le passé, et qui vous rendait si fervente dans son service et dans celui du prochain. » Et à une autre : « J'ai bien prié pour que la tempête s'éloigne de vous ; j'ai sensiblement compati aux angoisses de votre âme. J'ai confiance qu'elles vous ont valu de beaux diamants pour votre couronne. »

La Mère Maria semblait rajeunir au milieu des grands travaux que sa charge lui imposait. Sa correspondance prit des proportions énormes. Elle ne dédaignait pas d'écrire aux plus humbles Sœurs pour les consoler. Son style, autrefois légèrement diffus par moments, présente à cette époque un caractère plus marqué de simplicité et de précision, allant droit au fond des choses, et disant beaucoup en peu de mots. Sa manière de s'exprimer, toujours énergique et fort nette, s'accentue merveilleusement dans ce sens, et les lignes brèves qui suivent en donneront une idée parfaite : « Chère bonne Sœur, vous me dites que ma dernière lettre était bien forte; je ne sais dans quel sens. Tout ce que je sais, c'est que je ne vous parle que par mon cœur, et selon l'amour vrai qu'il vous porte. » Pas un passage au reste qui ne soit marqué de l'indélébile cachet d'une parfaite convenance et d'une grâce exquise. Dans ses lettres alors, elle appuie plus particulièrement sur la vanité du monde, le néant des biens temporels, « la folie de toute vie qui n'a pas Dieu pour but ». Elle insiste toujours sur le combat comme étant la source la plus vraie des consolations et des douceurs. « Les victoires que vous remportez sur vous-même », écrit-elle, « vous inondent d'une douce joie, d'un contentement indicible. Tout est en paix chez vous alors, et vous trouvez tout aimable. Au contraire, en cherchant à vous contenter, vous n'éprouvez que trouble, pesanteur et inquiétude de conscience; ce ne sont plus, n'est-ce pas, ma fille, ces chastes douceurs, ces ineffables consolations qui accompagnent la victoire. »

« Je vois que vous êtes toujours tentée », écrit-elle à une Sœur, « et assez violemment; mais n'oubliez pas que notre vie ici-bas doit être une guerre continuelle. L'homme de péché qui est en nous ne nous laissera jamais de repos. Il nous attaquera tantôt sur l'orgueil, tantôt sur la jalousie, tantôt sur la vaine estime de nous-mêmes; enfin il ne se lassera pas de nous livrer des combats et de chercher à nous faire tomber, par ses ruses infernales, dans le piége que sa malice nous tend. Ce que vous éprouvez, tout le monde l'éprouve plus ou moins. Mais l'ange de ténèbres n'aura de prise sur nous qu'autant que nous lui en donnerons. Aussi, faites bonne contenance; résistez à ses perfides attaques, recourez fréquemment à la prière; abîmez-vous dans votre bassesse... Si vous résistez aux assauts de l'ennemi, loin de pécher, vous méritez beaucoup, *car sentir n'est pas consentir*... Du courage donc! surtout ne vous laissez pas aller à la tristesse; soyez gaie, franche, ouverte. Ne recherchez aucune préférence; soyez au contraire contente d'être oubliée et comptée pour rien. »

Elle écrivait à une autre Sœur : « Soyez généreuse et forte pour soutenir le combat pénible que vous livre l'ennemi de votre paix et de votre bonheur. Soyez humble et recourez à une fervente prière pour ne pas vous laisser vaincre par les mauvaises tendances de votre nature qui vous fait une si rude guerre. Ne vous en étonnez pas, mais armez-vous d'un grand courage pour lutter énergiquement contre tous ces esprits rebelles qui s'acharnent à vous harceler, à vous tourmenter en mille manières, afin de vous attirer dans leurs filets et de vous perdre. »

Au milieu de mille traits saillants dont ses lettres abondent, nous trouvons ces paroles profondes : « A quel danger et à quel terrible châtiment n'est-on pas exposé, quand on prétend se donner à Dieu sans se quitter soi-même! »

Elle recommande encore dans ses lettres, en termes très-pressants, la pureté d'intention : « Ayez surtout des intentions droites et bien pures, dans vos vues et dans vos affections. Ne voyez que Dieu, ne cherchez que Dieu en tout et pour tout. C'est comme cela que vous goûterez un grand repos intérieur et que vous attirerez sur vous les regards du ciel. »

« Plus vos vues seront pures et surnaturelles, plus aussi le repos de votre cœur sera grand. Vous goûterez par anticipation la joie du paradis. »

Aux lettres de direction venait se joindre la correspondance administrative menée avec la même activité. Toutefois la vénérable Mère, se sentant plier sous le poids de tant d'affaires, résolut de s'adjoindre une Sœur pour lui servir de secrétaire. Cette Sœur entra en fonctions le 5 mars 1859, et elle fit avec succès, au grand soulagement de la Supérieure générale, toutes les écritures concernant l'administration extérieure.

La Mère Maria, qui attachait aux visites des établissements une importance de premier ordre, trouvait encore des forces et du temps pour remplir avec la plus grande exactitude ce devoir de sa charge. Rien ne fatigue, quand on est arrivé à un certain âge, comme les voyages. Mais aucun sacrifice ne lui coûtait pour assurer son cœur, par des visites bien régulières, que la chère Congrégation faisait, dans la paix de Dieu et le silencieux dévouement de l'amour, son œuvre au milieu du monde. Son passage dans les établissements était très-rapide. Comme autrefois elle n'y demeurait que le temps absolument nécessaire, et se refusait inflexiblement aux douceurs d'un repos dont elle avait besoin et que ses filles lui proposaient avec tant d'insistance. Parfois, dans ses voyages, les Sœurs voulaient lui faire voir les curiosités de la ville où elle se trouvait. Elle répondait : « Oh non! jamais, jamais. Je viens pour vous. » Elle faisait visite aux différents membres de l'administration et à ceux qui pouvaient rendre service à la maison, puis elle partait aussitôt. Un jour une Sœur qui l'accompagnait à Calais;, ne voulant pas qu'elle s'en allât sans avoir vu la mer, s'imagina en la conduisant chez une notabilité de la ville de lui faire faire un détour et de passer près du port. La vénérable Supérieure ne tarda pas à s'apercevoir de la supercherie. « Ah! », lui dit-elle, « c'est cela, petite rusée, vous m'avez fait prendre une autre route. » Arrivée près de la mer, elle la contempla avec bonheur.

Elle, qui ne voulait pas se détourner, ne fût-ce qu'une minute, de son chemin, pour accorder à ses yeux la satisfaction de voir une des plus grandes œuvres de Dieu, s'arrêtait cependant quand il y avait une consolation à donner, même en dehors de sa communauté.

Une dame était atteinte depuis longtemps d'une maladie noire. La tristesse opiniâtre dont elle était consumée la rendait à charge à elle-même, et son état affectait vivement tous ceux qui l'entouraient. Elle avait sa fille dans une pension dirigée par les Sœurs de Saint-Paul. Un dimanche que la Mère Maria se trouvait en visite dans cet établissement, la dame malade vint voir sa fille. La Supérieure de la maison, qui connaissait son état, en parla à la Mère Maria, la priant d'adresser quelques paroles fortifiantes à cette malheureuse dame. La digne Mère y consentit de grand cœur; et la malade, après avoir conversé avec elle, fut complètement changée. Elle était radieuse, et elle ne cessait de témoigner sa joie, sa reconnaissance et aussi son admiration pour tant de sagesse, de bonté et de douceur. Ce trait est choisi entre cent autres du même genre.

En entrant dans chaque maison, elle y répandait de suite la plus douce joie, et il n'y avait pas de Sœur qui n'eût d'elle aussitôt un mot aimable et gracieux. Visitant un jour un établissement, elle trouva une jeune novice qui ne lui avait jamais parlé. La bienveillance de la Mère eut bientôt gagné la confiance de la fille. Entre autres choses, elle lui dit : « Quel âge avez-vous, chère enfant ? » « Vingt ans, ma Mère; et j'ai le bonheur d'appartenir à la communauté depuis quatre ans. » La Mère Maria, prenant les mains de la jeune Sœur dans les siennes, lui dit d'un ton doux et solennel : « Que vous êtes heureuse, ma fille, que le Seigneur vous ait appelée à lui si jeune. » Puis elle ajouta en souriant. « Votre bon ange a dû souvent porter votre croix. »

Pour consoler les Sœurs en leur donnant les conseils dont elles pourraient avoir besoin, elle prolongeait souvent ses veillées jusqu'à minuit. Et tout ce temps était fructueusement employé. Le vénérable aumônier de la maison-mère, M. l'abbé Compagnon, disait à ce sujet : « Quand les Sœurs venaient à la communauté, je voyais dans les âmes des personnes qu'elle avait visitées, des traces palpables de sa direction »

Le thème de ses recommandations aux Sœurs, dans ses visites, ne différait pas de celui qu'elle avait adopté étant pour la première fois Supérieure générale. Mais il y avait dans la forme quelque chose de plus pénétrant, de plus pressant, de plus vif, de plus irrésistible surtout. Avec quel accent vibrant elle disait ces paroles : « Cherchons, mes Sœurs, cette joie haute, pure, incomparable qu'on ressent à prouver son amour en s'immolant pour celui qu'on aime! » Et encore : « Il faut se rendre libre, se faire libre de tous les objets créés : l'amour de Dieu brise toutes les chaînes. » Et quand elle s'adressait aux Sœurs institutrices, comme elle appuyait solennellement sur ces paroles : « L'apostolat que vous remplissez auprès des enfants est une bien grande chose. Vous êtes les anges de leurs âmes; ayez donc pour elles la bonté, la candeur, l'intelligence des anges! » « Chères filles », disait-elle encore, « étendre le règne de Dieu dans les jeunes cœurs qui vous sont confiés, voilà votre but. Ne négligez rien pour lui gagner des âmes. C'est là notre œuvre »; et ici elle appuyait et s'arrêtait comme frappée de la grandeur d'une telle mission. « Oui, c'est là notre œuvre », poursuivait-elle, « c'est là notre mission particulière. » Elle disait encore : « Vous me demandez le moyen de correspondre dignement à votre vocation. Je réponds : procurer la gloire de Dieu et la sanctification des âmes, toute votre vocation est là. »

« Plus la perversité est grande dans les peuples parmi lesquels nous vivons », disait-elle encore,

« plus aussi nous devons être bonnes, vertueuses, pleines d'un saint zèle et d'un généreux dévouement pour la gloire d'un Dieu qui, tout indignes que nous en sommes, a daigné nous choisir pour nous confier la défense de ses intérêts. Soyez donc courageuses et persévérantes dans l'œuvre que vous avez entreprise de voler à la conquête des âmes, car telle est la mission des filles de Saint-Paul... Que votre gloire sera grande dans le ciel, si vous remplissez dignement cette mission sublime; vous y brillerez comme les étoiles du firmament. »

Elle s'appliquait à inculquer avec une grande netteté le but de l'Institut quant à l'instruction. « Les pauvres qui doivent être notre portion chérie doivent captiver votre zèle. Faites donc en sorte d'en réunir le plus que vous pourrez pour l'instruction et le travail. Qu'ils soient l'objet de votre intérêt particulier. » Et, appuyant fortement sur le point que doit viser exclusivement leur sollicitude dans ce ministère, elle disait : « Cette fonction est des plus importantes; il s'agit de former des cœurs à Dieu, d'imprimer en eux la connaissance et l'amour de ses saintes lois, pour donner à la religion des enfants pieuses, dociles et fidèles; à la société des filles d'une solide vertu, pleines d'ordre; en un mot, de bonnes ménagères. Cette mission n'est pas facile; la grâce du bon Dieu peut seule nous mettre dans le cas de la bien remplir Mettez tout en œuvre pour mériter qu'elle vous soit donnée avec plénitude, et pour vous y conserver quand vous l'aurez obtenue. »

Elle disait ailleurs : « Oui, je me joindrai à vous pour demander au Seigneur qu'il bénisse vos travaux, fasse germer et fructifier en vos enfants la bonne semence du salut que vous y jetez, et surtout qu'il prépare lui-même leurs cœurs pour le bien recevoir dans la communion. Vivez de telle sorte que ce Dieu, source des vertus et de tout vrai bien, accepte vos œuvres comme étant dignes de lui; qu'il verse sur elles sa rosée céleste, pour leur faire produire des fruits qui se conservent pour la vie éternelle. Si cette grâce vous est accordée, vos enfants seront des temples bien purs de l'Esprit-Saint. Dieu viendra y habiter, comme en une demeure chérie; il enrichira leurs âmes de ses plus précieux dons... » Elle disait encore : « Inculquez surtout à vos élèves la crainte de Dieu, l'amour de la sagesse, une piété modeste et candide dans leur maintien et dans leurs actions. Si vous en faites des filles chrétiennes et vertueuses, de bonnes ménagères, par le soin que vous prendrez de les dresser au travail et au bon arrangement d'une maison, vous aurez bien rempli votre tâche. »

« Occupez-vous beaucoup de vos enfants », disait-elle, dans d'autres maisons; « aimez-les, soyez leur bonne et juste; encouragez-les par d'ingénieux moyens à bien s'appliquer. Si vous les amenez à leur faire aimer la classe, votre compagnie, votre maison, vous aurez déjà beaucoup gagné. Quand on s'est une fois attaché les enfants, on en fait ce que l'on veut ». Et encore : « Soyez toujours amies de vos devoirs, ferventes à servir Dieu, à vous former selon son divin cœur à l'esprit de votre sainte Règle; vous donnerez plus de gloire à son nom et obtiendrez plus de grâces pour le faire bien connaître et aimer de vos enfants, qui se feront un bonheur de copier leurs bonnes maîtresses, et vous n'aurez plus à gémir, mais bien à vous réjouir à leur sujet, parce qu'elles grandiront chaque jour dans l'innocence et la sagesse. »

Rien n'échappait à la mémoire de la Mère Maria, et elle savait constater dans chaque établissement le progrès ou le déclin du bien, d'une visite à l'autre; « J'ai vu », dit-elle quelque part, « cette classe bien nombreuse et bien florissante; dans un temps, c'était à qui y viendrait; c'était vraiment bien satisfaisant pour la maison et pour moi quand je la visitais, de voir cette émulation, cet air de contentement et de bonheur qui se réfléchissait sur tous les visages; il ne manquait que de place. » Et, pour effacer l'impression douloureuse que sa remarque pouvait causer, elle ajouta aussitôt : « Faites prier vos petits anges pour vous et pour nous. Soyez aussi pour eux un autre ange de sagesse et de bon conseil pour les bien diriger dans les voies de l'innocence et des premiers éléments de la doctrine chrétienne. Le bon Dieu vous les a confiés; faites-vous en la mère

17

selon la grâce et ne négligez rien pour élever leurs petits cœurs vers lui, pour leur faire haïr le mal et aimer le bien. »

Plus que personne elle savait combien ce ministère est épineux, et quels trésors de sainte patience il demande de celles qui en sont chargées. Elle avait toujours des instructions toutes spéciales, fruits de sa grande expérience, relativement aux enfants difficiles : « Ne désespérez pas », dit-elle un jour, « de votre petite mutine; la grâce a ses moments, et les causes les plus désespérées ne sont qu'un jeu pour elle. Dieu a ses élus partout, et souvent il les tire des terres les plus ingrates, pour faire éclater davantage la vertu et l'étendue de ses miséricordes. Sa bonté est si grande! »

Elle s'appliquait aussi à inculquer la nécessité pour les Sœurs de ne s'occuper que des choses qui sont de leur ressort : « Ayez », disait-elle, « une grande réserve de conduite pour tout ce qui n'est pas de votre ressort, et ne vous en occupez d'aucune manière pour le repos de votre conscience et le bien de la paix. Par Dieu! renfermons-nous dans nos œuvres. Votre âme en sera plus libre, et vous pourrez vous occuper de ce qui vous concerne avec plus de dégagement et de zèle, et par conséquent recueillir plus de succès et de fruits. Le bon Dieu se plaît à bénir nos travaux quand il voit que nos motifs sont purs, et que nous n'avons en vue que de procurer sa gloire, en nous dévouant pour son amour uniquement à la mission dont nous sommes chargées, sans aucune recherche de notre satisfaction propre, ni aucun mélange humain. »

Il était rare qu'elle oubliât dans les établissements où elle passait de brûler un grain d'encens à sa chère vertu d'humilité : « Soyons toujours bien petites », disait-elle d'un air triomphant, « et le bon Dieu nous aimera beaucoup. » Et elle accompagnait ces mots, empreints d'une onction sans pareille, d'un geste plein d'expression. Elle disait souvent : « Lorsqu'on est jeune et qu'on éprouve une ferveur sensible, on se croit souvent élevé en vertu ; mais en avançant en âge on apprend à se connaître et à avoir de la confusion de soi-même. » Elle disait encore fréquemment : « Quelle drôle de chose ! Quand on est occupé à l'extérieur, on soupire après la chapelle ; et, quand on est à la chapelle, on ne sait pas utiliser son temps ! Oh ! que nous sommes de pauvres misérables ! »

En quittant la maison qu'elle visitait, la Sœur Maria, comme autrefois, ne manquait jamais de recommander l'union. Afin de donner à ses instances le plus grand poids, elle empruntait le langage de saint Paul, et disait : « Ah ! je vous en conjure par le nom de Jésus-Christ, dites toutes la même chose, et qu'il n'y ait pas parmi vous de division. Accordez-vous dans l'unité d'un même esprit et d'un même sentiment. Ayez les mêmes goûts, le même amour. N'ayez qu'une âme, n'ayez qu'une vie, et mettez tous vos soins à conserver cette unité, en reliant tout dans la paix. »

Les grands jours par excellence pour la Mère Maria étaient les jours de retraite. C'est alors qu'elle se prodiguait avec une générosité sans bornes. Elle parlait fréquemment dans la chambre de communauté, et on allait l'y entendre avec empressement. Sa parole était toujours ferme, bonne, cordiale, pénétrante, facile. Dans ses conférences, elle touchait avec un tact infini les vertus religieuses; mais elle insistait avec une tendresse ravissante sur l'humilité, qu'elle déclarait devoir être « l'enfant gâté du cœur des Sœurs ». Qui jamais a pu oublier l'accent vibrant de sa voix quand elle s'écriait dans une extase d'admiration pour la chère vertu : « Oh! comme une âme petite à ses yeux et abîmée dans son néant est grande devant Dieu et chère à son cœur! Le Seigneur la considère avec complaisance et l'enrichit de sa grâce et de son amour. Puisse la vôtre, mes filles, être dans cette condition! »

Elle n'avait rien plus à cœur que de voir sa Congrégation animée du plus tendre amour pour la sainte Église. « Ah! cette céleste Mère, c'est elle qu'il faut aimer », disait-elle. Et elle employait les instances les plus vives pour recommander aux Sœurs une soumission de petit enfant à tout ce que prescrit Rome. « Le plus grand malheur qui pourrait nous arriver, disait-elle, ce serait de différer, ne fût-ce que dans une nuance presque imperceptible, avec le Saint-

Siége. » Et, se redressant alors avec une énergie qui lui donnait une majesté inaccoutumée, elle s'écriait : « C'est une chose que je ne souffrirais jamais. » Et aussitôt, laissant aller son âme aux tendresses surnaturelles que lui inspirait l'état malheureux des choses en Italie, elle s'élevait jusqu'à l'éloquence en parlant des douleurs de Pie IX, en qui la sainte Église se personnifie si admirablement. Elle ne vit ni toutes les gloires de cet homme incomparable, ni toutes ses amertumes, mais déjà, les prévoyant, elle s'écriait : « Ce qui arrive à la sainte Église et à son grand Pontife doit trouver dans nos cœurs un écho profond. Leurs joies doivent être nos joies, leurs peines nos peines ; et il faut que la moindre de leurs souffrances nous soit plus sensible que tout ce qui peut nous atteindre. Les outrages qu'on leur fait ne sont-ils pas des blessures de cœur pour nous ? Ah ! par notre amour ardent et notre soumission docile, dédommageons-les du moins de tant de cruelles épreuves. »

La Mère Maria, qui agissait encore mieux qu'elle parlait, imprimait par ses actes, dans l'âme des Sœurs, un dévouement à toute épreuve envers l'Église ; et nous verrons qu'avec l'amour le plus ardent elle avait pour le Saint-Siége la sollicitude la plus empressée, se faisant, afin de subvenir à ses besoins toujours croissants, Sœur quêteuse, et obtenant à cet effet, d'âmes généreuses et dévouées, l'or pour ainsi dire à pleines mains. C'est surtout à cause de cela que toutes ses œuvres furent si exceptionnellement bénies. Dieu, en effet, dans tous les siècles, a attaché une bénédiction particulière à l'amour qu'on porte à sa sainte Église. Je ne sais quel succès marqué d'un cachet spécial accompagne les entreprises des hommes qui nourrissent dans leur âme cet amour sacré. La Mère Maria ne devait pas échapper à cette loi bénie que le cœur de Dieu semble s'être faite à lui-même. Notons ici que les filles alors étaient dignes de leur Mère, car, électrisées par sa parole et ses exemples, elles racontaient plus tard les profondes impressions de leurs âmes et disaient bien longtemps après : « Nous recueillions avec un cœur avide les paroles de grâce qui sortaient de ses lèvres, quand elle parlait de Pie IX et de l'Église, et nous touchions du doigt cette vérité que la plénitude de la paix et du bonheur sur cette terre est bien tout entière dans l'amour de l'Église et dans la soumission la plus absolue à son Pontife infaillible. »

La Mère Maria était devenue de plus en plus éloquente, incisive, irrésistible en parlant du but suprême de l'Institut : l'apostolat. « Ne nous affectionnons, s'écriait-elle, avec un accent dont il est impossible de se faire une idée, ne nous affectionnons qu'à ce qui pourra gagner et former à Dieu des cœurs qui, conjointement avec nous, l'adoreront, le serviront. Comprendrons-nous jamais, mes filles, la noble prérogative qui nous est échue, d'être associées à l'apostolat de saint Paul, dont le nom conquérant et vainqueur abrite notre petite Congrégation ? »

La parole de la Mère Maria, si attrayante en public, inspirait naturellement le désir de voir cette Supérieure vénérée dans l'intimité. La foule, dans les temps libres de la retraite, encombrait les abords de son cabinet. Il fallait attendre longtemps avant d'avoir la bonne fortune d'entrer enfin. Une Sœur récemment arrivée de Cayenne montait ainsi depuis deux jours la garde à sa porte, sans jamais voir son tour arriver. La Mère Maria en avait été avertie. Toujours si bonne et si délicate dans ses procédés, elle crut devoir sortir, et elle dit à la Sœur : « Combien je regrette d'être obligée de vous faire attendre si longtemps... mais mon cœur est toujours avec vous; je pense bien à vous; je sais que vous êtes là. » Ces paroles dans sa bouche étaient si vraies, qu'elles avaient l'accent le plus touchant. Elle lui dit de revenir après le souper. D'autres Sœurs plus pressées se présentèrent à la Mère Maria, qui les renvoya en leur disant d'aller demander à la Sœur de Cayenne la permission de les recevoir avant elle, ce qui leur fut naturellement accordé avec plaisir.

Dans ces entretiens cœur à cœur, la Mère Maria savait parfaitement inculquer une vérité en deux paroles, et réduire au silence, avec une ravissante douceur et sans froisser l'amour-propre, les personnes qui venaient près d'elle ayant à lui faire une foule d'objections. Une Supérieure très-distinguée, mais qui n'avait pas encore eu le temps d'acquérir par l'expérience cette longanimité si nécessaire au gouvernement des âmes, et qui ainsi voulait voir son monde devenir parfait tout d'un coup, en lui rendant compte des Sœurs placées sous sa conduite, lui parlait assez longuement des défauts de deux spécialement, appuyant sur leur manque d'esprit de foi, *cet esprit pourtant si nécessaire pour être un digne instrument entre les mains de Dieu.* La Mère Maria l'écouta, selon sa coutume, avec une grande tranquillité; puis, quand elle eut fini, elle lui dit : « Vous avez raison, ma Sœur, l'esprit de foi ce doit être l'âme de la religieuse. » Et, après une courte pause, elle reprit : « Ah! sans doute, j'en suis là, moi aussi... et quand je me replie sur moi-même, je m'étonne souvent du bien que Dieu fait par moi. » Ces paroles si simples, prononcées avec un vif sentiment de sa misère, furent pour la jeune Supérieure un trait de lumière qu'elle n'oubliera jamais.

Parmi les différents dons précieux que la Mère Maria avait reçus du ciel, on a toujours remarqué celui de discerner avec une sûreté de coup d'œil admirable les vocations, et d'obtenir des parents avec facilité le sacrifice de leurs enfants quand elles étaient appelées réellement à la vie religieuse.

Une jeune fille âgée de quinze ans avait ses deux sœurs dans la Congrégation de Saint-Paul. Le désir

CHAPITRE SEIZIÈME.

lui était venu de se consacrer, elle aussi, à Dieu. Elle allait de temps en temps voir la Mère Maria. Un jour, elle lui communiqua son dessein. « Ma Mère », lui dit-elle, « je voudrais bien, moi aussi, être Sœur de Saint-Paul. » « Votre mère le sait-elle? » répondit la Supérieure. « Non ». « Eh bien, nous allons arranger tout cela. » Dans la matinée, la Supérieure fait demander la mère de la jeune fille. La voyant entrer dans son cabinet, la Mère Maria va au-devant d'elle, lui prend les deux mains et lui dit : « Ma bonne dame, combien vous reste-t-il d'enfants? » « Je n'en ai plus qu'une, ma Mère, et je compte sur celle-là... » Le trouble, à ces mots, était monté dans le cœur de la pauvre mère. La Supérieure attendit un instant, puis elle reprit d'un ton à la fois tendre et solennel : « Si le bon Dieu vous la demandait, est-ce que vous la lui refuseriez? » La mère se sentit prise comme dans un étau ; elle avait ses mains dans celles de la Supérieure. Elle répondit avec émotion et fermeté : « Oh! non, je ne pourrais pas la lui refuser. » « Eh bien, madame, Dieu vous la demande. Je vous la laisserai jusqu'au mois d'août, et vous me la ramènerez sous les auspices de la sainte Vierge. » La mère, dont le cœur avait été subitement changé, répondit aussitôt, avec un sourire qu'une larme rendit extrêmement touchant, ces sublimes paroles : « Oui, ma Mère, je vous l'amènerai. »

Cette jeune fille vint à la communauté, accompagnée de sa mère, au temps marqué. Elle prit l'habit à seize ans et demi. La Mère Maria sut bien tirer parti de sa grande jeunesse. « Ma fille, qu'allons-nous donc faire de vous ? » « Ce que vous voudrez, ma Mère. Allez-vous m'envoyer dans un hôpital ? » « Oh ! non, ma fille ; mais dans une maison où il y a des classes ; et là, on vous montrera ce que vous ne savez pas. Pendant ce temps-là, je vais faire bâtir un petit hôpital où je mettrai des petites Sœurs comme vous. »

Il est inutile de dire que dans ses entretiens, dans ses lettres, dans ses allocutions, dans ses visites, aux retraites, elle insistait avec une infatigable énergie sur la prière. Et ici son exemple donnait à sa parole la plus grande autorité. « Laissons en toute chose », disait-elle, « l'initiative d'honneur à Dieu, et sachons le prier de commencer réellement nos œuvres et de les vivifier de son esprit ; prenons surtout son avis. Sans cela, rien de bon ne se fera. » Or, avec cette conviction et cette manière d'agir, il est véritablement difficile de ne pas réussir dans ce qu'on entreprend. Quand donc on lui parlait de la facilité avec laquelle elle arrivait toujours à ses fins, quels que fussent les obstacles, elle riait beaucoup, et, élevant ses yeux vers le ciel, elle s'écriait avec un délicieux laisser-aller : « Les gens simples, ils ne savent pas que c'est vous qui faites tout, ô mon Dieu ; quand on a le gros bon sens de comprendre que la prière doit faire essentiellement partie du gouvernement d'une maison, a-t-on grand mérite de réussir ? »

Aussi, toutes les difficultés qui se présentaient s'arrangeaient pour elle aux pieds de Notre-Seigneur.

Elle avait un jour fait venir une Sœur à la maison mère, avec l'intention de l'y retenir. Pendant qu'on servait le dîner, elle s'aperçut que la Sœur avait disparu. En vain on la cherche, personne ne peut dire ce qu'elle est devenue. La Mère Maria, soupçonnant qu'elle pouvait avoir regagné l'établissement où elle était, prit aussitôt une voiture et s'y rendit. Elle la trouva en effet dans cette maison ; mais il lui fut impossible de lui faire quitter le lit où elle s'était mise en arrivant. Toutes ses douces paroles ne pouvaient la décider à revenir avec elle à la communauté. La Mère Maria se rendit alors à la chapelle et se prosterna avec une attitude suppliante, durant plus d'une demi-heure, devant le Saint-Sacrement. La prière finie, elle revint vers la Sœur qui, sans même attendre qu'elle lui parlât, lui dit en pleurant : « Ma Mère, je suis à votre disposition pour tout ce que vous voudrez. » Et elle se leva, prit ses vêtements et suivit la Mère Maria à Chartres.

La connaissance qu'on avait de la bonté avec laquelle Dieu écoutait cette vénérable Mère inspirait à toutes les Sœurs la plus grande confiance dans ses prières.

Une Sœur, arrivée de la Guadeloupe, avait instamment recommandé à la Mère Maria le salut d'une âme très-chère à son cœur. Avant de retourner à sa mission, l'excellente Sœur réitéra ses instances auprès d'elle. La vénérable Mère promit qu'elle n'oublierait jamais cette âme, et qu'elle ne cesserait de la recommander à Dieu que quand elle aurait obtenu sa conversion. Une éternité de bonheur est une si grande chose, qu'on est souvent déraisonnable de se plaindre quand Dieu exige pour l'accorder qu'on répande à ses pieds, pendant de longues années, bien des larmes. La Mère Maria pria sept ans et ne s'étonna pas des miséricordieuses lenteurs de Dieu. La bonne Sœur apprit la conversion de cette âme un mois après la mort de la Mère Maria. Elle ne douta pas un instant que cette excellente Mère, à laquelle il était si difficile de résister sur la terre, n'eût traité avec Dieu d'une manière efficace cette affaire en arrivant au paradis.

Cette habitude d'être constamment en rapport avec le ciel donnait de plus en plus à l'extérieur de la Mère Maria je ne sais quoi de vénérable et de surhumain qui ne la quittait jamais. Et une Sœur qui l'a beaucoup connue nous disait à ce sujet : « La présence de Dieu était invariablement dans sa physionomie. »

CHAPITRE DIX-SEPTIÈME

La pensée de la Mère Maria sur l'apostolat que la Congrégation des Sœurs de Saint-Paul doit exercer auprès des pauvres. — Les pensionnats. — Paroles remarquables de la vénérable Supérieure au sujet des pauvres. — Les enfants trouvés et la Sœur Valentine — Admirables traits de charité. — La maison de Sainte-Élisabeth. — Recommandations touchantes et pleines de sagesse de la Mère Maria au sujet des enfants recueillies dans cet asile béni.

Si l'apostolat fut plus que jamais la pensée fixe de la Mère Maria durant sa seconde administration, on vit cette vénérable Supérieure montrer une tendance toute particulière à appeler l'attention des Sœurs sur la classe de personnes auprès desquelles cet apostolat devait être exercé, conformément à l'esprit de l'Institut.

« Nous sommes pour les pauvres », répétait-elle souvent, « nous sommes pour les plus pauvres; pour ceux surtout que les autres Congrégations, si précieuses aux yeux de l'Église, ne peuvent atteindre. Instruire les enfants des pauvres, pour mettre Dieu dans leurs cœurs à la faveur de nos leçons; soigner les malades pauvres, pour les rapprocher de Dieu à la faveur de notre dévouement : voilà notre but. »

Elle disait à propos des pensionnats : « Il ne faut pas nous faire illusion; les pensionnats, ce n'est pas notre affaire. Que nous en ayons quelques-uns, à la bonne heure! Il y aurait manque de cœur à repousser la confiance que des familles respectables nous accordent souvent avec une bonté dont il est impossible de ne pas être touché. On veut bien nous dire que des mains faites pour essuyer les pleurs des pauvres, et des cœurs consacrés à aimer des petites filles malheureuses sont trop nobles pour n'être pas recherchés quand il s'agit d'élever des riches, et que, malgré nos refus, on nous demandera toujours. Pour moi, si j'étais désintéressée dans la cause, je saurais bien, il est vrai, de quel côté mon cœur pencherait à la place de ces dignes mères de famille, et en tout cas je n'ose les blâmer de penser ainsi. Mais, de notre côté, nous devons nous en tenir aux pauvres et être très-sobres pour les pensionnats ». La Mère Maria était en pratique, pour cette question, comme pour tout le reste, ce qu'elle était en théorie, et, quand on lui demandait des Sœurs pour un pensionnat, elle refusait très-souvent.

Un petit fait sans importance révélera mieux ici sa pensée que des actes plus considérables qu'il nous serait facile de citer. Une jeune fille du pensionnat appartenant à une riche famille de commerçants, par suite d'une légère difficulté, comme il en arrive à chaque instant dans les classes, avec une maîtresse, avait manifesté à ses parents le désir de ne plus rentrer. La mère n'avait pas en cette circonstance montré la fermeté qu'il faut toujours avoir, afin de ne pas prendre le parti de l'enfant contre les institutrices. Le maître chrétien représente le père ; le père ne peut démolir l'autorité du maître sans amoindrir la sienne. Mais beaucoup de parents n'y réfléchissent pas et donnent tort aux maîtres par faiblesse pour les enfants. Quoi qu'il en soit, la jeune fille dont nous parlons passa plusieurs jours sans rentrer au pensionnat. L'affaire au reste était très-facile à raccommoder, et un mot de la Mère Maria eut ramené la bonne intelligence dans les cœurs et la petite fille à l'école. On en parla à la Mère Maria. « Oh! non », dit-elle, « je ne me sens pas portée à faire la moindre démarche. Si c'était une enfant de pauvre, je me mettrais en quatre pour la faire rentrer ; mais elle, avec sa fortune, n'aura jamais de peine pour se faire instruire quand elle le voudra. »

Il est resté dans la maison-mère le plus touchant souvenir des leçons de la Sœur Maria sur l'amour que la Congrégation devait porter aux pauvres. Voici ce qui nous a été raconté à Sainte-Élisabeth par la Sœur Valentine dont nous allons citer à peu près textuellement les paroles, parce qu'elles renferment un parfum de modestie et un souffle de foi propres à édifier : « La Mère Maria nous recommandait avec instance l'amour des pauvres. Chargée de surveiller les nourrices auxquelles on confiait des enfants indigents, j'allais souvent prendre ses instructions pieuses afin de mieux remplir mes devoirs. Elle me disait des choses à tirer les larmes des yeux. J'étais très-heureuse de la comprendre et je tâchais de me faire dans mes actes l'écho de ses exhortations. J'allais durant tout le jour à la campagne visiter ces pauvres petites créatures. Je m'informais si tous les soins désirables leur étaient donnés. Un jour, après avoir trouvé, à différentes reprises, une petite fille seule, abandonnée, exposée à tomber dans le feu par la négligence de la nourrice, je me décidai à l'emmener. Je la mis dans mon tablier et je l'emportai, en priant la voisine d'avertir la nourrice. La Mère Maria m'approuva beaucoup. Plus j'empruntais les sentiments de son cœur, plus je faisais de bien. Toute ma vie se passait dans les champs; je n'avais pas une minute à moi; ces petites créatures qui n'avaient pas de mère occupaient tant mon cœur, que c'est à peine si je trouvais un instant pour manger. Je disais à la Mère Maria : « Je n'ai pas le temps de dire mes psaumes. » Elle me répondait : « Faites vos actes de charité. » Et un bien réel résultat de cette surveillance attentive sur ces pauvres petits. Je voyais si leurs vêtements étaient assez chauds, s'ils étaient tenus avec une propreté suffisante, s'ils étaient nourris convenablement. Quand un enfant n'est pas à vous, et qu'il ne vous a pas été donné par Dieu un cœur exprès pour cela, comme à la religieuse, vous n'avez pas pour lui les yeux de l'amour, et bien des besoins qu'il éprouve vous échappent. Je les vêtais plus chaudement; je les faisais manger; je les nettoyais. » Le lecteur remarquera que la femme admirable qui faisait ces choses avait cinq cents enfants à soigner ; et c'était l'étendue de quarante-deux communes qu'il lui fallait constamment parcourir. Dans la crainte qu'on lui rapportât l'honneur de tant de dévouement, la Sœur Valentine nous a répété fréquemment : « C'était bien la Mère Maria qui agissait par moi auprès de ces enfants; je ne faisais rien sans son inspiration ». Ou encore : « C'était le fruit des instructions de la Mère Maria. Si nous avions, mes Sœurs et moi, quelque bonté dans le cœur, c'est elle qui nous l'avait communiquée; oui, ce que le bon Dieu lui avait donné, elle le passait à ses Sœurs. »

« Quand les enfants grandissaient », continue la Sœur Valentine, « mes sollicitudes devenaient plus vives et plus délicates. Il s'agissait de préserver leurs âmes. C'était bien plus difficile. Je les présentais, étant leur mère adoptive, à l'autel du bon Dieu pour la première communion. La Mère Maria me donnait pour elle des chapelets, et je m'ingéniais à mettre à l'abri leur innocence jusqu'à quinze ans. Rien n'intéressait davantage cette digne Supérieure que le compte que je lui rendais à cet égard; et sa parole pénétrante et douce me ranimait toujours. *Ayez*, me disait-elle, *pour ces pauvres enfants, quand elles deviennent assez âgées pour comprendre, une vive tendresse. Elles ont autant besoin d'une caresse que d'un morceau de pain.* Elle ne me rencontrait pas une fois sans me dire quelque chose pour me porter à l'amour de ces enfants. *Il faut bien comprendre,* me disait-elle, *que si ces enfants sont privés de leurs parents, le bon Dieu pour elles se fait Sœur de charité en la personne des religieuses.*

« Et au sujet des malades indigents, elle me disait continuellement : *Il faut avoir pour ces pauvres gens le plus profond respect; ne pas voir en eux la créature, mais voir l'image de Dieu... Il faut soulever avec vénération leurs pauvres membres, pensant qu'on soulève le corps de Notre-Seigneur... Il ne faut pas que vous craigniez la pauvreté, la saleté, ni que vous ayez scrupule de rendre les services les plus minutieux. N'ayez jamais peur de ce qui n'est pas propre; ne laissez pas voir à ces pauvres malades que vous sentez l'infection de leur chambre; ne marchez pas dans les ordures dont elle est remplie du bout de votre soulier; allez-y de plein pied et hardiment. A ces pauvres malades que leurs proches parents délaissent, et à qui cet abandon arraché des larmes, dites-leur: Eh bien, c'est moi qui serai votre fille.* Un jour, j'avais pris ainsi dans mes bras et nettoyé une pauvre vieille femme à moitié en enfance que tout le monde abandonnait. Oh! quand je dis cela à Mère Maria, que je la rendis heureuse!

« La Mère Maria insistait beaucoup relativement aux répugnances de la nature en face des maladies qui réclament des soins humiliants : *N'ayez jamais l'air dégoûté de faire les choses les plus sales; faites cela, comme si c'était pour vous un bonheur. Et quand vous ne savez pas quelle est la maladie de ces pauvres gens, n'ayez pas peur, par une délicatesse hors de saison, de leur demander tout cru et d'une manière nette ce qu'ils ont.*

« Elle ne voulait pas qu'on eût des scrupules pour certains soins délicats à donner. Je lui rendais compte de différents ennuis qui m'étaient survenus. Elle me disait nettement : *Il ne faut pas faire comme cela; scrupule. Vous ne devez pas avoir peur. Le bon Dieu est là; il ne vous délaissera pas. Vous êtes la servante des pauvres; Dieu vous envoie auprès de ses enfants; il faut lui prouver l'amour que vous avez pour lui en cela. Peut-il de bonne foi vous abandonner un seul instant!* Et je trouvai la paix de l'âme avec ces bonnes paroles.

« La Mère Maria me disait encore souvent : *Ne vous faites pas désirer, ni attendre; vous n'êtes pas de grandes dames qui devez daigner descendre de haut pour donner vos soins. Arrivez de suite, et ne croyez jamais que le temps passé auprès des malades est du temps perdu.*

« A propos des paroles grossières qui échappent parfois aux pauvres, elle disait qu'il ne fallait pas s'en émouvoir. *Le malheureux qui souffre*, s'écriait-elle, *a bien autre chose à faire que d'étudier les belles manières! Il ne faut pas s'effaroucher d'une parole vive, ni se rebuter d'une apparence un peu grossière; ces pauvres gens valent mieux qu'ils ne paraissent.*

« Mais tous ces soins donnés au corps, toutes ces attentions délicates pour la consolation du cœur n'étaient à ses yeux qu'un moyen de faire aimer Dieu à ses chers pauvres, et d'exercer ainsi auprès d'eux son apostolat. *Tout cela*, disait-elle, *est pour faire aimer le bon Dieu; en voyant que vous leur rendez tous ces services avec bonheur, ils seront portés à le trouver bon, puisque c'est lui seul qui vous inspire tant de tendresse; et vous serez l'apôtre des campagnes.* Elle disait au sujet des personnes qui venaient chercher des consolations dans leurs peines, auprès des Sœurs : *Ne renvoyez jamais quelqu'un qui vous raconte ses chagrins, parce que vous croyez que cela ne vous regarde pas; écoutez toujours; le bon Dieu vous suggérera une bonne parole à l'adresse de cette âme, et vous serez auprès d'elle l'interprète de son amour.* » Telles sont les paroles de la Sœur Valentine.

La Mère Maria sentait bien qu'elle seule ne suffirait pas pour mettre dans l'âme de toutes ses religieuses l'amour des pauvres et des délaissés, tel qu'elle désirait l'y voir. Cette tâche sublime de faire aimer Dieu avec une tendresse et une délicatesse de cœur dignes de lui, dans la personne des malheureux, elle se voyait incapable de la remplir dans toute sa touchante étendue. Et depuis longtemps elle cherchait une âme qui fût l'écho de la sienne, pour élever dans ces pensées toutes divines les jeunes Sœurs. Elle crut que personne ne pouvait mieux la seconder dans ce projet si noble que la Sœur chargée des enfants trouvés dont la déposition vient justement de nous révéler le cœur Ainsi, par le moyen de cette Sœur si dévouée, les traditions de son amour si surnaturel et si pur pour les pauvres se perpétueraient dans la Congrégation.

Après avoir longtemps prié, la Mère Maria fit venir la Sœur Valentine, et elle lui annonça qu'elle la nommait maîtresse des novices. La digne Sœur chargée d'apprendre aux jeunes religieuses l'amour des pauvres s'inclina devant l'ordre de la vénérable Supérieure. Mais, parce que rien n'est pratique comme l'amour, et que, en dehors de l'action, il est toujours mal à l'aise, la Sœur Valentine trouva qu'il lui était bien dur de dire adieu à ses pauvres. Elle pleura à chaudes larmes. Les novices à son école apprirent la compassion, la tendresse; elle sut leur faire sentir vivement dans le pauvre la présence sacrée de Jésus-Christ, et elle leur apprit à le traiter en Dieu. Ses paroles avaient une efficacité pénétrante. Mais une chose contribuait encore davantage à inspirer à ses disciples l'amour des pauvres, c'était le regret qu'elle éprouvait de ne pouvoir plus les servir. Ce regret profond perçait malgré elle dans tout son être; rien ne put jamais l'effacer de son âme, et des larmes continuelles, irrésistibles, en révélaient la présence au plus intime de son cœur. La Sœur Valentine se plaignait souvent, dans un langage respectueux et touchant, à la Mère Maria, de ce qu'elle l'avait trahie. « Elle m'avait inspiré l'amour des pauvres », disait-elle; « pour suivre ses leçons, je m'étais plongée dans le dévouement à leur misère; et voilà qu'elle me met au noviciat, où je ne puis plus m'occuper d'eux qu'en spéculation. Elle ne devait pas me priver du bonheur de faire du bien aux pauvres, après m'avoir lancée dans cette joie bénie. » « Elle m'a donné les pauvres », ajoutait-elle, « et puis voilà qu'elle me les prend, comme si c'était facile de s'en passer ! »

De telles paroles plaidaient chaleureusement la cause des malheureux auprès des Sœurs; et ces cris échappés à une tendresse désolée avaient, on le conçoit, une incomparable éloquence. La Mère Maria voyait son but atteint, sinon au delà de ses espérances, car elle savait bien sur qui elle avait compté, au moins de la manière la plus sûre.

Un incident attendrissant enleva la Sœur Valentine au noviciat, et sa mission d'enseigner la charité y fut marquée d'un sceau admirable. Cette bonne Sœur un jour accompagnait à la promenade les novices dans un faubourg de la ville. C'était au sortir de l'hiver, quand les premiers rayons du soleil commencent à répandre une douce chaleur. Un pauvre vieillard malade qui avait dû supporter auprès d'un foyer, où souvent le bois était rare, les rigueurs du froid venait d'entr'ouvrir de sa main décharnée la porte de sa misérable demeure. Sœur Valentine l'aperçoit. Et cette image du pauvre, qui était restée constamment dans son cœur entourée de la douce auréole du Christ, objet adorable de son amour, devenant plus vivante à cette vue, elle fond en larmes. Il y a si longtemps qu'elle a vu un pauvre de Jésus-Christ; si longtemps qu'elle en a soigné! Elle n'y tient plus; elle n'est plus à elle durant le reste de la promenade; et, à son retour, elle supplie la Mère Maria de lui ôter sa charge de maîtresse des novices et de lui rendre ses pauvres. A de pareilles instances, on finit par ne pouvoir plus résister. La Mère Maria, dont le cœur avait avec celui de la Sœur Valentine des intelligences si profondes, lui accorda ce qu'elle désirait. Et elle retourna vers ses enfants trouvés.

Depuis longtemps ces deux vénérables Sœurs nourrissaient ensemble un saint projet. Entourer de soins l'enfance des pauvres petites créatures abandonnées, leur sourire dans leur berceau, les caresser avec tendresse, revêtir leurs membres chétifs, les nourrir, les entretenir dans la plus grande propreté, tout cela était bien; mais il y avait aussi leurs âmes qui réclamaient les plus vives sollicitudes. On les soignait avec une grande délicatesse jusqu'à la première communion; mais plus tard, à l'âge où elles avaient le plus besoin de secours, elles étaient à peu près abandonnées par l'administration, et exposées au milieu du monde à tous les dangers. Tant de soins donnés seulement à cause de l'âme venaient cruellement échouer, quand ces enfants avaient quinze ans, contre les séductions auxquelles la misère rend accessibles des pauvres filles sans parents, sans protection, sans défense. Souvent la Mère Maria et Sœur Valentine s'étaient communiqué leur douleur à ce sujet, et avaient répandu ensemble beaucoup de larmes. Il y avait bien un moyen de préserver ces jeunes filles ; c'était de les garder avec soin dans une maison destinée à ce but, de leur offrir un asile quand elles seraient sans place, et de leur donner en quelque sorte une maison paternelle où elles pussent toujours être sûres d'être bien reçues, dans les moments difficiles. Mais où trouver des ressources pour fonder une pareille œuvre ? La Mère Maria avait dit à Sœur Valentine qu'une telle entreprise était trop selon le cœur de Dieu pour qu'elle ne fût pas réalisée, et que tôt ou tard de l'argent viendrait pour aider cette fondation. Ces deux femmes admirables avaient une grande foi en la divine Providence ; et, bien qu'au commencement le projet n'eût pas, humainement parlant, grande chance de succès, la Sœur Valentine ramassait tout ce qu'elle pouvait trouver pour aider à la construction de la maison de refuge. La ville de Chartres se rappellera longtemps ces quêtes de toutes sortes d'objets qu'elle fit pendant trois ans, sans qu'on sache trop dans quel but, et dont

CHAPITRE DIX-SEPTIÈME.

parfois on ne pouvait s'empêcher de sourire. « Quand », dit-elle, « je racontais à Sœur Maria que j'avais fait quelque nouvelle trouvaille, comme elle me louait, et comme elle était heureuse! » La maison de Sainte-Élisabeth fut bâtie; et dans cet édifice si ingénieusement construit sur un espace trop restreint, faute de ressources, il entra des pierres rassemblées de partout par ses soins, voire même les bornes de kilomètres hors d'usage, qu'elle demanda. L'œuvre fut fondée, et les enfants abondèrent bientôt. Mais la question d'argent était toujours là, pénible, cruelle. La Mère Maria disait à la Sœur Valentine : « Il s'agit de vouloir. Sachons vouloir; nous aurons ce qui nous est nécessaire. Demandons, on nous donnera. D'ailleurs, ce n'est pas vous, ma chère Sœur, c'est le bon Dieu qui demande pour ses plus petits; n'ayez pas d'inquiétude; si un tel ne donne pas, un autre donnera. Il faut compter sur le bon Dieu. » La Mère Maria usait largement de ce principe. Elle disait encore : « Le bon Dieu est là pour les ressources; ces pauvres petites sont ses enfants, pas les miennes; il en prendra soin; n'est-ce pas son affaire à lui ? »

La chose arriva comme elle l'avait dit, et jamais ces enfants ne manquèrent de rien. Quand on visite Sainte-Élisabeth, on est ému de voir jusqu'à quel point la religion est capable de transformer les âmes. Vous trouvez dans ces enfants une modestie, une réserve, des habitudes de bienséance et de politesse qui édifient. La tenue est irréprochable, les robes sont propres, les mines intelligentes, les visages ouverts.

Les instructions que la Mère Maria donnait aux Sœurs relativement à ces enfants sont trop belles pour n'être pas rapportées ici. Nous les avons recueillies avec respect sur les lèvres de la Sœur Valentine.

Au sujet des enfants qui avaient un caractère difficile, elle disait : « Si le bon Dieu ne les a pas douées d'un bon caractère, ce n'est pas leur faute, et, si Dieu vous en a donné à vous un meilleur, il faut que ce soit pour elles. » Et elle ajoutait : « Les peines qu'elles peuvent vous faire, il faut savoir les leur pardonner. Le cœur sent; mais il faut sentir au pied de la croix, et ne voir les défauts que pour les corriger. » Pénétrée de la pensée de la responsabilité que les Sœurs ont devant Dieu, elle disait : « Quand le succès ne répond pas à nos soins, gardons-nous bien de dire : laissons-les! Non, non. Il ne nous est pas permis de les abandonner, et il faut qu'elles sachent, même quand elles nous abandonnent, que quelqu'un ici prie pour elles et ne cessera jamais de les aimer. »

Elle disait souvent : « Dans le monde, on ne fait pas cas d'elles; pourtant leur naissance n'est pas leur faute; répétez leur donc souvent qu'il n'y aura pas, au jugement dernier, de différence entre elles et les autres; il faut les relever à leurs propres yeux, les encourager, et ne pas souffrir qu'on dise qu'elles sont la lie de la société. »

Elle disait encore : « Les pauvres jeunes personnes auxquelles il arrive quelque malheur, il ne faut pas les écraser; elles n'ont pas de famille pour les défendre; défendez-les. Vous n'irez jamais trop loin pour cela. Leurs pauvres cœurs ont tant besoin de bonnes paroles! Quand une d'elles a mal tourné, évitez que ce soit su; cachez-la; emmenez-la. Et il faut tout faire auprès d'elle pour la ramener au bien : de la fermeté! de la bonté! Si vous ne lui faites qu'un sermon, vous n'arriverez à rien; donnez-lui quelque chose, et par votre tendresse faites qu'elle éprouve le besoin de revenir à vous »

La Mère Maria, entrant dans tous les détails, indiquait aux Sœurs le langage qu'il fallait tenir à ces pauvres enfants : « Ma bonne fille, il ne faut pas que ce soit pour moi et pour me plaire que tu fasses ton devoir; il faut que tu le fasses pour te rendre heureuse toi-même. »

Elle répétait souvent aux Sœurs qu'il fallait leur faire vouloir, choisir, leur faire aimer librement le bien, le juste, l'honnête; qu'il était absolument nécessaire d'entrer dans leur cœur, d'en avoir la clef, et de les persuader du bonheur de la vertu.

CHAPITRE DIX-HUITIÈME.

Les colonies. — La Guyane, la Guadeloupe, la Martinique, Pointe-à-Pitre, Marie-Galante, Hong-Kong, Macao, etc. — Grande circonspection de la Mère Maria dans le choix des Sœurs destinées aux missions lointaines. — Les adieux aux pieds de la sainte Vierge. — La Mère Maria les suivait par le cœur dans leurs voyages. — Ses lettres aux Sœurs des colonies. — Quel accueil elle faisait à ses chères filles à leur retour. — Ascendant des Sœurs sur la terre étrangère, théâtre de leur charité. — Combien la Mère Maria s'occupa des pauvres durant sa seconde administration. — Ses autres bonnes œuvres. — Ses rapports avec l'autorité civile. — Sa vie très-occupée et cependant toujours calme.

La Congrégation des Sœurs de Saint-Paul n'est pas une œuvre destinée à répandre ses bienfaits exclusivement sur notre pays; la terre tout entière doit se ressentir de sa douce influence; et depuis sa fondation, pour ainsi dire, de courageuses filles s'embarquent dans de grands vaisseaux pour aller sous le manteau de la charité faire connaître Dieu sur les plages les plus lointaines. Avant la Révolution, il y avait déjà sept Sœurs à la Guyane française; et depuis les filles de Saint-Paul sont allées à la Guadeloupe, à la Martinique, à Pointe-à-Pitre, Marie-Galante, Hong-Kong et Macao. Hôpitaux civils et militaires, asiles d'aliénés, prisons, asiles de vieillards, ouvroirs, léproseries, voilà autant de théâtres où s'exerce chaque jour le zèle de ces admirables femmes.

La Mère Maria donnait à cette partie de la Congrégation des soins tout spéciaux, et elle avait pour celles qui se sentaient le courage de remplir ce ministère une ineffable tendresse. Elle aurait voulu pouvoir visiter tous ces lointains établissements, et se rendre compte par elle-même du degré d'abnégation où est portée la vertu de ses chères filles. Au défaut de cela, elle leur écrivait très-souvent et provoquait d'elles des réponses fréquentes qui rassuraient ses sollicitudes maternelles. C'est un des côtés les plus touchants de sa correspondance; et comme ces pays, pour la plupart insalubres, lui dévoraient beaucoup de Sœurs, son inquiétude était toujours grande; et à la moindre nouvelle qui lui arrivait, annonçant quelque dérangement dans la santé de l'une d'elles, cette excellente Mère écrivait vite pour lui proposer de revenir en France réparer ses forces.

Elle était extrêmement circonspecte quand il s'agissait d'accueillir la demande qu'une Sœur lui faisait d'aller dans les colonies. Elle l'examinait longtemps avec le plus grand soin : « Soyez tranquille, ma fille », disait-elle un jour à une Sœur, « je ne prends jamais une Sœur au hasard et sans que le bon Dieu mette le doigt dessus: car il faut une foi plus forte et comme une double vocation pour ces missions. » Elle tremblait en effet à la pensée d'envoyer dans ces contrées éloignées, sous un climat meurtrier, au milieu de maladies contagieuses, ses filles qu'elle aimait si tendrement. Ensevelies dans un hôpital, au milieu de malades atteints de fièvres pernicieuses, que deviendraient-elles sans un mâle courage, une tête solide et un amour de Dieu à l'épreuve de tout? Sa confiance en la divine Providence venait au secours de sa tendresse; et, comme c'était uniquement par dévouement que ses Sœurs allaient en ces pays, elle comptait bien que Dieu aurait soin d'elles et les garderait de tout mal.

C'était toujours pour la Mère Maria un grand moment quand les Sœurs choisies pour les missions lointaines étaient sur le point de partir. Elle les conduisait, presque tremblante d'attendrissement, en présence de toute la communauté, à l'autel de la sainte Vierge, afin de les remettre solennellement entre les mains de celle dont la garde est si sûre et l'amour si vigilant, et la cérémonie des adieux était bien émouvante.

Elle les suivait durant leur voyage d'un œil inquiet, les recommandait à Dieu sans cesse, jusqu'à ce qu'elles fussent arrivées à destination. Quatre Sœurs étaient parties pour Cayenne. Une tempête effroyable assaillit le navire qui les portait; pendant cinq jours elles demeurèrent entre la vie et la mort, ayant de l'eau jusqu'à la ceinture. Le vaisseau était brisé, et l'ancre détachée le laissait aller à l'aventure. Par un bonheur inespéré, il put aborder à Falmouth. Les Sœurs écrivirent de là à leur vénérable Supérieure générale, qui eut le cœur brisé à la pensée du danger que ses chères filles avaient couru. La Mère Maria, inquiète encore pour leur vie, s'empressa d'écrire au ministre de la marine : « Ainsi que je vous le marquais dans ma précédente lettre, nos quatre Sœurs demandées pour Cayenne se sont embarquées le 11 courant. Dès ce jour, elles ont été assaillies par une furieuse tempête, qui s'est encore accrue pendant six à sept jours ; le navire a été renversé cinq fois sur le côté, les voiles emportées, la cheminée abattue, les marchandises et même les vivres jetés à la mer ; le salut de l'équipage ne tenait plus qu'à un fil ! Enfin on a pu aborder à Falmouth, d'où mes Sœurs m'écrivent.

« Je viens donner avis à votre Excellence que je rappelle de suite nos chères Sœurs, afin qu'elles se remettent de leur frayeur et de leurs fatigues. Je ne pourrais supporter l'idée de les savoir sur ce frêle brick. Lorsque la saison sera meilleure, et qu'il y aura un vaisseau plus capable de résistance, je vous serai infiniment reconnaissante de vouloir bien m'en instruire. »

En même temps elle conjurait ses Sœurs de revenir à la communauté. Mais les avaries du vaisseau furent réparées, et les Sœurs, que cette effroyable tempête n'avait pas découragées, reprirent la mer, pour aller consoler nos malheureux déportés à la Guyane française.

Les lettres qu'elle écrivait aux Sœurs des colonies étaient remplies d'attentions et de bontés. Elle disait au reste, à ce sujet : « Ma correspondance des colonies est la plus chère à mon cœur. »

« Vous avez perdu de votre embonpoint, me dites-vous, » écrivait-elle à une Sœur, « hélas ! je le crois bien ; le soleil du tropique, la nature pénible de vos occupations moissonnent grandement les santés les plus robustes ; mais le bon Dieu recueille vos sueurs et vos sacrifices, car il est tout amour ; et quel sera le prix du service que vous lui rendez dans la personne de vos pauvres infirmes, avec le dévouement d'un amour qui prend sa source dans le sien !... Pour habiter une terre d'exil, vous n'êtes pas pour cela exilée de mon cœur ; chaque jour vous lui êtes présente devant le Seigneur. »

Elle écrivait à une autre Sœur : « Si, comme je le pense, vous avez bien employé votre temps depuis que vous êtes en exil pour l'amour du prochain, que vous êtes allée servir en ces pays au nom du bon Maître, vous devez être bien riche de mérites à ses yeux... Il est le Dieu des miséricordes, et ceux qui en font les œuvres sont assurément les amis particuliers de son cœur... Il les déclare bienheureux. »

Mais sa grande et respectueuse tendresse pour les Sœurs dévouées aux œuvres des colonies ne lui faisait pas oublier l'apostolat qu'elles ont à exercer. Voici par quelles graves paroles elle exhorte une Sœur à comprendre son incomparable mission : « Votre œuvre est d'une nature exceptionnelle et demande un dévouement sans bornes pour travailler sans relâche à défricher un terrain si inculte et jonché de tant de mauvaises productions... Mais une pensée est bien propre à vous encourager à poursuivre le cours de votre apostolat : Dieu a daigné vous choisir pour être les instruments de sa divine miséricorde envers les pauvres âmes qui sont les plus délaissées, les plus abandonnées, rebutées de tous, et livrées à tous les mauvais instincts d'une nature viciée et corrompue! Le bon Sauveur n'est-il pas venu en ce monde pour évangéliser les pauvres, convertir les pécheurs, remédier à toutes les infirmités humaines et nous sauver tous. Voilà ce qui l'a porté à se dépouiller de sa gloire et à s'anéantir pour nous. Pouvait-il nous donner une plus grande preuve de son amour? Et à quel prix, grand Dieu!... Nous en demandera-t-il jamais autant qu'il en a fait pour nous?... Chaque jour votre bon ange recueillera vos peines, vos sacrifices, vos actes de renoncement et de patience, vos bonnes œuvres pour les déposer au pied de son trône; et vous les retrouverez un jour changés en couronne. » Et la Mère Maria ajoute : « L'union fait la force; et, si n'étant qu'une entre vous toutes, vous marchez de front, dans un concert parfait, vers votre but, vous surmonterez tous les obstacles qu'une résistance opiniâtre et une volonté perverse jointes à des passions effrénées opposeraient à votre zèle. Ayez confiance, Dieu vous aidera. »

Cette grande idée de l'apostolat est si profondément enracinée dans son cœur, qu'elle y revient sans cesse.

« Que Dieu daigne vous communiquer son esprit de sagesse et de lumière », écrit-elle à une autre Sœur, « pour que vos conquêtes soient nombreuses; que vous peupliez le ciel de beaucoup d'âmes gagnées par vos soins à la grâce du saint baptême, et la terre que vous habitez d'une multitude de fervents chrétiens arrachés à l'erreur et à l'idolâtrie par les saints enseignements de la foi, de la doctrine, de la vérité. Ah! efforcez-vous d'allumer ce beau feu de la charité dans tous les cœurs, pour augmenter le plus que vous pourrez le nombre de ses vrais adorateurs... » « Que votre tâche est belle! qu'elle est digne d'envie! Vous êtes appelées à conquérir un immense royaume à la gloire du Seigneur en faisant briller aux yeux des âmes la divine lumière de la foi. »

Elle écrivait encore : « Que Dieu enflamme votre cœur d'un saint zèle pour sa gloire et le salut des âmes. Priez beaucoup pour la conversion des pécheurs et pour que son divin royaume s'étende de plus en plus. Travaillons de tout notre pouvoir à son accroissement en lui formant et lui gagnant des cœurs, surtout par la sainteté de notre vie, seul moyen de correspondre à ses vues sur nous. »

La Mère Maria mettait tout en œuvre pour consoler

ses Sœurs éprouvées par la maladie dans ces lointains pays. Une d'elles, atteinte d'anémie par suite de travaux excessifs, était en proie au plus vif chagrin. Son cœur était partagé entre la douleur de quitter sa chère mission et celle d'être à charge aux Sœurs ses compagnes, si elle restait. La vénérable Mère était trop délicate pour froisser les sentiments de cette Sœur, si attachée à l'œuvre qu'elle avait embrassée et qu'elle n'eût quittée qu'avec les plus vifs regrets. Elle ne songea pas en conséquence un instant à la faire revenir. Mais elle lui écrivit ces lignes aimables : « Votre état est agréable au bon Dieu. Vous serez la bénédiction de la maison où vous êtes ; puis, chère méchante, ne jugez pas si mal vos Sœurs ; supposez-leur assez de charité pour supporter une pauvre petite malade et la soigner de leur mieux. »

Elle était grandement émue quand quelques-unes des Sœurs revenaient de ces lointains pays. L'accueil le plus cordial leur était réservé.

« Nous sommes arrivées », nous disaient plusieurs de ces Sœurs, « durant la nuit, à deux heures. Le matin elle est venue avec une postulante nous trouver au lit et nous embrasser. « Pauvres enfants, tenez, tenez, elles vont avoir froid ici. Voilà des vêtements. » Et elle demandait avec inquiétude des nouvelles de toutes les Sœurs qu'elles avaient laissées.

Une Sœur revenait de la Guyane française. Les parents, heureux de la revoir, supplièrent la Mère

Maria de lui permettre de venir dîner en famille. La Supérieure répondit avec son air toujours si gracieux et si imposant : « Ce n'est pas elle qui viendra dîner avec vous, c'est vous qui viendrez dîner avec elle. » La Mère Maria donna des ordres en conséquence. La joie était douce et grande parmi les convives, et on remarquait avec attendrissement que la Mère Maria se tenait à la dernière place, heureuse de s'effacer devant la Sœur héroïne de la fête, quand tout à coup on annonce l'arrivée de deux Sœurs de la Martinique. La Mère Maria se lève avec empressement, leur ouvre ses bras, et se prend à pleurer. Les Sœurs se mettent à table et une vive émotion, causée surtout par les attentions aimables de la Supérieure générale, régna durant tout le repas.

Après une longue absence, au retour, il faut s'attendre à trouver au sein de sa famille, de ses proches et de ses amis, des vides douloureux faits par la mort. La Mère Maria avait la cruelle tâche d'annoncer à ses filles, lorsqu'elles revenaient ainsi des contrées lointaines, des pertes quelquefois bien sensibles à leur cœur. « Elle amenait les choses peu à peu », nous dit une Sœur, « et avec une grande délicatesse. Quand on s'absente si longtemps, disait-elle, on est susceptible de ne pas toujours retrouver tout son monde. Et une larme tombait de ses yeux après un nom cher tombé de ses lèvres. Nous savions ce que cela voulait dire. Et elle ajoutait : Oui, pauvre enfant, votre mère n'est plus sur la terre; mais son cœur si bon ne pourra jamais vous oublier au ciel; vous savez que dans cette sainte cité on s'aime d'un amour parfait. »

La Mère Maria, si pleine d'attentions pour les Sœurs à leur retour des missions lointaines, était aussi très-bonne au moment de leur départ. Parmi différents traits, en voici un bien édifiant. La Sœur dont il s'agit appartenait à ces belles et nobles familles toujours si aimées de Dieu, où les enfants sont très-nombreux. Sur les dix sœurs qu'elle avait, elle désirait vivement en voir deux d'entre elles, plus particulièrement chères à son cœur, faire partie de la Congrégation des filles de Saint-Paul. Pour obtenir de Dieu une grâce si précieuse, elle lui avait promis de se dévouer aux colonies.

Exaucée dans ses désirs, elle allait partir pour Cayenne. La Mère Maria, que de pareils sentiments ravissaient toujours jusqu'au fond de l'âme, songea à ce qu'elle pourrait faire pour être agréable aux parents de ces chères Sœurs. Elle écrivit au père une lettre très-touchante et lui dit qu'elle ne pouvait résister au bonheur de lui envoyer, au moins pour quelques jours, ses trois filles, afin que la famille réunie pût fêter ensemble le départ de celle qui se rendait sur la terre étrangère. Elle ajouta que sa peine était très-grande de ne pouvoir venir elle-même en personne prendre part à leurs douces émotions, mais qu'au moins son cœur serait avec eux. Les trois sœurs, dont deux si noblement conquises aux pauvres par le sacrifice héroïque de l'aînée, revinrent bientôt à la maison mère. Leur père les accompagnait. Il témoigna à la Mère Maria, dans les termes les plus émus, combien par sa bonté elle avait causé de bonheur à toute la famille.

C'était toujours pour elle une peine de cœur que de renvoyer dans les colonies, sans qu'elles aient pris un repos suffisant, les Sœurs que leur santé avait ramenées en France. Une Sœur de retour depuis un an sollicitait la faveur de reprendre sa sainte mission : « Non, ma fille, je ne puis me résigner à vous laisser partir encore. Quand le temps voulu m'aura donné les garanties dont mon cœur a besoin, par rapport à votre rétablissement, à la bonne heure! et soyez sûre que je penserai à vous. » Un départ devait avoir lieu à cette époque, et une dépêche télégraphique annonça à la Mère Maria qu'une des Sœurs désignées par elle pour la mission était extrêmement malade. La vénérable Supérieure dut penser à la Sœur dont elle venait de rejeter la demande. « Je vous avais ravi votre couronne, ma fille », lui dit-elle; « mais Dieu veut que je vous la rende; il faut que vous partiez; le bon Dieu me force la main. Vous allez avoir votre couronne malgré moi. » La Sœur partit avec joie. Et ici se présente un petit détail qui n'est rien en soi, mais où éclate cette bonté exquise dont tous les actes de cette excellente Mère portaient l'empreinte. Au moment de partir, le bâtiment faisant eau, les passagers furent avertis que quinze jours étaient nécessaires pour la réparation des avaries. Les Sœurs en informèrent leur Supérieure générale. Elles reçurent immédiatement ce télégramme : « Revenez attendre ici près de moi. Je ne veux pas que vous restiez si longtemps à bord. » Elle alla au-devant des Sœurs, elle leur servit à manger de ses mains, se mit à table avec elles, et les présenta à la Communauté en disant avec un sourire de bonheur sur les lèvres : « Voilà nos Sœurs revenues des colonies ! Mais elles vont repartir. Rendons-les bien heureuses avant qu'elles reprennent la mer. »

Grâce au bon choix qu'elle faisait, aux prières qu'elle adressait constamment à Dieu pour qu'il bénisse ses chères filles si loin d'elle; grâce aux conseils précieux qu'elle leur envoyait continuellement, ces femmes héroïques au milieu des plus grands dangers, quelquefois dans les positions les plus délicates, s'acquittaient de leurs devoirs de façon à attirer la vénération des populations et à exercer sur elles l'ascendant le plus salutaire.

En France, où leur dévouement de tous les instants a fini par devenir vulgaire, tant les cœurs, même les meilleurs, s'habituent avec les sacrifices les plus sublimes, au point d'arriver à en être constamment les témoins sans éprouver pour ainsi dire la moindre émotion, en France, ce prestige suprême de la charité est trop malheureusement tombé. Mais dans les contrées où le pauvre gémit au sein de l'abandon et où le malade est sans assistance, la Sœur de charité est saluée quand elle arrive comme un être céleste ; et, partout où elle exerce au profit de peuplades en retard avec la civilisation son angélique ministère, on la vénère et on a pour elle presque un culte. Le musulman lui-même sent tomber à sa vue son mépris et son intolérance.

Nous pourrions à ce propos citer de nombreuses lettres qui attestent l'impression profonde produite sur l'esprit des populations lointaines par les œuvres de ces anges de charité, et l'influence que leur dévouement leur permet d'exercer. Nous n'en transcrivons ici qu'une seule, choisie entre cent autres, parce qu'elle porte un cachet tout spécial de candeur, de simplicité et de douce fraîcheur de style.

« Notre navire devait, comme vous savez, **toucher à Bankok**. C'est le 11 septembre que nous arrivâmes à l'embouchure du Menam, le grand fleuve de Siam. Il nous fallut quelques heures pour franchir la barre. Notre capitaine eut ensuite à se rendre chez le gouverneur de Paknam, et à envoyer à terre son artillerie.

» Pour nous épargner les lenteurs de la navigation sur le fleuve, il loua une grande barque couverte et nous proposa de nous conduire directement à Bankok.

» **Nous partîmes dans la soirée.**

» La nuit était magnifique; la lune brillait dans un ciel sans nuages; notre barque glissait doucement sur les eaux tranquilles; nos yeux ne se lassaient point d'admirer les rives chargées de verdure. Quand on est fatigué de l'aridité monotone des horizons en pleine mer, on est si heureux de trouver dans les détroits la riche végétation des tropiques !

» Nous arrivâmes à cinq heures du matin chez Mgr Pallegoix, qui nous reçut avec une grande bonté. La nouvelle de notre arrivée fut vite répandue; les chrétiens disaient aux missionnaires du voisinage que des religieuses françaises, avec des ailes blanches (nos cornettes), étaient venues; plusieurs de ces bons Pères se rendirent auprès de nous. Nous leur expliquâmes comment nous étions des oiseaux de passage dans leur mission, et tous nous firent entendre des paroles pleines de charité. Ces messieurs portent la soutane, seulement ils laissent croître leur barbe et ont les pieds nus, excepté pendant les offices. Nous étions très-émues de voir un vénérable évêque avec les pieds nus comme tous ses missionnaires, et nous répétions dans nos cœurs les paroles sacrées : « Qu'ils » sont beaux les pieds de ceux qui annoncent la paix » et la bonne nouvelle ! »

» Étant très-fatiguées, nous prîmes congé de Monseigneur et nous nous retirâmes chez nous.

» Pendant quelques jours, nous ne sortîmes que pour aller à la messe. Le 16, le premier prince du royaume (je ne saurais dire son nom) se fit annoncer; il était accompagné du vicomte de Castelnau et d'un interprète, et suivi d'un grand nombre d'esclaves qui marchaient le corps ployé en deux.

» Nous étions bien surprises de cet honneur. Son Altesse est d'une taille élevée, mais d'un embonpoint si extraordinaire qu'elle a beaucoup de peine à s'avancer. Son costume consistait en un langouti de soie, une veste de calicot blanc et une écharpe de soie jaune. Ses pieds étaient nus. Sa tête est rasée à la mode siamoise, à l'exception du sommet, qui porte une touffe de cheveux blancs redressés en brosse. Le premier esclave qui suit le prince porte une cassette d'or contenant du bétel, le second tient un vase d'or où se trouvent des cigares et un portefeuille.

» En entrant, le prince nous salua à la mode européenne, et, avec une bonne expression de figure, nous fit quelques questions sur notre profession et nos occupations; puis il nous dit que, si nous étions désireuses de voir le premier roi, nous n'avions qu'à prier M. le consul français de demander audience pour nous; il ajouta que Sa Majesté se ferait un plaisir de nous l'accorder.

» Nous remerciâmes le prince de sa bonté et de l'honneur qu'il faisait à de simples religieuses. En nous quittant, il tapa familièrement sur l'épaule de notre capitaine en lui disant qu'il serait aise de le voir chez lui.

» Nous avons su depuis que le prince avait été envoyé par le roi lui-même, et que Sa Majesté ayant su notre arrivée avait la plus grande curiosité de nous voir. Nous laissâmes à M. le consul le soin d'arranger cette visite à la cour, qui fut fixée pour le 3 octobre à midi.

» Nous montâmes tous quatre dans la grande barque de Monseigneur, ornée du pavillon français; Sa Grandeur avait eu la bonté de la mettre à notre disposition. M. le consul et un missionnaire français nous suivaient chacun dans leur bateau. En quittant le débarcadère, nous eûmes à parcourir par un grand soleil un assez long chemin pavé de briques rouges. Nous vîmes en passant les écuries royales des éléphants. Un page nous attendait sous une sorte de pavillon, où il nous fit asseoir pendant qu'on avertissait le roi de notre arrivée.

» Des centaines d'esclaves venaient s'accroupir à quelque distance pour nous examiner. Nous eûmes à attendre longtemps.

» M. le consul, voyant que la chaleur et le travail nous avaient fatiguées, fit avertir le roi, qui donna ordre de nous laisser entrer immédiatement.

» La cour du palais était remplie d'un nombre immense d'esclaves assis sur leurs talons. En haut du perron, à la porte de la salle d'audience, se trouvait Sa Majesté. Elle est de taille moyenne et très-maigre; l'expression de sa figure a quelque chose de dur qui sent le maître absolu. Son costume consiste en un langouti, une chemise blanche, une petite veste en soie transparente, d'un bleu clair, un bonnet écossais et des pantoufles brodées d'or. M. le consul nous présenta, et le Père adressa quelques mots en siamois à Sa Majesté. Le roi, se tenant devant la porte, nous regarda pendant quelques instants en silence, puis, me tendant la main, il me demanda si je parlais anglais : « Mesdames, désirez-vous voir la reine ? » Puis, sans prier ces messieurs d'entrer, il nous dit de le suivre ; il traversa avec une vitesse incroyable une grande salle toute remplie de princes et de mandarins. Ils étaient prosternés sur leurs coudes ou la face contre terre. Une quantité de petits enfants, vêtus d'un simple langouti et couverts de chaînes et de bracelets d'or, couraient autour de nous. Ils étaient les seules créatures libres au milieu de cette foule d'esclaves. Pauvres enfants ! encore quelques années et vous aurez à vous prosterner aussi en présence de Sa Majesté.

» Nous suivîmes le roi dans plusieurs corridors, au milieu d'un double rang de femmes prosternées. Il s'arrêta tout à coup et nous demanda si nous savions parler latin ; il le parlait lui-même, nous dit-il, et, pour nous en convaincre, il récita la formule du signe de la croix : *In nomine Patris,* etc... Puis il prit le crucifix attaché à notre chapelet, en nous disant qu'il savait beaucoup de notre religion.

» Nous arrivâmes enfin dans une belle salle meublée à l'européenne, où il y avait un trône dont le fauteuil en or était un présent de la reine d'Angleterre. En entrant, le roi nous présenta la reine : *The Queen consort,* comme il l'appelle. Elle était vêtue d'un langouti et d'une écharpe jetée sur l'épaule droite, comme toutes les femmes siamoises; elle a une bonne figure; on lui donnerait une quarantaine d'années. Le roi nous présenta aussi les trois enfants de la reine et un grand nombre de dames, avec une trentaine d'enfants. Puis il nous invita à nous asseoir et nous présenta lui-même des figues dans des paniers d'or.

» Il y avait sur la table un cabaret de liqueurs qu'il ouvrit et d'où il détacha des petits verres dans lesquels il versa du vin de l'un des flacons; puis, du verre qu'il s'était réservé, il versa une goutte dans chacun des verres qui nous étaient destinés et qu'il nous passa lui-même, en nous proposant un toast à la religion catholique et à Jésus sauveur du monde!

» Quelle scène étrange! Nous priions intérieurement notre divin Maître de se faire complétement connaître à ce roi et à son peuple idolâtres. Le roi nous parla ensuite, toujours en anglais, de Mgr Pallegoix, qu'il appelle son ami *(my friend),* de la reine Victoria et de plusieurs hommes illustres d'Angleterre. Ce fut notre Saint-Père le Pape qu'il se plut surtout à célébrer; il nous invita à venir voir le portrait de Sa Sainteté dans un joli petit boudoir où il le conserve.

» Partout où allait le roi, une jeune fille de la garde du corps le suivait. Quand le roi s'arrêtait, la jeune fille tombait à genoux.

» Le roi nous conduisit ensuite dans sa bibliothèque, qui est formée d'une série de chambres entourées d'armoires vitrées, dans lesquelles nous ne vîmes qu'un fort petit nombre de volumes. Sa Majesté nous dit que les vers blancs avaient dévoré tous ses livres. Chemin faisant, elle ouvrait elle-même les fenêtres pour nous faire admirer le paysage.

» En revenant au salon des dames, nous trouvâmes la table couverte de divers plats de viandes. Le roi nous fit asseoir et nous dit de nous servir. Nous goûtâmes, pour ne pas refuser, d'une espèce de fricassée; puis des esclaves vinrent à genoux retirer les plats de viandes, qu'ils remplacèrent par des pâtisseries. Je craindrais d'être trop longue en vous donnant le menu du dessert. A la fin, le roi servit à chacune de nous un petit gâteau, en prit lui-même, et nous exprima le plaisir qu'il ressentait de voir à sa table des religieuses françaises.

» Il s'exprime en très-bon anglais; seulement sa prononciation est très-difficile, et il faut, pour le suivre, une attention des plus pénibles.

» Pendant toutes ces cérémonies, les petits enfants n'avaient cessé de jouer librement autour de nous; ils nous firent mille caresses; quand nous nous levâmes pour partir, ils couraient après nous et nous tendaient leurs mains en criant : « *Good bye* » (adieu) le seul mot anglais qu'ils sachent.

» Le roi nous reconduisit jusque sur le perron et nous salúa en nous présentant sa main.

» Nous étions à peine rentrées chez nous que des officiers du palais, suivis d'esclaves, vinrent nous offrir les figues qui avaient été servies à la table du roi. »

La Mère Maria, dans sa seconde administration, s'occupa plus que jamais de bonnes œuvres. En vieillissant, elle sentait de plus en plus profond dans son cœur le besoin irrésistible de faire du bien autour d'elle; et on la vit surtout s'incliner alors avec une bonté sans égale vers les malheureux et les petites gens de préférence. Pour consoler un pauvre, elle eût tout quitté. On lui disait : « Mais, ma Mère, vous n'y pensez pas; des personnes du plus haut rang vous attendent, et vous restez avec cette femme indigente des quarts d'heure entiers. » « Ma fille », répondait-elle gravement à la Sœur qui l'appelait, « ceux qui sont riches auront toujours un cœur ami pour les accueillir et pour faire écho à leurs généreux sentiments ou consoler leurs peines; mais ces petites gens, si vous saviez comme on les laisse facilement pleurer dans la solitude et l'oubli. Si je ne puis que cela, au moins leurs larmes, je voudrais les leur **rendre en amour.** » On rapportait cela aux grandes dames qui attendaient au parloir; et de si nobles sentiments les touchant jusqu'au fond de l'âme, elles attendaient des heures, s'il le fallait, pour recevoir, ne fût-ce qu'un regard, ne fût-ce qu'une parole de cette femme admirable dont elles consentaient de grand cœur à être quelquefois négligées, quand c'était pour le pauvre ainsi tendrement aimé qu'elle tardait de la sorte à venir. L'argent et l'or n'étaient naturellement qu'un détail dans sa charité pour les gens nécessiteux; et, avec une facilité dont il est impossible de donner une idée, sa noble main en versait des flots dont la source était intarissable. On le savait, et tout le monde recourait à son inépuisable bonté. Le pauvre honteux, c'est-à-dire ce que la misère offre de plus intéressant, de plus touchant, venait surtout à elle avec une confiance sans nom. Quand même cette pudeur sacrée qui porte toujours l'honnête homme malheureux à jeter un voile sur sa détresse l'eût un instant arrêté, le pauvre honteux savait que pour la Mère Maria, de voile, il n'en fallait pas parler; que son œil guidé par l'amour pénétrait tout, et que ce n'était pas ainsi la peine de vouloir lui dérober son indigence et sa souffrance. Il allait donc à la Mère Maria; il parlait peu, la Mère Maria parlait moins encore : le malheur et la grandeur du cœur s'étaient rencontrés; on s'était compris, et le pauvre père de famille, tiré d'un pas difficile par sa générosité intelligente, revenait vers les siens; et sans bruit, plus par des larmes que par des paroles, on bénissait la Mère Maria.

CHAPITRE DIX-HUITIÈME

En dehors de ces consolations intimes, de ces familles soulagées, nourries, de ces détresses profondes changées en prospérités imprévues, la Mère Maria s'intéressait à toutes les grandes œuvres de la cité, pour lesquelles elle donnait presque royalement, étant elle-même la dernière des pauvres. Elle se montrait surtout grande pour le culte divin. A ses yeux, rien n'était jamais trop digne ni trop beau. Elle y allait largement ; et plus d'un sanctuaire à Chartres porte les traces de sa munificence. La chère œuvre des vocations ecclésiastiques, qu'elle avait tant choyée dans sa première administration, avait ses plus tendres prédilections. Les personnes riches qui le savaient se faisaient un bonheur de l'aider à réaliser ici les pensées de son cœur. Elle donnait l'argent pour ses chers protégés du sanctuaire ; pour eux, elle donnait le linge, elle donnait le drap, elle donnait tout, et « trouvait Dieu bien bon de lui permettre », comme elle le disait, « de faire quelques petites choses pour ces jeunes hommes sublimes dont les mains allaient bientôt devenir dépositaires du trésor de la terre et des cieux ». Le profond amour qu'elle portait à l'Église et la vive admiration dont son âme était pénétrée pour l'auguste Pie IX lui faisaient chérir d'une façon toute particulière l'œuvre du denier de saint Pierre. Sa générosité ici ne connaissait pas de bornes. Une dame de Chartres, ayant fait un jour une quête dans ce but sacré, disait à quelques personnes de son intimité : « En tout

Chartres, je n'ai pas trouvé un si grand cœur que la Mère Maria : c'est elle qui a donné le plus pour le denier de saint Pierre. Je sais que Dieu le lui rendra, car elle a une foi à transporter les montagnes. » La noble cité, si elle a appris ce fait, n'a été ni étonnée ni confuse. Tant de fois des familles riches, heureuses de sanctifier leur charité en la faisant passer par des mains aussi pures que celles de notre vénérable Mère, lui ont donné leur or, qu'encore que ces familles n'aient pas mis la condition expresse que cet or serait donné au Père des fidèles dans la détresse, elles ont pu justement penser que c'étaient bien elles en définitive qui faisaient cette abondante aumône; et la Mère Maria, se lavant les mains dans son auguste pauvreté, a dû leur renvoyer la gloire de cette bonne action, comme celle d'un grand nombre d'actes de munificence qu'elle a accomplis, grâce à leur concours.

Un mot reste à dire sur l'attitude de la Mère Maria en face des autorités séculières, dans sa seconde gestion.

Elle fut ce qu'elle avait été autrefois. Ses nombreux rapports avec le monde n'avaient fait que l'éclairer davantage, et toute sa délicatesse et ses formes aimables n'y avaient que gagné. Elle apporta dans l'exercice de sa charge de Supérieure générale vis-à-vis de l'administration civile un fond d'indulgence plus grand peut-être encore que par le passé. Jamais de ces idées étroites et mesquines qui entravent la marche des affaires. Elle avait toujours tant de sagacité qu'elle savait se tirer heureusement des pas les plus difficiles ; et, quand les choses ne réussissaient pas à son gré, elle faisait généreusement son sacrifice devant Dieu, et rien ne décelait extérieurement, ni dans son langage ni dans ses traits, la contrariété qu'elle avait pu éprouver. Quand il s'agissait de donner son avis, d'exprimer son sentiment, elle le faisait toujours avec cet esprit de foi qui sait consulter Dieu dans la prière. Si on ne pensait pas comme elle, très-volontiers elle s'inclinait. Jamais elle ne cherchait à faire prévaloir son opinion. Elle l'exposait avec simplicité et se conformait à ce qu'on voulait. Elle ne savait ce que c'était que de froisser qui que ce fût ; et, alors même qu'elle se trouvait dans la nécessité de contredire, elle le faisait avec un langage de nature à désarmer ceux qui s'opposaient à elle.

Ainsi accablée de travaux dont le lourd fardeau eût si facilement fait plier les plus vigoureuses natures, n'ayant jamais un instant à elle, et étant pressée de partout, la Mère Maria ne se pressait jamais. Poursuivie par des œuvres de toutes sortes, par les soins de l'administration, par la direction, par la multiplicité des détails et par des soucis de tout genre, elle conservait la plus grande liberté d'esprit. Dans ses actes, rien de précipité, rien d'incomplet, rien de mélangé, rien de négligé. Elle procédait en tout comme quelqu'un qui estime au poids de l'or une minute, et avait une manière de faire, vive et preste, qui n'était jamais l'empressement. La nécessité la rendait brève et rapide, et « avec elle », nous disait une Sœur, « ce n'était jamais long ». Mais tout ce qu'elle faisait était parfaitement achevé, et une de ses grandes recommandations aux Sœurs portait sur ce point : « Hâtez-vous, il faut agir vivement; mais d'empressement, jamais ! »

CHAPITRE DIX-NEUVIÈME

La Mère Maria est remplacée par la Mère Élie, 27 octobre 1861. — Elle se réfugie avec bonheur dans l'humilité. — Les égards de la nouvelle Supérieure pour elle. — La vertu d'abandon à Dieu. — Lettres de la Mère Maria. — Ses voyages. — La retraite à Blois. — Visites à Sainte-Élisabeth. — La Sœur Valentine malade. — La Mère Maria subit une opération. — Alternative de mieux et de souffrance. — La cinquantaine. — Amour de la règle. — La Mère Maria infatigable au travail. — Elle laisse faire son portrait. — Sa grande amabilité. — La retraite. — Trait d'obéissance.

En 1861, la Mère Maria achevait ses six années de supériorité. Elle avait fait durant ce temps vingt fondations. Le moment de sa déposition étant donc venu, la Mère Élie fut choisie pour la remplacer. C'était le 27 octobre. Quand elle remit l'autorité entre les mains de la nouvelle Supérieure, il se passa une scène qui ne peut être décrite, tant elle fut attendrissante.

Après avoir présenté à la Communauté la Mère Élie, elle vint la première faire sa soumission : « Oh ! ma Mère », lui dit-elle d'une voix émue, « vous savez bien que tout mon bonheur sera de vous obéir et de ne jamais vous contrister en rien. » Tout le monde, à la vue de cette humilité si sincère, était confondu. La vénérable Mère Élie pleurait. L'émotion de toutes les Sœurs était au comble.

Devenue assistante, la Mère Maria se reposa peu à

peu, au sein d'une vie plus calme, des fatigues de l'administration. La Mère Élie, par déférence, laissa près d'elle la Sœur Placide, et elle poussa la bonté jusqu'à vouloir lui faire conserver le cabinet qu'elle avait occupé étant Supérieure générale. La Mère Maria, fort touchée de ce procédé, accepta avec reconnaissance la joie de ne pas être séparée de la Sœur Placide; mais rien ne put la décider à continuer d'habiter le cabinet. Elle refusa, toute confuse, cette faveur, avec des paroles gracieuses et pleines de cœur.

Tout ce qu'on put lui faire accepter, ce fut une petite chambre affectée uniquement à son usage. Cette pièce, où respirait la pauvreté, contenait un lit de bois, quelques chaises, une statue de la Sainte Vierge, le portrait de Pie IX et un crucifix.

Dans sa position délicate d'assistante, elle s'appliqua à s'amoindrir et à mettre en relief le mérite de la nouvelle Supérieure. Elle ne négligea aucune occasion d'inspirer, et par sa parole, et par son exemple, le plus grand respect pour son autorité. Le moindre mot de critique dans la bouche d'une Sœur l'eût trouvée d'une sévérité inflexible. Si quelqu'un se permettait devant elle une observation, pour des choses même sans conséquence, elle prenait aussitôt un air grave et s'écriait : « Oh! ma fille, et l'obéissance! Nous devons fermer nos yeux sur ce que font nos Supérieurs, et les approuver à l'avance. » Sur ce point, elle se montra constamment d'une susceptibilité allant jusqu'au scrupule. Consultée en l'absence de la Supérieure générale par les Sœurs, elle n'aurait jamais voulu, sans s'être concertée d'abord avec elle par lettres, donner son avis. Une Sœur nous disait à ce sujet : « Après avoir eu la main haute sur la Congrégation comme personne ne l'aura d'ici à longtemps, elle a été bien admirable de ne se mêler de rien étant déposée. »

La Mère Maria avait le don précieux de profiter toujours de la position où Dieu la mettait, et d'en tirer tout le parti désirable pour le bien de son âme. C'est sans doute un grand point de saisir, dans toutes les voies par lesquelles on passe, les vues de Dieu sur nous, et de les seconder avec intelligence et courage. Cette vénérable Mère eut toujours ce tact surnaturel. Elle comprit bien, en quittant le tracas des affaires, que Dieu l'appelait à l'incomparable béatitude de la vie cachée, ce vestibule sacré qui conduit au ciel, et dans lequel on n'a plus à s'occuper des choses de la terre que pour en voir le néant. Le bonheur de vivre près de Dieu et de ne plus quitter ses pieds sacrés la ravissait. Toutefois, il ne faudrait pas croire sa vie spirituelle tout entière résumée dans ces dispositions. Un mot bien autrement caractéristique et plein de grandeur rendra son âme à cette dernière phase de son existence, et ce mot est « abandon à Dieu », c'est-à-dire que le constant amour qu'elle avait eu pour la volonté divine se trouve transformé, à cette époque, dans un abandon à Dieu sans réserve. On sait tout ce qu'il y a d'élevé et de parfait dans cette approbation aimante que l'âme donne à ce que Dieu fait et veut, et dans la complaisance qu'elle prend à tous ses bons plaisirs. Cet état est le plus haut degré et en quelque sorte la couronne de la perfection sur la terre. « C'est là le ciel des cieux, la région suprême de la grâce, l'aurore de la gloire. »

La Mère Maria continua sa correspondance, pour obéir à la Supérieure générale, heureuse d'utiliser ainsi sa grande expérience dans les conseils à donner aux Sœurs. On l'envoyait fréquemment présider l'installation des Sœurs dans de nouveaux établissements, ou régler dans les maisons de la Congrégation les affaires qui présentaient quelques difficultés. Et, malgré ses soixante-dix ans, elle faisait les voyages et menait les négociations avec une rare vigueur. L'objet de ses visites était aussi bien souvent la consolation de quelques Sœurs qui se trouvaient dans la peine. Aussitôt qu'elle s'apercevait par une lettre que le cœur était mal à l'aise, et qu'il devait souffrir, elle cherchait à connaître la cause de ce chagrin; et, quand elle ne pouvait arriver à la découvrir par le moyen de la correspondance, elle se rendait sur les lieux. Il ne lui arrivait jamais de revenir sans avoir fait disparaître la peine.

Tout son temps se trouvait pris de la sorte, et souvent même elle était accablée. On rencontre dans sa correspondance des traces non équivoques du surcroît de travail qui pesait sur elle; beaucoup de ses lettres commencent invariablement par ces mots : « Je suis très-pressée. » Étant forcée, malgré son activité, de laisser attendre quelquefois longtemps ses réponses, elle exprimait par cette formule combien ce retard pesait à son cœur.

En 1863, elle fut envoyée à Blois pour présider une retraite donnée aux Sœurs de la Congrégation par M. de Belot, curé de la cathédrale. La parole de cet homme de Dieu avait profondément impressionné l'auditoire ; et, comme il arrive toujours en pareille circonstance, les bonnes dispositions des âmes qui l'entendaient avaient ému le prédicateur. En quittant la Communauté, il adressa aux religieuses des éloges avec cette délicatesse dont lui aussi avait le secret. Il n'oublia pas la Mère Maria, et, lui rapportant tout le bien qu'il louait dans les Sœurs, il fit passer à son humilité de cruels instants. Plus patiente dans ces sortes de circonstances alors qu'elle était Supérieure générale, parce qu'elle avait sa dignité officielle pour se décharger de louanges insupportables à son humble personnalité, elle souffrait beaucoup en ce moment. Afin donc d'arrêter ces compliments, elle se mit à genoux pour demander au vénérable prêtre sa bénédiction. M. de Belot, n'y faisant pas attention, continuait imperturbable ; et la pauvre suppliante, toujours à genoux, faisait peine à voir. « Mon père », lui dit-elle en l'interrompant, « n'oubliez donc pas que je ne suis point la Supérieure ; et quand je l'ai été, je ne l'ai jamais été que de nom : j'avais prié la Sainte Vierge de l'être à ma place. Ainsi, ne vous fâchez pas de ce que je ne puis entendre ces choses : vous vous trompez d'adresse; envoyez ces éloges au ciel. » Elle dit ces paroles d'un ton si pénétré et où perçait une telle douleur que le saint prêtre, si accessible au langage surnaturel, fut visiblement ému. Pour toute réponse, il leva les yeux au ciel et bénit avec effusion la Communauté.

La Mère Maria assistante, occupée par tant de soins, réservait le meilleur de son temps aux enfants de Sainte-Élisabeth. Elle allait souvent les voir, et c'était toujours avec une consolation inexprimable et un doux respect qu'elle reposait ses regards sur elles et leur adressait les paroles les plus aimables. Elle les servait de temps en temps à table, et elle partageait leur repas. Ces pauvres petites voyaient, non sans consolation, que la tendresse qu'elle leur avait témoignée étant Supérieure générale n'avait fait que s'accroître. Elle leur distribuait, en effet, une foule de friandises de sa main, car elle voulait donner par elle-même; ce qui eût été distribué par les autres Sœurs n'eût pas été bien donné; et à toutes ces douceurs elle mêlait les conseils charitables et tendres de sa grande expérience. C'était une vive joie dans la maison quand on la voyait arriver. Elle ne quittait jamais les Sœurs sans les avoir prises à part et exhortées à mettre tout leur cœur à une œuvre si sainte. « Il faut bien se le persuader », disait-elle, « jamais on ne leur témoignera de trop tendres encouragements. Avec quelle affection il importe de leur faire comprendre que, si elles sont vertueuses, Dieu les aimera et abaissera sur elles des regards de complaisance! »

Un accident arrivé à la Sœur Valentine, Supérieure de cette maison, amena plus fréquemment encore la Mère Maria au milieu de ces enfants. Le chemin est long de la Communauté à Sainte-Élisabeth; durant plusieurs années, la Mère Maria le fit avec bonheur pour consoler son amie. La Sœur Valentine, soutenue par ses paroles si fortifiantes, voyait se passer sans trop d'ennui les longs jours de son infirmité. Mais quelquefois elle lui parlait de ses œuvres et du regret qu'elle éprouvait de ne pouvoir être en état de les mieux conduire. La Mère Maria lui disait alors : « Le bon Dieu n'a pas besoin de vos jambes pour faire marcher vos œuvres. » La bonne Supérieure souriait; il n'y avait véritablement que cela à faire et à aimer Dieu davantage, qui, par la Mère Maria, savait si bien consoler.

Les visites à cette chère maison de Sainte-Élisabeth ne suffisant pas à son cœur, elle écrivait souvent à la Supérieure. D'ailleurs, mille dérangements l'empêchaient d'y porter ses pas aussi souvent qu'elle l'aurait voulu, surtout aux jours où il y avait quelque fête, et quand elle avait un nouveau cadeau à faire. C'est alors qu'elle envoyait une lettre à la Sœur Valentine. Voici quelques extraits de cette correspondance toute de cœur :

« Ma bien chère Sœur,

» Sainte Élisabeth arrive à grands pas. Eh! voilà que notre Mère m'envoie à Mantes pour la cinquantaine de Supériorité de ma Sœur Françoise, qui se célèbre le jeudi 14, ne pouvant y aller elle-même, à cause de nos Sœurs qui partent vendredi pour la Cochinchine.

» Je vous envoie mon modeste bouquet : gardez-le vers vous pour le joindre au vôtre en ce beau jour. Je serai avec vous en esprit. C'est tout mon avoir; je ne puis rien offrir de mieux à la chère Sainte. Mais j'ai mon cœur avec tous ses désirs, et je l'élève vers Dieu pour qu'il répande, par la médiation de sainte Élisabeth, sur votre personne, sur votre œuvre, sur tout ce qui vous est cher, ses plus abondantes bénédictions. J'espère qu'il le fera et qu'il accordera à la Sœur Valentine une pleine et entière satisfaction à tous ses souhaits pour le bien et la prospérité de la chère maison et famille dont Dieu l'a faite la si tendre Mère. »

La Mère Maria demandait partout de l'argent pour l'œuvre de la Sœur Valentine, et elle mettait le plus grand empressement à lui faire parvenir ce qui lui était donné. « J'ai reçu hier vingt francs que je vous envoie avec grand contentement pour l'œuvre bien-aimée qui fait et fera à jamais l'objet de mon amour, de mes vœux, de mes désirs les plus empressés. Aussi je ne veux apporter aucun délai à vous les faire parvenir. »

Elle n'était pas lente non plus pour témoigner sa reconnaissance aux bienfaiteurs. « Je viens », disait-elle dans une lettre, « vous remercier, au nom de ma Sœur Valentine, de votre bon envoi. Saint Joseph vous inspire bien. Je vois que vous êtes sa fille dévouée. Le bouquet de fleurs que vous lui avez offert au profit de cette pauvre infirme qui, ainsi que vous le dites fort bien, ne peut plus aller chercher le pain de ses enfants, n'aura pas manqué de lui être un parfum d'agréable odeur. »

Elle écrit plus tard à la Sœur Valentine : « Ma chère Sœur, j'envoie à vos chères enfants mes petites étrennes, quelques oranges, des bonbons, une toilette de lit. Tout cela m'a été donné. J'y joins une petite collecte, qui est aussi le fruit de la charité... Je me fais une fête d'aller vous voir ; au premier beau jour, j'en ferai la demande, mais je doute que ce puisse être cette semaine. »

La Sœur Valentine, étant sur le point d'être guérie, se cassa de nouveau la jambe. La Mère Maria lui écrit : « Je vous envoie mon griffonnage... vous verrez mon savoir-faire. Vraiment, je ne puis plus écrire. Mais je puis compatir à vos souffrances, prier pour vous et vous aimer ; car mon cœur me reste. Ceci me console ; j'en bénis le bon Dieu. Que sa bonté réalise nos espérances, en vous guérissant comme il l'a déjà fait si miséricordieusement, et en rendant promptement à votre jambe sa souplesse et son libre usage. A la Mère et aux enfants de Sainte-Élisabeth, salut le plus affectueux. »

Voici sa lettre à la même Sœur Valentine pour la dernière fête de sainte Élisabeth qu'elle passa sur la terre. L'écriture en est fort altérée et la rend très-touchante :

« J'entrevois que bientôt va arriver le beau jour de sainte Élisabeth. J'en devance l'heure pour ne pas échapper au plaisir de saluer cette belle fête, qui me va si bien au cœur, parce que je la crois chère au cœur de notre bon Jésus, qui se plaît à la bénir et à signaler sa tendresse et sa munificence pour la rendre joyeuse, candide et pleine de charmes par le concours unanime des esprits et des cœurs. Je suis si sujette aux infirmités maintenant que je ne puis compter sur moi, ni rien me promettre. Et il m'en coûterait trop d'y rester étrangère. Je viens donc me mêler dans la foule avec mon humble et modeste bouquet, laissant à Dieu le soin de réaliser tous les désirs que lui-même inspire et fait croître en mon cœur pour que cette œuvre si chère au sien prospère et se développe. Le dépôt en est confié à sainte Élisabeth. Qu'elle la garde donc, et qu'elle veille à jamais sur le salut de celles qui habitent et qui habiteront dans cette ruche tutélaire qui les abritera contre tout écueil... Je vous quitte; je ne puis plus tenir ma plume... »

Les visites, les lettres, les exhortations de la Mère Maria, dont le souvenir a été précieusement conservé et délicatement entretenu par la Sœur Valentine, exercèrent sur le cœur des jeunes filles de Sainte-Élisabeth une influence salutaire. Depuis ce temps, ces petites pauvres, dans l'ouvroir où elles gagnent leur pain de chaque jour, en se formant à l'instruction et à la vie chrétienne, travaillent encore pour d'autres pauvres qu'elles. En dehors des heures réglementaires de la confection, dont le prix est appliqué aux besoins de la maison, elles savent trouver du temps, sans qu'on le leur commande, pour gagner de l'argent, qu'elles mettent en commun, afin de faire, quand la somme a grossi, une douce surprise à la Sœur Valentine; et de temps en temps cette vénérable Mère, émue, reçoit d'elles quelques centaines de francs qui la mettent à même de faire plus facilement ses bonnes œuvres. C'est ainsi que la chapelle récemment construite s'orne petit à petit du fruit du travail de ces tendres mains d'enfants. Quand on sait cela et qu'on visite cette humble demeure du roi du ciel, on est attendri. Chaque objet du culte, en quelque sorte, est marqué du sceau de l'amour généreux; et, dans le sacrifice à l'aide duquel on se l'est procuré, on découvre parfois une naïveté sublime. C'est ainsi, nous a-t-on dit, que l'ostensoir, qui est une merveille de ciselure, a été payé en partie par le produit de la chevelure de ces enfants, heureuses de faire ce don à Notre-Seigneur. Et le monde méprise ces enfants généreuses? Le monde aussi rejetait la Madeleine quand, des flots soyeux de sa belle chevelure, elle essuyait les larmes qu'elle avait versées sur les pieds de Jésus. Au moins les âmes pieuses, pauvres enfants, ne vous rejetteront pas, et elles ne verront jamais sans attendrissement le vase précieux que vous avez, par un acte presque semblable à celui de l'immortelle pécheresse convertie, donné à votre Sauveur.

Dans le courant de l'année 1865, la Mère Maria tomba malade. Elle avait au côté un mal dont l'opération fut jugée nécessaire. La vénérable Mère, avertie, répondit simplement : « Faites ce qu'il y a à faire. Je ne désire pas l'opération, je ne la demande pas. Je m'abandonne entre vos mains. »

On fit venir de Paris un médecin célèbre, qui vit bien de suite qu'il avait affaire à une personne de grande énergie. Son organisation délicate et sensible rendit extrêmement douloureuse cette opération. La Mère Maria, toujours douce en face de la souffrance, comme en face de tout ce que lui présentait la main de Dieu, éprouvait une joie ineffable d'avoir ainsi à pratiquer la mortification, et elle se garda bien de proférer la moindre plainte. Quand tout fut terminé, le médecin assura qu'il n'avait jamais vu souffrir avec tant de patience.

A la suite de cette opération, la Mère Maria éprouva pour quelque temps un peu de mieux ; mais le médecin ne lui dissimula pas que le principe du mal était mortel. « Je dois le mieux notable que je ressens à vos bonnes prières », écrivait-elle gracieusement à une Sœur; « demandez bien au Seigneur de me faire la grâce d'user saintement des jours que vos supplications m'ont obtenus, afin que ce temps me soit salutaire pour l'expiation de ma vie pécheresse et l'acquit de mes dettes envers la justice divine. » Elle écrit ces paroles, empreintes d'une légère mélancolie, à une Sœur des colonies : « Vous nourrissez la pensée de me revoir, ayant l'espérance de bientôt revenir en France. Mais je n'ose y compter, car je suis bien vieille, étant dans ma soixante-quinzième année. Puis, depuis ma maladie, je ne fais plus que végéter. Priez pour moi, et demeurons soumises l'une et l'autre. »

Elle dut bientôt suspendre sa chère correspondance. Toutefois, elle ne s'y résigna que devant une impuissance absolue. « J'aurais bien voulu vous répondre de suite, » écrit-elle à une Sœur, « mais écrire me fatigue tant que je ne puis guère me livrer à cette occupation qui me serait si douce au cœur. » Le 28 juin, elle trace d'une main fatiguée ces mots : « Je ne puis plus écrire, mes yeux, mes mains s'y refusent. » Il faut croire que les forces lui revinrent bientôt, car, à cette époque, les lettres se multiplient avec une incroyable activité. Il est vrai que de temps en temps elle se plaint de sa main et de son griffonnage. Vers la fin de cette année, elle écrit ces paroles : « J'espère bien que vous n'avez pas imputé à l'indifférence mon délai prolongé. Mais vraiment je ne puis plus écrire ; mes mains s'y refusent ; puis mes idées se perdent. » Et cependant sa correspondance suit activement son cours ; c'est par centaines encore qu'il faut compter les lettres qu'elle écrit sur tous les sujets les plus variés, touchant chaque chose avec une finesse, une sûreté de vue, une délicatesse de détails incroyables. A une Sœur, elle donne des conseils sur son caractère avec un sens pratique infini ; à une autre, des encouragements pour supporter les difficultés ; à une autre, des avis pour bien conduire l'œuvre de l'apostolat. Il serait impossible d'analyser ici toutes ces lettres. Qu'il suffise d'en citer une prise au hasard, adressée aux Sœurs de la Guadeloupe, qui venaient d'être éprouvées par un affreux désastre :

« 4 mars 1866.

» Ma très-chère Sœur,

» Après avoir partagé vos peines, vos souffrances, vos terreurs, à l'occasion des maux effroyables qui sont venus fondre sur votre pays, il est juste que nous nous réjouissions avec vous de ce que le bon Dieu a daigné mettre fin au fléau dévastateur. Tant de victimes ont été moissonnées, et partout la désolation a été si horrible ! Oh ! oui, nous avons pris une large part à toutes vos tribulations. Nous ne pouvions vous soulager que par nos prières, et le Seigneur sait avec quelle effusion de cœur et de larmes nous les lui avons adressées, pour qu'il daigne vous garder à l'ombre de ses ailes et secourir tant de malheureux si cruellement frappés. Sa main puissante vous a sauvées, et vous voilà un peu sorties de la stupeur où tant de désastres vous avaient plongées. Qu'il en soit béni ! Nous le prions de noyer à jamais ces terreurs et ces épouvantes dans le torrent de ses divines consolations. Vous savez avec quel dévouement tout de cœur je suis.

» Votre bien humble,

» Sœur Maria. »

Le 23 mai 1866, elle laisse encore échapper quelques paroles empreintes de tristesse: « Je suis devenue bien caduque, tout semble s'engourdir en moi, et ma main me refuse souvent son service. » Et elle termine par ces mots gracieux : « Cependant mon cœur me reste, et, comme sa mémoire ne périt pas, prier pour vous fait son occupation presque habituelle. »

La Mère Maria comptait alors soixante-quinze ans, et sa cinquantième année de vie religieuse était sur le point de sonner. On voulut, à cette occasion, célébrer une fête solennelle en son honneur, et le vénérable évêque de Chartres crut devoir y prendre part. Aux yeux de la sainte Église, les services rendus aux pauvres pendant tant d'années ont un prix bien grand. Aussi les pasteurs, autant pour les pauvres, dont ils ont un vif souci, que pour les âmes généreuses qui, en eux, pensent assister le Christ, aiment-ils à témoigner leur vive sympathie à l'égard des personnes dévouées au soulagement de la misère. Mgr Regnault daigna donc, par sa douce présence, donner à cette fête de famille ce caractère éminemment religieux, grave et consolant, qui devait laisser à la Communauté un souvenir si cher et si plein d'instructions fécondes.

La matinée fut consacrée tout entière à Dieu ; et les Sœurs, en face d'une si longue vie passée sans un seul instant de défaillance dans l'observance la plus rigide de la règle, et dans un dévouement à toute épreuve aux œuvres de la Congrégation, prirent les plus saintes résolutions. La pratique d'une obéissance sans réserve, l'amour des pauvres, et l'apostolat à la faveur de cet amour, toutes ces grandes choses écrites en caractères si saillants dans la vie de la Mère Maria s'imprimèrent profondément au fond de leur cœur. Et la plus sainte émotion était partout. Le soir fut donné aux effusions de l'amitié. Des mains pieuses répandirent abondamment les fleurs dans la salle où on devait complimenter la vénérable Mère. Des guirlandes de feuillage frais en tapissaient les murs, et on avait composé, pour la circonstance, de joyeuses et aimables strophes. La Mère Maria, au milieu de cette ovation, ne pensa pas un instant à elle-même ; elle fut tout entière au bonheur des Sœurs, et se prêta avec une grâce exquise et une simplicité touchante, pour leur faire plaisir, à toute cette représentation dont eût souffert une humilité moins grande que la sienne. Elle se laissa donc dire les choses les plus aimables; elle ne s'opposa pas à ce qu'on la couronnât de roses, et elle répondit à tout par les paroles les plus charmantes. Les Sœurs étaient heureuses, et voilà tout ce qu'elle voulait. Au fond de son cœur, sa joie à elle aussi était vive, « parce que », disait-elle, « si, pour des vertu simaginaires que les Sœurs croient voir et veulent honorer en moi, elles se montrent si pleines d'admiration, c'est qu'elles ont pour le bien un grand goût et un suprême attrait. » Le principe du bien reconnu et triomphant dans cette fête la mettait aux anges, tandis qu'elle tenait humiliée sous ses pieds sa personnalité anéantie, ne lui faisant pas même l'honneur de la mépriser, mais l'oubliant simplement avec une indifférence dont rien ne saurait donner l'idée. Mgr l'évêque prononça quelques paroles qui émurent profondément l'assistance; et sa sainte bénédiction, en appelant de nouveau les regards de Dieu les plus tendres sur cette famille religieuse dont il est le père, remplit tout le monde de célestes consolations et de douces espérances.

L'année 1867 et l'année 1868 jusqu'au mois de décembre se passèrent dans une alternative de mieux et de mal. Elle donna durant ce temps à la Communauté la plus grande édification. Jamais elle ne put admettre, du moins en pratique, que l'infirmité fût pour elle un motif de se soustraire à la règle, et, jusqu'à ce qu'elle fût obligée de garder le lit, on la vit la première à tous les exercices. « Elle assistait aux grâces », nous dit une Sœur, « à la chapelle, sans se dispenser jamais de ce pieux devoir; elle s'appuyait pour s'y rendre sur le bras de la Supérieure; c'était très-touchant. » Le règlement exige qu'en certaines circonstances on baise la terre; et elle trouvait dans cette pratique, où l'humilité se fortifie, une grande saveur. La tumeur qu'elle avait au côté lui rendait extrêmement douloureuse cette prostration. Mais rien au monde n'eût pu la détourner de la faire, bien que ce lui fût très-difficile. Pour l'obéissance et l'humilité, elle eût donné sa vie.

On ne saurait se faire une idée de la vigueur avec laquelle cette femme admirable luttait contre la souffrance, travaillant toujours au bien de la Congrégation. Il fallait que le corps marchât quand même, au gré de cette âme pleine d'ardeur. Nous trouvons encore durant ces deux années une grande quantité de lettres, dans lesquelles on voit avec quelle lucidité d'esprit, quelle sûreté de mémoire, quel vif intérêt elle s'occupe de tout. On ne se douterait pas qu'elle touche au terme de sa vie, ni surtout qu'elle éprouve les plus cruelles douleurs. On ne s'en aperçoit que quand on tombe sur des passages comme ceux-ci : « Ma main ne veut plus écrire, mais mon cœur me pousse à faire effort pour vous envoyer l'assurance de

CHAPITRE DIX-NEUVIÈME. 359

mon amitié et de ma prière. » Ou bien : « Votre lettre a été longtemps sans réponse ; c'est que ma pauvre main ne veut plus me servir. C'est encore un effort que je fais aujourd'hui, pour vous montrer mon bon vouloir, et pour vous assurer que tout ce que je n'ai pu vous dire par lettre, je l'ai dit au bon Dieu. » Ailleurs : « Mes mains ne veulent plus ni tenir ni faire marcher la plume. J'essaye de m'en dédommager par la prière. » Après avoir dit cela, l'énergie de son âme prenait le dessus et les lettres se multipliaient jusqu'à une nouvelle défaillance. Rien n'est touchant comme de voir, d'intervalle en intervalle, cette plume consacrée à la consolation de tant d'âmes tomber des mains de cette bonne Mère qui la ressaisit avec une joie si vive aussitôt que ses forces reviennent un peu.

Tant d'activité ne rassurait pas complétement les Sœurs sur les jours précieux de la Mère Maria ; on était convaincu qu'elle mourrait en travaillant, et ainsi on n'était pas sans inquiétude.

La Communauté désirait depuis longtemps avoir son portrait, et les tentatives faites auprès d'elle pour qu'elle consentît à poser n'avaient pas jusqu'à ce moment réussi. En attendant davantage, on s'exposait à voir la mort flétrir tout à coup ces traits vénérés, et enlever ainsi à la Congrégation la consolation de les contempler, quand cette Mère bien-aimée serait descendue dans la tombe. Le digne évêque de Chartres voulut bien s'interposer pour décider la Mère

Maria à laisser faire ce portrait si ardemment désiré. Il vint donc à la Communauté, et il dit à la Mère Maria qu'il avait une grâce à lui demander. L'excellente Mère était loin de soupçonner ce dont il s'agissait. D'une manière très-gracieuse, elle répondit au saint évêque : « Monseigneur, je vous en prie, ne parlez pas de grâce à vous accorder. C'est vous qui me faites une grande grâce en voulant bien m'exprimer votre désir, car vous me procurez le bonheur de le satisfaire, et rien n'est plus doux à ma foi et à mon cœur que cela. » « Ce que je vous demande, ma Mère », reprit l'évêque, « c'est de poser quelques instants pour qu'on fasse votre portrait. » La pauvre Mère rougit à ces mots, se sentant prise dans l'amabilité même des paroles qu'elle venait de prononcer. Elle s'exécuta et fit de grands efforts pour accomplir de bonne grâce ce rude sacrifice. C'est une des rares circonstances de sa vie où elle refusa à ses Sœurs quelque chose qui pouvait leur faire plaisir, ne se laissant arracher son consentement qu'à l'aide d'une industrie aussi aimable que touchante. On comprend au reste qu'il s'agissait trop ici de sa personne pour que toutes les répugnances de son cœur délicat ne se fissent pas sentir.

Le fait suivant prouve qu'en dehors de cas exceptionnels, comme celui-ci, la Mère Maria savait faire taire, par un mérite non médiocre, les cris de sa profonde humilité et se laisser entourer d'honneurs qu'au fond du cœur elle désavouait, quand elle savait que cela causait quelque joie à ses Sœurs. Les postulantes avaient l'habitude chaque année de lui souhaiter sa fête, et les autres Sœurs résidant à la maison mère s'unissaient à elles et on lui offrait avec de douces paroles un bouquet de fleurs. Une des dernières fêtes qu'on lui fit sur la terre, elle était malade et gardait le lit depuis deux jours. Elle pria la Mère Saint-Luc de dire aux postulantes combien elle regrettait d'être dans l'impuissance de recevoir leurs vœux. Mais tout d'un coup elle se ravise, demande ses vêtements et s'habille : « Ces pauvres enfants, » dit-elle, « je ne veux pas les priver du bonheur de la fête qu'elles m'ont préparée. » Elle se fait amener par le bras, et elle demande comme une grâce qu'on lui permette de demeurer assise pour embrasser les postulantes, qui sont obligées de se mettre à genoux, s'excusant avec des larmes d'attendrissement de leur causer cette fatigue.

La Mère Maria, quoique souffrante, assista avec une régularité remarquable à tous les exercices de la retraite qui eut lieu au mois de septembre. La simplicité édifiante de son obéissance se révéla un jour par ce petit trait charmant. La Mère Saint-Luc avait cru devoir défendre aux Sœurs, quand elles étaient au réfectoire, d'aller rien demander à la cuisine. Elle avait dit que les différentes choses dont quelques-unes pouvaient avoir besoin seraient soigneusement déposées sur les tables et qu'ainsi on n'eût pas à sortir du réfectoire. Depuis quelque temps, la Mère Maria, prise d'un gros rhume, avait la permission d'aller chercher, avant chaque repas, une tisane préparée pour elle. La Mère Saint-Luc n'avait eu en aucune manière la pensée d'étendre à la vénérable Mère la défense faite surtout pour les Sœurs du dehors. Mais la bonne Mère Maria, qui allait toujours à l'obéissance les yeux fermés, et qui n'eût pas voulu, pour un empire, faire l'ombre même d'un raisonnement sur un ordre de l'autorité, n'alla plus à la cuisine chercher sa tisane, et pourtant la Sœur de la cuisine avait soin de mettre exactement chaque jour sa tasse sur la table. Voyant qu'elle ne venait plus, elle alla lui demander si son rhume était passé. « Non, ma bonne fille », lui dit-elle, « mais il a été défendu d'aller à la cuisine, et j'aurais eu le cœur bien gros si je l'avais fait. » Inutile de dire qu'on déclara à la vénérable Mère que, par obéissance, elle devait revenir prendre sa tisane; mais ce fait édifia beaucoup la Communauté.

CHAPITRE VINGTIÈME

Extraits des lettres de la Mère Maria. — L'obéissance. — Le combat contr soi-même. — Le sacrifice et la générosité. — Dieu seul est capable de contenter notre cœur. — Sur les consolations intérieures. — Il ne faut pas se tourmenter en servant Dieu. — La direction et l'ouverture de cœur. — La connaissance de soi-même et l'humilité. — Sur les impressions. — Comment se fait l'œuvre de Dieu. — L'apostolat. — Les oraisons jaculatoires. — La sainte Vierge et le sacré cœur de Jésus.

Nous avons dit que la Mère Maria, déchargée du fardeau de la Supériorité, consacrait son temps à la prière, aux voyages et à la tenue de sa correspondance, devenue de plus en plus considérable. C'est ici le lieu de mettre sous les yeux du lecteur quelques fragments de ses lettres où se reflètent la tendresse de son cœur, la solidité de son esprit, son âme tout entière. Ces écrits pourraient former des volumes, et la doctrine qu'ils contiennent, placée sous différents titres, formerait facilement un traité ascétique fort utile. Mais nous nous bornerons à quelques extraits pris çà et là, et sans aucune pensée d'arrangement quelconque.

Voici comment la Mère Maria s'exprime au sujet de l'obéissance, ce joyau incomparable des Ordres religieux :

« Ce à quoi vous devez vous attacher sérieusement,

c'est à l'obéissance dans toute votre conduite. Cette vertu est l'âme de la perfection évangélique ; et, si nous ne la pratiquons pas comme la règle et nos vœux le demandent, il n'y a rien de religieux en nous. Elle est le caractère propre d'une âme consacrée à Dieu, qui a été lui-même obéissant jusqu'à la mort, et à la mort de la croix. Nous devons donc la pratiquer avec les conditions qu'il demande de nous, pour qu'elle soit conforme à la sienne, dans les grandes comme dans les petites choses. Adonnez-vous y donc dans les pures vues de la foi : elle enrichira votre âme des célestes biens, et vous rendra chère au cœur de Dieu, qui aime tant cette reine des vertus. Sans elle, nous ne sommes dans la sainte religion qu'un vain simulacre. Comprenez-en bien l'excellence, et reproduisez-en les actes en chacune de vos actions ; faites en sorte que tout en vous exprime l'esprit et les effets de cette vertu. Je prierai Dieu qu'il vous en donne l'amour et la pratique fidèle. »

« Consultez et obéissez en tout. »

« Il vous faut vouloir et accepter comme de la main bénie et paternelle de Dieu tout ce que l'obéissance demandera de vous. »

« Que Dieu soit le principe de votre obéissance dans tout ce que demande de vous votre Supérieure ; car si c'est à lui, comme la foi vous le dit, que vous obéissez en sa personne, votre obéissance sera parfaite, et tout vous sera facile. Mais, si vous considérez seulement la créature avec ses vertus et ses défauts, elle sera tout humaine, toute mercenaire, et par conséquent très-pénible à notre nature dépravée, qui n'aime pas à être soumise au joug. Puis, elle ne vous sera d'aucun mérite pour le ciel. »

~~~~~

« Dieu bénit l'obéissance ; et, quand cette vertu nous guide, nous faisons bien toute chose. »

~~~~~

« N'agissez jamais de vous-même ; consultez et suivez exactement le conseil donné ; c'est ainsi que vous vous formerez à la vertu d'obéissance, qui est l'âme de la perfection... Montrez-vous toujours souple, docile comme un petit enfant, en tout ce qu'on vous dira de faire. »

~~~~~

« Voyez combien son esprit divin agit en vous. C'est lui qui vous fait goûter la sainte obéissance que vous pratiquez maintenant avec tant de facilité. Le charme qu'a pour vous cette reine des vertus est déjà une récompense de vos efforts et de votre bonne volonté. »

~~~~~~

« Vous voulez être attentive à la voix de l'obéissance, et vous avez raison, car c'est là le vrai secret du bonheur et de la paix, la clef de la perfection religieuse. »

~~~~~~

« Cessez de vous mettre ainsi l'âme à la torture comme vous le faites; que gagnez-vous à vous tourmenter et à vous laisser dominer par vos idées, qui toujours l'emportent sur les avis et les décisions qui vous sont donnés? Sachez donc vous soumettre et croire que vos directeurs sont plus sages que vous, et qu'ils ne veulent pas vous tromper, ni vous faire prendre une fausse route dans le chemin du ciel. L'obéissance et l'humilité en sont la voie assurée; marchez-y généreusement et fidèlement, afin que ni l'esprit malin, ni la propre volonté ne l'emporte sur ce que vous devez à Dieu... Le bon Maître ne refuse rien à l'âme véritablement humble et obéissante... Laissez-vous conduire aveuglément en tout et pour tout; vous ne goûterez la vraie et solide paix de l'âme qu'à ce prix. »

La vénérable Mère est inépuisable quand elle parle de la lutte du chrétien contre lui-même :

« Quel bonheur quand, vainqueur de soi-même,

on parvient à régler si bien les mouvements de son cœur et de sa volonté, qu'il n'en échappe aucun de propos délibéré. »

« La force d'en haut vous environnera, et par elle vous obtiendrez un triomphe complet. Ayez donc beaucoup de courage et une grande confiance... Montrez beaucoup de docilité à suivre les avis qui vous seront donnés. Enfin, exécutez-vous généreusement et faites preuve de ce bon vouloir auquel rien ne résiste. »

« Il nous faudra toujours lutter avec nous-mêmes, le monde et l'enfer, pour vaincre les obstacles que chacun de ces ennemis suscitera à l'entreprise de notre voyage de la terre au ciel. Il nous faut donc faire preuve d'un grand courage, et montrer beaucoup de générosité et d'intrépidité pour braver leurs attaques et nous rendre vaines toutes leurs diaboliques entreprises. Il ne nous faut, pour cela, qu'une volonté ferme et soutenue... »

« Vous n'avez pas encore vaincu cette ardeur de caractère qui vous domine si fort; vous aviez pourtant bien promis à la retraite de la combattre et de ne quitter prise que quand elle serait réduite; mais on n'arrive pas tout d'un coup à un triomphe complet. La victoire des mauvaises habitudes et tendances naturelles n'est accordée qu'à une persévérance généreuse et soutenue à poursuivre l'ennemi et à s'en défaire, sans s'arrêter aux petites défaites, chutes et blessures que l'on rencontre dans la mêlée, ce qui est inévitable. Ainsi, ne vous en déconcertez pas. Retrempez vos armes dans le baume d'une humble et confiante prière, d'une bonne et intrépide volonté, puis recommencez la lutte sans jamais quitter prise, quoi qu'il arrive. L'entreprise de se vaincre soi-même n'est pas une petite affaire; c'est l'ouvrage de toute la vie. Du courage donc, et demeurez ferme et constante dans ce travail; Dieu le bénira, et il sera couronné d'heureux succès. Il faut assurément une force toute surnaturelle pour en soutenir le poids sans se laisser abattre; cette force nous sera donnée surabondamment si nous voulons demeurer fidèles. Dieu sera avec nous; sa grâce ne nous fera jamais défaut. Ayons cette ferme espérance. »

« Vous avez, par la grâce de Dieu, su triompher de votre cœur, étant pleinement désabusée sur les affections puériles et humaines qui le captivaient, ainsi que vous me le dites, et vous vous en trouvez bien par le repos intérieur que vous éprouvez de ce côté-là; c'est assurément une grande victoire que vous avez remportée sur cette puissance, la plus formidable de notre être. »

« A l'imitation de ces âmes d'élite qui ont vaincu le monde et se sont vaincues elles-mêmes, vous vous appliquerez avec un grand soin à seconder l'action de Dieu en vous... Mais vous n'y arriverez pas sans combats, et bien des alternatives; car, tant que nous serons renfermés dans ce corps mortel, nous porterons le poids des misères humaines dont nous triompherons par la foi. »

« Il me semble vous voir en lutte avec votre propre cœur afin de triompher de ses affections vives, naturelles, qui vous emportent parfois vers les créatures et la satisfaction des sens, tous objets périssables qui ne nous laissent que vide, parce qu'ils sont pur néant... Montrez-vous ferme, car il vous en coûtera, ce triomphe ne se fera pas sans de violents combats; vous pourrez même, dans la mêlée, recevoir de légères blessures, mais que ceci ne vous étonne ni ne vous déconcerte; armez-vous d'un grand courage; priez beaucoup; soyez humble et vigilante, pour ne pas vous laisser surprendre par l'ennemi. En vous tenant bien sur vos gardes, la grâce prendra le dessus et vous parviendrez à vous désabuser. »

21.

« Notre vie ici-bàs est un combat continuel, et l'entreprise de se vaincre n'est pas l'ouvrage d'un jour. Travaillez dans le calme et la paix, avec cœur, à la correction de vos défauts. Vous avez d'abord entrepris de combattre votre curiosité toujours avide de voir, d'entendre, et de se satisfaire en tout. Continuez de le faire, jusqu'à ce que vous reconnaissiez n'être plus enclin à ce penchant. Après lui, vous en combattrez un autre, et ainsi de suite; insensiblement vous parviendrez à vous connaître; les bonnes habitudes de là vertu se formeront en vous... Du courage; je vous le répète, la perfection n'est pas l'ouvrage d'un jour. »

« On ne devient pas parfait sans qu'il en coûte. L'entreprise de se vaincre soi-même est un combat incessant qu'il faut soutenir avec générosité et persévérance. »

« Soyez bien vigilante, ne quittez pas prise et demeurez toujours bien armée par la prière, l'humilité, une grande défiance de vous-même et une application continuelle à vous tenir bien appuyée et affermie en Dieu. »

« Faites des efforts pour corriger en vous tout ce qui mettrait obstacle à votre avancement spirituel,

CHAPITRE VINGTIÈME.

en combattant généreusement votre curiosité, votre répugnance à vous ouvrir, votre tendance à vous retirer des autres pour vous livrer à vous-même. Enfin, ayez grand soin de redresser toutes les pentes qui conduisent au mal. »

~~~~~~

« Vous me faites bien plaisir en me disant que vous vous appliquez avec soin à réprimer en vous la démangeaison de parler; vous ne pouvez qu'en tirer beaucoup de fruit pour votre avancement spirituel, puisque, selon saint Jacques, celui qui ne pèche pas par la langue est un homme parfait. »

~~~~~~

« Combattez fortement ces petits retours de jalousie, de susceptibilité, qui s'élèvent en vous. Ce sont des productions de notre mauvaise nature et des suggestions de l'ennemi de notre salut. Humiliez-vous de toutes ces misères; gémissez-en devant Dieu; perdez-les dans son sein paternel, et abîmez-vous dans votre néant. »

~~~~~~

« La bataille dont vous me parlez étant gagnée, vous serez entièrement maîtresse de vous-même, et, vos ennemis capitaux étant ainsi subjugués, le règne de Dieu s'établira dans votre âme avec un empire souverain, et vous jouirez d'une paix parfaite en sa divine possession, puisque vous aurez le Paradis dans le cœur. »

Voici quelques fragments sur le sacrifice et la générosité :

« Le propre de l'amour est de souffrir et de s'anéantir pour l'objet aimé. L'effet du véritable amour est de nous élever au-dessus de toutes les choses créées, et de nous rendre supérieurs à toutes les productions de notre nature perverse et corrompue. Ne mettez donc aucune borne à votre générosité. »

~~~~~~

« Vous servirez et aimerez Dieu pour lui-même, sans aucun retour de recherche et d'intérêt propre. Ce sera le moyen infaillible pour l'attirer en vous avec la plénitude de sa grâce, de son esprit, de son amour. Continuez donc à ne désirer, à ne vouloir que lui. Dieu seul en vue; moi tout entière en sacrifice. »

~~~~~~

« Vous voyez que tout est croix et souffrance en cette vie; il nous faut donc puiser en Dieu notre vertu et notre force, pour accepter et aimer le sacrifice et la douleur partout où ils se présentent; nous montrant fermes et courageuses pour en embrasser la voie et la suivre constamment. »

※

« Vivez de la foi... évitez toute recherche de vous-même; allez au bon Dieu purement et vous le trouverez sûrement; il est le Dieu de toute consolation. Estimez-vous heureuse de le servir pour lui-même, et non pour les dons et les douceurs sensibles que vous pourriez en recevoir. Car le propre du véritable amour est de se donner, de se sacrifier, de savoir souffrir pour l'objet aimé. »

※

« Vous voilà enrolée sous les étendards de la croix; demeurez dans ce creuset; il est pénible à la nature, je le sais, mais Dieu est là pour nous revêtir de sa force, afin que notre faiblesse n'y succombe pas. Appuyez-vous bien sur lui; il marchera à votre tête dans cette route qu'il nous a frayée par son sang; elle est celle des amis particuliers de son cœur. Là, la vertu s'épure, s'affermit et grandit. Le vieil Adam se détruit, et sur ses ruines s'élève et se forme peu à peu l'homme nouveau sur le modèle du Dieu du Calvaire, dont il reproduit progressivement dans sa conduite et ses actions la parfaite image. Armons-nous donc d'un grand courage pour répondre fidèlement à notre sainte vocation ; nous sommes les épouses du divin crucifié; acceptons de bon cœur la part de son calice d'amertume dont il veut bien nous gratifier, et ne faisons pas ce tort à notre honneur de vouloir être un membre délicat sous un chef couronné d'épines. Sa vertu puissante nous rendra toujours supérieures aux épreuves par lesquelles il nous fera passer, et la suave onction qui accompagne toujours la mortification et le sacrifice du cœur nous en rendra la pratique douce et aimable. Le propre du véritable amour est d'aimer à souffrir pour l'objet aimé. Estimons-nous donc heureuses d'être trouvées dignes d'avoir part à ce qui a fait les délices de son cœur, c'est-à-dire aux humiliations et aux douleurs de sa vie et de sa passion. »

« Vous expérimenterez combien il est doux de se renoncer, de combattre, d'être éprouvé, de souffrir pour Jésus-Christ. Oh! qu'une âme qui comprend bien le mystère d'amour renfermé dans la croix de ce bon Sauveur est heureuse ! »

« Ce bon Maître vous appelle à un enchaînement de petites peines, de petits sacrifices pénibles et crucifiants pour la nature. Applaudissez-vous de ce partage, et suivez fidèlement cette voie selon qu'il le demande de vous ; s'il vous voit docile et soumise, il marchera devant vous pour applanir les difficultés, et vous n'y rencontrerez que des douceurs. »

« Les révoltes et les oppositions de notre pauvre nature à la vue de la souffrance doivent-elles donc nous étonner, puisque de sa première origine elle n'était pas faite pour souffrir, ce châtiment n'étant que l'effet du péché en elle? Loin donc que la répulsion qu'elle nous fait sentir et éprouver, en ce qui nous survient de fâcheux, de contraire à ses goûts et ses inclinations, nous en diminue le mérite quand nous l'acceptons et le supportons en esprit de soumission à la sainte volonté de Dieu, sachons bien *nous laisser de côté* et croire que nous ne ferons rien de plus agréable à ses yeux que ce qui nous répugne le plus, en combattant sans cesse contre nous-mêmes et nous immolant. »

« Montrons-nous généreuses et embrassons amoureusement la croix; portons-la courageusement à la suite de Jésus-Christ, elle nous conduira droit au ciel. »

« Vous allez donc recouvrer le calme et la paix au dedans et au dehors de vous-même; vous avez pris le bon moyen pour arriver à ce partage si désirable, la pratique de l'abnégation. Soyez donc grande et généreuse dans la voie du renoncement et du sacrifice. »

───

« Votre désir d'aller à Dieu est entaché d'un je ne sais quoi d'amour-propre et de recherche personnelle qui nuit aux opérations de sa grâce en vous. Vous voudriez sentir que vous aimez ce bon Maître, savoir s'il est content de vous. C'est là le servir pour soi-même et non pour lui. Sacrifiez-lui donc toutes ces petites satisfactions qui nuisent en nous aux progrès du véritable amour que nous lui devons, et qui doit être dégagé de tout intérêt propre. Acceptez avec soumission de cœur les sécheresses, les dégoûts, les aridités quand ils se présentent, que vous y ayez donné lieu ou non, et trouvez-vous heureuse d'avoir quelque chose à lui offrir. »

───

« L'acte de générosité que vous venez de faire a été souverainement agréable à Dieu. Il vous en récompensera par de nouvelles grâces. Il sait si largement payer nos sacrifices et tout ce que nous faisons pour lui ! »

───

« Nous n'arriverons au ciel que par le renoncement, la souffrance, la croix : nulle autre route ne nous y conduira. Prenez-en donc une bonne fois votre parti. »

~~~~~~

« Dieu vous veut assurément dans l'épreuve et sur la croix, pour vous faire marcher à sa suite dans la voie du renoncement et du crucifiement de votre propre volonté, de vos goûts et attraits particuliers. »

~~~~~~

« Vous savez que pour donner aux autres il faut avoir soi-même, et les dons de Dieu ne se communiquent qu'aux âmes humbles et détachées d'elles-mêmes, toujours disposées à se renoncer, à s'oublier en tout, heureuses de pouvoir faire à Dieu des sacrifices pénibles à la nature, quand sa gloire et le bien commun y sont attachés. »

~~~~~~

« Quittez-vous et renoncez-vous, dit le bon Sauveur, et vous me trouverez. Videz-vous de tout amour-propre et de tout désir d'être estimée et applaudie du monde; aimez à vivre inconnue et comptée pour rien parmi les créatures. Tenez-vous toujours sous l'œil de Dieu et bien cachée dans son cœur. C'est alors qu'il vous façonnera au gré de son esprit. »

~~~~~~

« Sachons vaincre nos répugnances, nos antipathies naturelles et tout ce qui nous est le plus coûteux à faire... Jamais nous ne faisons plus pour Dieu qu'en tout ce que nous faisons contre nous-mêmes. Et il saura bien nous en payer magnifiquement. »

« Les occasions de vous renoncer, de vous humilier, d'être reprise et contrariée en tout, quelque fréquentes qu'elles soient, bien loin de vous être nuisibles, ne vous sont offertes que pour votre avantage; car, pour que le vieil homme et ses mauvaises productions meurent en nous, et que le nouvel homme, qui est Jésus-Christ, y prenne vie, il faut que nous soyons exercés à la pratique des plus austères vertus... Marchez à pas de géant dans cette bonne voie. »

« Pourrions-nous donc refuser de marcher sur ses traces, quoi qu'il dût nous en coûter, puisque le prix doit nous en être si bon? Il n'y a rien à perdre avec le maître que nous servons. »

« Acceptez les difficultés journalières, les petits sacrifices, les actes de renoncement qui peuvent se présenter à vous... Il nous faut une croix, car on n'arrive au ciel que par la croix; elle en est la voie infaillible... Les petits désagréments de votre intérieur seront la vôtre, et le prix vous en sera bon ; car rien ne nous profite plus, quand nous le savons bien prendre, que ces petits et fréquents froissements qui blessent l'amour-propre et contrarient la nature, qui n'aime ni la gêne, ni la mortification... C'est une bonne fortune pour notre âme. »

« Une religieuse doit être simple, pieuse, modeste, amie de la vérité et du sacrifice; tout appliquée à Dieu et à ses devoirs, s'attachant à les remplir avec zèle et dévouement, sans recherche aucune d'elle-même, avec une grande pureté d'intention. »

Dans les lignes suivantes, la Mère Maria inculque cette grande vérité que Dieu seul est capable de contenter notre cœur :

« Dieu est le centre de notre cœur; il ne l'a fait que pour lui; et ce cœur sera toujours dans le trouble, l'agitation et le vide, tandis qu'il ne reposera pas en lui. Seul il peut en remplir la vaste capacité et le contenter pleinement; hors de lui, il n'éprouvera qu'inquiétude et déception. »

« Vous ne pouvez goûter de solide paix et de parfait contentement de cœur que dans le retranchement entier de tout ce qui n'est pas Dieu. »

« Tout amour dont Dieu n'est pas l'auteur et le lien est faux et fatigue le cœur sans jamais le remplir. Attachons-nous donc au bien solide et impérissable, et n'aimons que pour lui les personnes vers lesquelles nous nous sentons inclinées. »

« Dirigez donc vers cet amour souverain votre pauvre cœur, et soyez pleinement convaincue du néant des choses et des créatures humaines. Vous sentez que ce cœur est fait pour quelque chose de plus grand et de plus élevé que ce qui passe. Attachez-vous une bonne fois à ce Dieu qui ne passe pas et qui demeure dans tous les temps; seul il en peut remplir la vaste capacité, le contenter et le rendre pleinement heureux. »

« A la clarté vivifiante de la foi, vous paraissez reconnaître le néant, l'instabilité des choses et des affections humaines caduques et périssables. C'est bien les juger à leur point de vue; et, une fois convaincu de cette vérité, il n'est point difficile de s'en désabuser.....

» En vous plaçant ainsi sur un aussi vaste champ des misères et des vicissitudes humaines, qu'a eu Dieu en vue, si ce n'est de vous faire voir le néant et la caducité des choses d'ici-bas? Comment donc, après cela, pourrions-nous y être attachées, nous laisser aller à nos susceptibilités d'amour-propre, vouloir encore chercher la satisfaction du moi ? Défaisons-nous de tout cela, travaillons sérieusement à notre réforme intérieure. Puisqu'il n'y a que Dieu de solide, attachons-nous à lui purement, donnons-nous entièrement. Hélas ! vous avez déjà tant fait pour lui prouver un amour généreux, comment pourrait-il se faire qu'il y eût encore en vous quelque chose qui l'empêcherait de régner en maître souverain ? Si cela était, défaites-vous-en au plus tôt afin que seul il possède votre cœur. »

La Mère Maria a des pensées fortifiantes sur les consolations intérieures.

« Quels que soient les dégoûts, les sécheresses que vous éprouviez, n'omettez aucune pratique... La persévérance à y être fidèle dans cette épreuve pénible vous attirera bien des grâces, car Dieu n'aime rien tant que de nous voir le servir sans recherche de ses douceurs et des consolations sensibles. C'est là cet amour pur et désintéressé qui charme son divin cœur et qui remplit le nôtre de générosité et de courage pour le servir avec dévouement dans la bonne ou mauvaise fortune. »

« Le peu de ferveur sensible que vous éprouvez dans l'accomplissement de vos devoirs religieux est un moyen dont ce bon Maître se sert pour vous conserver dans l'humilité et une basse opinion de soi-même, ce qui lui plaît et mérite plus à ses yeux que les consolations sensibles. Ayez donc toujours cette ferveur de volonté qui vous portera à servir Dieu pour lui-même, et non pour la satisfaction que vous en recevrez, car il veut un amour pur et généreux. Ainsi, du courage! ne vous troublez pas de vos sécheresses, de vos distractions, de vos froideurs dans vos prières, offices, communions. Si vous n'y avez pas donné occasion, ceci ne vous sera pas dommageable, mais avantageux. »

« Le sentiment et le goût de la divine présence et de son service ne dépendent pas de nous, et il ne les demande point; c'est une faveur qu'il accorde de temps en temps à qui il lui plaît. Un amour de volonté ferme, absolument résolue de le servir, beaucoup plus pour lui que pour ses dons et consolations sensibles, lui est infiniment plus agréable, et est d'un bien plus grand mérite à ses yeux. Moins vous vous rechercherez, plus vous le trouverez, et plus aussi il se communiquera à vous, pour vous faire marcher dans les voies ténébreuses de la foi, du sacrifice et du renoncement. »

« Il vous serait doux de le goûter et de sentir l'action de son divin règne en votre âme;.... vous n'êtes pas assez dégagée de vous-même,.... vous vous recherchez trop..... »

~~~~~~

« Allez à Dieu par la foi; cherchez-le purement et servez-le bien, plus pour lui-même et avec un amour désintéressé que pour la satisfaction que vous en pourriez recevoir par les consolations sensibles dans vos exercices de piété... Nous donnons plus à Dieu dans la privation de sa présence, dans le défaut du sentiment de notre action pour son service, que dans la douceur et le goût de la dévotion... Se montrer constante dans les sécheresses, les aridités et les épreuves les plus pénibles de la vie; conserver toujours une grande ferveur de volonté, une parfaite égalité d'âme, voilà la marque du véritable amour, parce qu'il sait s'oublier, se sacrifier pour l'objet aimé. »

~~~~~~

« Quant à vous qui vous êtes dévouée avec zèle pour donner au prochain vos soins, jouissez déjà du prix de vos travaux, de vos sacrifices, par la joie et le contentement intérieur que procure toujours une bonne action; c'est la première récompense du bien et des actes de vertu que nous faisons. Dans le ciel Dieu les payera plus magnifiquement encore. Votre bon ange aura recueilli avec soin vos veilles, vos démarches, votre sollicitude pieuse et attentive pour vos chers malades, afin de les déposer ensuite au pied du trône de Dieu qui vous en tiendra bon compte. »

~~~~~~

« Qui sait si le bon Dieu n'a pas permis que vous soyez dans toutes ces tentations et désolations, afin de vous mettre à même de lui prouver effectivement l'amour généreux que vous lui témoigniez, dans le temps où vous goûtiez si pleinement la douceur de son joug, qu'il vous semblait être dans la disposition de tout entreprendre pour lui prouver votre reconnaissance, en faisant et acceptant tout ce qu'il demanderait de vous, ne pensant pas alors en pouvoir trop faire pour répondre à ses faveurs et à ses immenses bienfaits. Le temps est venu de justifier ce que vous ressentiez et promettiez à cette époque; voudriez-vous reculer en arrière et lâcher prise dans ce combat ? »

~~~~~~

« Je trouve le fond de votre lettre un peu triste. Égayez-vous donc. Le bon Dieu veut et aime qu'on le serve avec joie. Cela dilate le cœur, le rend plus fervent, plus généreux pour le prier et nous tenir, bien soumises à sa sainte volonté, dans les maux, les contradictions et épreuves de la vie, du cœur, de l'âme ou du corps. Allez donc à lui avec un abandon et une confiance vraiment filiale, comme un enfant à son père. Il sait que vous voulez l'aimer, lui être à jamais fidèle, et cela lui suffit.... Défaites-vous de toutes vos pensées pénibles et chagrines ; elles ne sont rien autre qu'une tentation que le démon vous suscite pour vous faire perdre la paix de votre âme, arrêter et paralyser vos progrès dans le bien que vous êtes appelée à faire en vous et aux autres. »

~~~~~~

« Gardez-vous bien de ces réflexions chagrines qui vous porteraient à la tristesse..., ce serait là un ver rongeur pour votre âme qui y perdrait sa vie. »

~~~~~~

« Défiez-vous surtout du démon de la tristesse, car il en a séduit plusieurs. »

~~~~~~

« Faites effort pour bannir la tristesse et l'ennui auxquels vous êtes en proie ; c'est un ver rongeur qui amortit en nous le principe de la vie intellectuelle, et paralyse complétement l'action de Dieu. Ne négligez rien pour vous préserver de cette contagion. Elle vous serait funeste..... »

~~~~~~

Gardez-vous bien de vous laisser aller à cet ennui et à ce trouble d'imagination qui vous accablent et vous plongent dans l'abattement; la tristesse, dit l'Esprit-

Saint, est la rouille de l'âme; elle la ronge et la mine peu à peu, de sorte qu'elle n'a plus de vie pour s'élever vers son centre qui est Dieu; c'est là une tentation terrible et qui donne beaucoup de force au démon sur nous, quand elle n'est pas surmontée; défiez-vous-en, et montrez-vous généreuse pour la vaincre. Dieu vous aidera et vous deviendrez victorieuse. »

La vénérable Mère n'entendait pas qu'on se tourmentât en se livrant au difficile travail de la perfection. Les passages transcrits ici sont une preuve de sa vive sollicitude sur ce point.

« Il me semble que vous vous tourmentez beaucoup trop. Pourquoi vous étonner ainsi de vos faiblesses et des difficultés qui semblent se présenter à chaque pas dans le chemin? Ne savez-vous pas que la vie, et surtout la vie spirituelle, est un combat continuel?... Soyez donc plus simple, plus convaincue de ce que vous êtes, et sachez que nous sommes tous incapables du moindre bien sans le secours de Dieu, et enclins par notre mauvaise nature à tout ce qui est mal. Il faut que nous ayons compassion de nous-mêmes et que nous nous supportions avec longanimité. Ne vous étonnez donc pas de vos fautes... mais humiliez-vous, gémissez-en, et relevez-vous au plus tôt... N'oubliez pas que la vertu se perfectionne dans la faiblesse. »

CHAPITRE VINGTIÈME.

« Vous vous tourmentez de votre peu d'avancement dans la pratique du bien : ceci nuit au progrès que vous y pourriez faire. Écoutez avec docilité ce que l'on vous dit, et faites-le avec simplicité et attention. Si vous n'y réussissez pas tout de suite, ne vous en troublez point; ne vous découragez pas; aimez à être reprise et acceptez en bonne part les avertissements qui vous sont faits sur les défauts qu'on aurait remarqués dans votre caractère..... »

« Que vos petites difficultés, contradictions et oppositions de chaque jour à vos goûts, inclinations et affections naturelles ne vous étonnent ni ne vous déconcertent; il en devait être ainsi; c'est la filière que vous aviez à suivre et le creuset où Dieu vous attendait pour dissiper toutes vos illusions et épurer votre vertu. Rien de ce que vous avez souffert dans cette veine d'épreuves ne me surprend. »

« Défaites-vous de tout trouble, de toute contention d'esprit. La vraie piété est toujours gaie, franche, aimable; elle n'a rien de guindé. »

Au sujet de la direction, la Mère Maria donne des conseils pratiques, sages et consolants.

« L'aveu qu'on fait des tentations qu'on éprouve est

un bon moyen pour faire prendre la fuite au démon, car il n'aime pas à être dévoilé. Déjà la grâce de Dieu parle à votre cœur en vous inspirant une excellente manière de mettre en fuite les suggestions mauvaises de l'ennemi et de rétablir le calme dans votre âme, l'ouverture du cœur. »

« Recourez souvent à la source du bon conseil qui est Dieu et vos supérieurs ; et, si vous y sentez quelque répugnance, surmontez-la aussitôt en pensant que c'est le démon qui la fait naître pour vous priver du bien et des précieux avantages que vous en retireriez. »

« Ne vous alarmez pas de vos tentations, de quelque nature qu'elles soient ; mais, pour les mettre en fuite, allez de suite les découvrir par une humble et entière ouverture de cœur. Déjà vous avez expérimenté l'efficacité de ce moyen ; employez-le toujours dans les pures vues de la foi. Il est infaillible. »

« Vous avez éprouvé bien des combats, bien des mauvaises tendances. Et qui n'en a pas, mon enfant ? Mais au fond j'ai vu que le bon Dieu vous mettait en main le remède qui pouvait guérir cette tourmente intérieure. En même temps que vous en faisiez l'aveu, vous mettiez le doigt sur les causes qui l'avaient fait naître; et je ne vois pas de moyen plus propre à vous en faire libre au plus tôt. »

« Faites-vous complétement connaître à votre guide spirituel qui sait si bien vous diriger dans les voies de Dieu, et suivez avec beaucoup de docilité et de fidélité ses avis; ils vous seront utiles et salutaires. »

« Vous vous étonnez que votre directeur ne vous dise rien; mais la grâce doit agir en vous, surtout celle de la vocation sainte à laquelle vous aspirez; puis votre règle vous parle sans cesse. Suivez donc la voix de ces puissants et très-sûrs guides, et vous marcherez à grands pas. »

« Priez ce bon Maître de suppléer à ce qui manque au soulagement et à la direction de votre conscience. Il sera lui-même votre ange de bon conseil, et, si vous êtes docile aux opérations de sa grâce en vous, vous agirez sous son esprit. »

« Je vois que vous êtes dans une grande disette de la sainte parole et du bon conseil, surtout dans la

22.

direction. C'est une privation bien sensible; assurément j'y prends part et y compatis sincèrement. Mais le bon Dieu peut y suppléer en vous parlant au cœur; écoutez bien son divin langage; il est clair et persuasif; en le suivant, vous ne vous égarerez pas. Puis vous avez votre règlement. C'est encore un bon guide; suivez-le de point en point; vous avancerez grandement dans la vie spirituelle; les vertus du saint renoncement, de l'humilité, de la mortification germeront en vous et y croîtront chaque jour d'une manière sensible. »

« La direction vous manque presque totalement. Comme il nous faut une croix à porter, ne pouvant aller au bon Dieu, ni être à lui sans cela, eh bien! ce sera la vôtre. »

Voici quelques lignes remarquables sur la connaissance de soi-même et l'humilité.

« Vous parviendrez à la connaissance de vous-même; et, de cette connaissance, résultera nécessairement une grande ardeur pour travailler à votre réforme. Déjà vous vous trouvez humiliée, et vous déplorez les mauvaises tendances auxquelles vous vous sentez portée; c'est une grande grâce que Dieu daigne vous faire; car, en regard de la souveraine perfection de ce Dieu de toute sainteté, vous avez sous les yeux le fonds inépuisable de misère et de corruption de notre méchante et perverse nature. Quels sentiments de confusion et d'étonnement ne devons-nous pas avoir de ce que nous, pauvres et chétives créatures, soyons l'objet de l'attention, de la tendresse et de l'amour de ce Dieu si grand, si puissant et si bon ! et de quel prodigieux amour !... Oh ! que cette pensée a de force sur l'âme qui connaît bien ce que Dieu a fait pour elle et ce qu'elle lui est. Rien n'est plus propre à détruire en elle le moi humain, pour s'abîmer profondément dans sa petitesse et son néant. Cette considération a vaincu en plusieurs l'empire de l'amour-propre, de la vanité, et toutes les autres productions de notre malheureuse concupiscence ; et une profonde humilité, une grande énergie de foi, une résolution ferme et courageuse de mourir à tout ce qui n'est pas Dieu se sont élevées sur les ruines de l'orgueil... »

« Le défaut qui vous domine est celui de bien d'autres, car l'orgueil est le fond de notre être, et c'est pour cela que nous devons toujours être en garde contre ses ruses pour ne pas nous y laisser surprendre. C'est un cruel ennemi. Appliquez-vous toujours à le combattre, et, Dieu aidant, vous y parviendrez, au moins en gagnant chaque jour quelque chose sur le terrain de l'humilité, son antagoniste. Ce travail est difficile, et la vie entière doit y être consacrée. Ainsi, soyez courageuse et ne vous lassez pas. »

~~~~~~

« Si nous parvenons à détruire en nous l'amour-propre et la susceptibilité, ces deux ennemis si cruellement funestes, et si nous arrivons à nous en faire entièrement libres, tout sera gagné pour nous. Ce qui les pulvérise, c'est d'être bien humble, bien détaché de soi-même, armé de la mortification et du saint recueillement. »

~~~~~~

« Supportez avec patience et humilité les petites épreuves qui vous sont ménagées par la Providence, et certaines vexations qui vous viennent çà et là à la traverse, pour vous faire pratiquer la mortification, le renoncement et l'humilité en esprit de pénitence et d'abnégation... Ces occasions qui blessent l'amour-propre nous aident à faire mourir en nous le moi humain, cet homme de péché qui y vit si fort, et à nous exciter à faire des actes de vertu, douceur, humilité, charité... »

~~~~~~

« Adonnez-vous à la sainte vertu d'humilité ; et, si vous n'allez pas encore jusqu'à aimer les humiliations et les mépris, supportez-les avec résignation quand ils vous viennent. »

~~~~~~

On ne lira pas les lignes suivantes sur les impressions sans apprécier la grande prudence de la Mère Maria.

« Il est de la sagesse de ne pas s'arrêter à une première impression que l'on ressent tout d'abord, quelle qu'elle soit, bonne ou mauvaise; car c'est là agir par prévention, et non par conviction et justice. »

« Souvent l'imagination nous perd; elle nous conduit où nous ne voulons pas; elle est en tout cas, mainte fois, un grand obstacle à notre avancement. »

« L'expérience vous a appris, dites-vous, à ne pas exprimer en actes tout ce que l'imagination inspire. L'expérience est une bonne école; instruisez-vous y bien, vous ne pourrez que vous en trouver parfaitement. »

« Votre imagination vous a encore une fois subjuguée, et, tant que vous vous laisserez dominer par elle, elle vous égarera et vous serez vraiment malheureuse. »

« Faites vos efforts pour dompter votre tête qui, ainsi que vous le reconnaissez, vous égare souvent.

C'est une mauvaise conseillère, surtout quand elle se laisse entraîner par l'imagination, *la folle du logis.* Tenez-vous donc bien en garde contre elle. »

« Je me fais bien l'idée des saillies de votre imagination et de tout ce qu'elle a pu vous suggérer en cette circonstance. Je vous ai suivie dans toutes ces phases pénibles, et, vous connaissant ce que vous êtes, j'ai deviné vos tentations, vos combats et toutes les extrémités auxquelles vous entraînaient vos pensées et vos réflexions. »

« Il me semble que votre imagination, qui n'est ni lente ni oisive, vous grossit les objets et vous fait voir les choses autrement qu'elles ne sont en réalité; défiez-vous-en, car son propre est de nous illusionner et, par conséquent, de nous tromper. »

Il se rencontre souvent dans les lettres de la Mère Maria des passages où se trouvent solidement établis les principes qui doivent diriger les Sœurs en faisant l'œuvre de Dieu.

« Ne savons-nous pas que Dieu se sert toujours de ce qui n'est rien pour faire son œuvre? Ce sont là les instruments qu'il se choisit, afin que la gloire de son ouvrage lui en revienne; il ne nous demande que la docilité et la bonne volonté. »

~~~~~~

« Toute notre étude doit être de bien entrer dans les desseins de Dieu. »

~~~~~~

« L'œuvre de Dieu ne s'opère et ne se perfectionne que dans le calme et la modération. Le zèle qui vient de lui est plein de douceur et de suavité. Pour en venir là, je sens bien que vous aurez de rudes assauts à livrer à votre imagination et à l'empressement de vos désirs pour le bien, lesquels voudraient que tout fût parfait en un jour. Mais ne vous déconcertez pas. Dieu vous fera la grâce d'en venir à bout, et alors vous aurez le bonheur de posséder votre âme et toutes ses puissances dans un repos et une paix parfaite; le vrai et solide bien s'opère toujours lentement, soyez convaincue de cela. »

~~~~~~

« Il me semble que vous appréhendez trop le jugement et l'improbation des hommes et que vous ne comptez pas assez sur le secours de Dieu, par qui seul nous pouvons faire le bien et qui peut plus faire que nous ne pouvons espérer, au défaut même de tous les moyens humains. Oh! que nous avons peu de foi! Comprenons donc une bonne fois que nous ne sommes que de vils instruments entre ses mains et que, pourvu que nous nous laissions mouvoir entre ses mains par le bon et habile Maître, tout se fera bien. Soyez donc en repos et gardez votre paix. Vous serez mieux disposée à recevoir les impressions de son esprit et de sa grâce, pour seconder ses vues, entrer dans ses desseins et parfaire votre œuvre, pour sa gloire, le salut du prochain et votre sanctification. »

« Si le succès suivait d'aussi près nos actions et nos efforts, nous deviendrions trop présomptueuses, et en même temps trop lâches pour les actes de renoncement et de mortification. Il en résulte toujours un très-grand bien pour nous, c'est celui de l'obéissance et de la mort à nous-mêmes. Là est le trésor de la vie spirituelle. »

« Dans l'action, il faut user de beaucoup de prudence et de ménagements pour amener toutes choses à bonne fin, sans froisser personne; ceci est l'ouvrage de Dieu qui donne la sagesse et le tact à qui il lui plaît, pour amener les esprits au point où on les veut, dans l'intérêt du bien que l'on médite. Demandez-lui de vous gratifier de ce don; l'humble et fervente prière obtient tout de sa bonté.... »

« Ces succès que vous avez obtenus sont évidemment l'ouvrage de Dieu, puisque nous ne pouvons absolument rien faire de bon sans son secours. N'en perdez jamais le souvenir; il vous sera salutaire et vous obtiendrez de nouvelles grâces. Plus vous reporterez vers Dieu la gloire du bien qu'il fait par vous, pour ne vous attribuer que le mal qui s'y est glissé (et vous le devez en toute et bonne justice), plus aussi vous serez chère et agréable à ses yeux; et vos mérites seront plus abondamment récompensés. Ainsi, soyez bien humble, bien soumise et bien convaincue de votre petitesse devant lui. Il n'aime rien tant que cela... »

La pensée dominante de la vénérable Supérieure est l'apostolat. Le passage que nous allons citer, pris entre mille du même genre, montrera comment elle entendait voir exercé par ses Sœurs ce sublime ministère :

« Quel bien n'êtes-vous pas appelées à faire par le bon acquis, l'ascendant et l'empire que vous pouvez exercer si naturellement sur les populations, pour rappeler les unes et former les autres aux bonnes habitudes de la vie chrétienne. Faites-vous donc les apôtres de ces pauvres âmes à peu près délaissées. Vous en avez reçu la mission du ciel. Ne mettez aucune borne à votre dévouement, pour jeter et faire germer dans leurs cœurs la semence du salut par les saints enseignements de la foi. Ils dessilleront les yeux de leurs âmes, éclaireront leurs esprits des lumières de la vérité qui leur feront connaître Dieu; et, le connaissant, elles l'aimeront et le serviront comme leur souverain maître. Vous êtes vraiment des instruments de salut pour cette chère portion de son troupeau. Mieux que personne, vous pouvez leur faire beaucoup de bien par vos relations, vos bons offices de charité; mais bien plus encore par vos ferventes prières... Je désire tant que vous prépariez la voie à un heureux retour aux vrais principes dont nous sommes malheureusement déchus. »

« Attachons-nous à travailler avec force à étendre son divin règne, mettons tous nos soins à bien vivre, à lui gagner, à lui former des cœurs. »

La Mère Maria recommandait vivement et sous toutes les formes la pratique des oraisons jaculatoires.

« Suivez », écrivait-elle, « les bons mouvements qui vous portent vers Dieu dans le cours de vos occupations. Ils vous entretiendront dans de bonnes pensées et répareront les défauts de votre oraison du matin... Ce sont des élans qui vont droit au cœur de Dieu. Tâchez de vous familiariser avec l'habitude de ces oraisons jaculatoires. Elles sont d'une utilité merveilleuse pour nous entretenir dans l'esprit de foi et de recueillement. »

Terminons ces citations par un mot sur la sainte Vierge et le Sacré Cœur de Jésus.

« Retraçons en nous, autant que nous le pourrons faire, l'image fidèle de cette Vierge si pure. Elle n'est parvenue au degré de gloire et de grandeur dont elle jouit dans le ciel que par son humilité, son amour et son entier abandon à Dieu. Copions-la, et nous parviendrons à la possession de ses joies, non pas à son niveau, puisqu'elle ne le cède qu'à Dieu dans son élévation, mais en proportion du soin que nous aurons mis à nous former sur ce beau modèle. »

« Puissiez-vous vous établir dans une solide paix et dans la sainte amitié de Dieu par une union intime avec son divin cœur. C'est dans ce centre adorable, abîme de dilection, de perfection et de délices, que le vôtre trouvera sa vie, son repos, sa félicité véritable. Dirigez-le donc toujours vers cette source intarissable qui fera jaillir sur lui avec affluence tous les biens célestes, capables de lui donner force et courage pour traverser le pénible exil de ce monde généreusement, étant portée sur les ailes d'une foi vive, soutenue par la sainte espérance, les yeux toujours fixés sur le terme du voyage. »

CHAPITRE VINGT ET UNIÈME.

La Mère Maria assiste pour la dernière fois à la messe, le jour de l'Immaculée-Conception. — Elle se met au lit. — La sainte Communion trois fois la semaine. — Avec quelle bonté elle reçoit les visites. — Elle se livre encore au travail des mains. — Sa grande union à Dieu. — Sa patience. — Elle se résigne de ne pas mourir le jour de Noël. — Elle veut quitter cette vie en véritable pauvre. — Sa préoccupation constante pour l'observance de la Règle. — Le testament de la Mère Maria. — Elle reçoit l'Extrême-Onction. — Un billet à une Sœur. — Ses dernières paroles. — Elle emporte dans la tombe le chagrin de voir l'Église persécutée et la France malheureuse. — Sa douce mort. — La Mère Maria sur son lit funèbre. — Affluence énorme à son enterrement. — Ses petites filles de Sainte-Élisabeth. — On prie pour elle, et on se recommande en même temps à sa bonté.

On était au jour de la fête de l'Immaculée-Conception. Notre vénérable Mère, depuis la définition du dogme sacré qui établit que l'auguste Vierge fut exempte du péché originel, avait conservé dans son cœur une vive reconnaissance pour Dieu, dont la bonté avait jugé notre siècle, sous tant de rapports si malheureux, digne cependant d'entendre la louange la plus pure qui pût venir du ciel à Marie. Cette solennité avait pour elle une suavité qu'elle ne cherchait pas à cacher; et tout le monde à la communauté voyait qu'elle triomphait de bonheur quand arrivait cet anniversaire. Elle assista donc encore à l'adorable sacrifice, et elle reçut avec ses Sœurs le pain des Anges. Mais c'était la dernière fois qu'elle apparaissait au milieu d'elles, la dernière fois qu'elle occupait cette place où si souvent on l'avait vue abîmée dans l'adoration, et en quelque sorte entourée d'une auréole de lumière. Afin de se trouver ainsi le matin au banquet eucharistique, elle avait fait un suprême effort; elle fut obligée de se mettre au lit avant la fin de la fête.

Elle ne se fit pas un seul instant illusion sur la gravité de sa position; mais, dans la crainte d'attrister l'amour si tendre dont elle se voyait entourée par toutes les Sœurs, elle évita avec le plus grand soin de dire qu'elle allait mourir, quoiqu'elle se vît bien sur le seuil de l'éternité.

Sur son lit de douleur, elle fut ce qu'elle avait été durant toute sa vie, une âme étroitement unie à Dieu, un apôtre, une femme infatigable au travail.

Elle faisait toutes ses prières avec une paix profonde, malgré des souffrances très-vives qui ne se trahissaient que par des mouvements involontaires. Trois fois la semaine elle avait la consolation de communier. Toutes les âmes chrétiennes, en recevant la divine Eucharistie, sont pénétrées d'une vive reconnaissance; car cette douce visite de Dieu à l'âme est un bienfait dont nulle langue humaine ne peut rendre la suave grandeur. Mais la tendresse de la gratitude est bien autre, quand, ne pouvant plus aller à l'église chercher cet ineffable trésor, le pauvre malade se le voit apporter par le prêtre. La Mère Maria alors était anéantie dans sa reconnaissance et son amour. Une vénération indicible se répandait sur son visage quand ce divin sauveur, voilé sous les espèces sacrées, entrait dans sa chambre. Elle joignait les mains à sa vue avec une inexprimable émotion ; et, après qu'elle l'avait reçu dans son cœur, tous ses traits transfigurés lui donnaient l'air d'un ange captivé par la vision béatifique. Beaucoup de personnes vinrent la visiter. C'était toujours pour recevoir d'elle quelque conseil précieux ; chacun lui parlait de soi, et, quand elle apercevait quelque hésitation causée par un sentiment de délicatesse en quelque Sœur qui, la voyant si malade, craignait de la fatiguer, des larmes lui venaient aux yeux ; et, avec un reproche où respirait une inexprimable douceur, elle disait : « Pourquoi craignez-vous de me fatiguer ? Pourquoi ne me dites-vous pas cela ? Tout ce qui vous touche me touche bien intimement. » Elle avait au reste le plus grand soin de dissimuler ses souffrances ; et celui qui ne l'eût pas connue aurait eu de la peine à soupçonner qu'elle endurait d'horribles douleurs. En voyant ce sourire toujours si bon, si naïf, si bienveillant, cette politesse si pleine de cœur, cet air toujours heureux, il était facile de s'y méprendre. Elle se recommandait avec instance aux prières des personnes qui venaient la voir. Si elle eût suivi ses goûts, elle eût aimé être seule avec Dieu et n'être pas distraite par tant de visites, ayant devant elle si peu de temps pour se préparer à la mort. Elle pouvait en effet compter les heures qui la séparaient de l'éternité. Pour qui ces instants n'eussent-ils pas été infiniment précieux? Mais on la retrouve, dans ces jours suprêmes, ce qu'elle n'a jamais cessé d'être, une femme essentiellement oublieuse d'elle-même et ne vivant que pour la consolation du prochain. C'est ce qui lui donnait cet air heureux, cette physionomie gracieuse, cette égalité d'humeur, cette suavité de parole, quand on venait la voir, même au moment où la visite la contrariait le plus.

Les rares instants qu'elle avait de libres, elle les consacrait, même sur son lit, au travail des mains. « Je ne puis plus rien faire », disait-elle d'un ton de regret plein d'une résignation qui saisissait; « tant que mes pauvres doigts pourront agir, il me sera trop doux de m'en servir pour mes Sœurs bien-aimées, et de faire pour elles, ne fût-ce que des bas ou des manchettes qui les préserveront du froid. » Et, avec cette illusion qu'un cœur aimant donne si facilement, en dépit des forces qui vous trahissent, elle prenait son tricot. La pauvre Mère, qui n'y voyait presque plus, emmêlait souvent les mailles; la bonne Sœur Placide remettait le travail en état, avec un attendrissement facile à comprendre.

Au milieu de ce travail si touchant, et quand la fatigue l'obligeait à se reposer, la Mère Maria était toute en Dieu. Durant le jour, elle faisait des oraisons jaculatoires presque sans interruption; et, afin de nourrir ses pieux sentiments, souvent la Sœur Placide, qui ne la quittait pas, lui lisait un verset de l'*Imitation* à l'ouverture du livre, et d'admirables à-propos se rencontraient presque toujours.

Dans cette profonde union à Dieu, elle puisait les sentiments les plus consolants d'abandon à son adorable volonté. Elle était très-indifférente et pour la vie et pour la mort. « Vivre et mourir », disait-elle, « voilà deux choses qui se ressemblent beaucoup, quand on se livre pleinement à la direction intérieure de Notre-Seigneur. Vivons donc et mourons abandonnés à son esprit et à son amour. Si le bon Dieu le veut, je resterai encore sur la terre; s'il veut que je meure, je suis à lui. »

Nous avons dit qu'elle souffrait beaucoup à certains moments. Mais elle était toujours fort sobre de plaintes. Il n'y avait que la nuit où, l'assoupissement la rendant moins maîtresse d'elle-même, elle jetait quelques cris. La Sœur Placide, que son attachement pour elle tenait toujours en éveil, l'entendait. Elle se levait à la hâte. Mais la Mère Maria en était si contristée qu'elle ne savait comment lui exprimer sa peine de l'avoir ainsi dérangée. « Oh! je vous en prie, ma Sœur », lui disait-elle, « ne vous occupez pas de moi; je n'ai rien. » La violence du mal, au bout de quelque temps, lui arrachait encore une légère plainte; l'ange qui veillait surelle d'arriver aussitôt; nouvelle peine pour la malade. « Dormez donc tranquille, ma bonne Sœur », lui disait-elle; « la peine que vous prenez pour moi me fait plus souffrir que toutes mes douleurs. Quand arriverez-vous donc à comprendre que c'est un repos pour moi de savoir que vous vous reposez? » Elle acceptait avec une grande facilité tous les remèdes qu'on lui donnait; et sa politesse, toujours si exquise, parce qu'elle était embaumée dans un parfum de charité surnaturelle, prenait, pour remercier, l'accent le plus gracieux et le plus délicat. Elle se laissait tourner et retourner dans son lit au gré des personnes placées auprès d'elle, réprimant avec une rare énergie les cris que la douleur lui arrachait dans ces changements de position. S'il lui arrivait d'ouvrir la bouche pour se plaindre, ce n'était que rarement, et elle se contentait alors de dire : « Oh! je vous en prie, donnez-moi un peu de soulagement ! » D'une maigreur extrême, au point que les os lui perçaient la peau, on comprend que la souffrance lui fît jeter quelquefois, mais toujours avec douceur, ce cri de la nature aux abois. Les pauvres Sœurs éplorées ne savaient plus alors que faire.

Les fêtes de Noël trouvèrent ainsi la Sœur Maria sur son lit de douleur. Sentant chaque jour ses forces défaillir, elle s'était bercée de la suave espérance que Dieu la ferait venir avec lui dans le ciel pour cette solennité si chère à son cœur. Trompée dans ce saint espoir, elle en prit courageusement son parti et consentit à vivre encore, puisque c'était l'adorable volonté de Dieu. « Je croyais pourtant bien », disait-elle, « que Notre-Seigneur m'aurait fait cette gracieuseté. »

L'octave bénie de la fête de Noël se passa sans aucun incident remarquable. La Mère Maria souffrait davantage, et les attentions des Sœurs auprès d'elle redoublaient. Il était visible qu'elle allait à Dieu, et on pensait déjà à lui donner des commissions pour le ciel. Les Sœurs vinrent donc lui recommander de la manière la plus pressante tout ce qui pouvait les intéresser. La pieuse Mère, émue, répondait à chacune avec les paroles les plus gracieuses et avec un profond esprit de foi. Un moment qu'elle se trouvait seule avec la Mère Saint-Luc, la Supérieure générale, elle lui dit : « Vous avez eu la grande bonté de me laisser un peu d'argent, afin de ne pas me priver du bonheur de faire l'aumône; mais je m'en vais, et je veux mourir pauvre. Souffrez que je remette entre vos saintes mains cet argent, ainsi que la bourse qui le renferme. » La Supérieure générale, attendrie, reçut l'argent pour lui faire plaisir.

Vers le 11 janvier, l'état de la Mère Maria, déjà si grave, devint alarmant. A certains instants, elle se trouvait dans une prostration de forces qui annonçait infailliblement sa fin prochaine. Elle prenait difficilement le peu d'aliments qu'on lui présentait. La parole, qui coulait ordinairement de ses lèvres avec tant de facilité et de grâce, devenait parfois embarrassée, et elle gardait longtemps le silence. Au reste, sauf à de rares intervalles, toute la lucidité de sa belle intelligence lui restait ; et on le voyait bien à son union étroite avec Dieu, aux paroles toutes célestes qu'elle disait aux Sœurs ; celles-ci n'ayant jamais besoin de lui suggérer de saintes pensées et se trouvant toujours prévenues par elle dans ce soin pieux.

Souvent, tandis qu'absorbées dans leur chagrin, les Sœurs chargées de veiller près de son lit oubliaient l'heure des exercices, la Mère Maria les avertissait doucement et leur disait : « Je vais m'unir à vous de grand cœur, pour accomplir ce que notre sainte Règle prescrit en ce moment. » On voit par là que l'observance de la Règle fut sa préoccupation constante.

A deux pas du ciel, en quelque sorte, la Mère Maria avait le cœur tendrement préoccupé de sa chère Congrégation. Elle avait dit mainte fois : « Notre but est de sauver les âmes par le moyen de la charité exercée envers les corps ; et plus la misère de ceux que nous sauverons sera grande, plus nous serons dans l'intime de notre vocation. » C'était la traduction fidèle de la pensée du fondateur. Or, elle sentait en ce moment plus que jamais que l'avenir de la Congrégation était tout entier dans la stricte application de cette noble pensée.

Par deux actes donc qui ne manquent pas de solennité, et qu'on peut regarder — bien qu'ils soient aussi simples que touchants — comme le testament de son amour pour la Communauté, elle affirma ce principe fondamental de la Congrégation au milieu de l'attendrissement général.

Elle voulut réunir auprès de son lit de mort ce qu'on peut bien appeler la misère suprême, les pauvres enfants trouvés, objet si particulier de sa prédilection, et leur consacrer les derniers mouvements de son cœur. Tandis donc qu'on la croyait absorbée en Dieu et qu'on n'osait troubler ce saint recueillement, une Sœur la vit faire un signe. Elle s'approcha : « Ma Sœur », dit la Mère Maria, « je voudrais bien voir une dernière fois nos chères petites filles. » On pensa qu'elle demandait les jeunes personnes du pensionnat. On alla les chercher en toute hâte, parce que la pauvre malade baissait visiblement. La Mère Maria les voyant entrer ne laissa apercevoir en aucune manière qu'on ne l'avait pas comprise. Elle recueillit ses forces, et elle eut pour ces enfants des paroles extrêmement gracieuses et bonnes. Tous les trésors de son cœur apparurent sur ses lèvres tremblantes ; on n'eût jamais dit qu'elle se mourait. Quand ces enfants, toutes ravies, se furent retirées, la malade dit à la Supérieure : « Ce ne sont pas elles, ma Mère, que je vous priais de m'amener ; ce sont les enfants de la Sœur Valentine. » On n'osa pas objecter à la malade son état de faiblesse, et on s'empressa de la satisfaire. Ces enfants arrivèrent. De grosses larmes tombaient de leurs yeux. La Mère Maria promena sur elles un regard attendri et satisfait. « Ma Mère », dit-elle à la Supérieure, « il n'y a donc rien que je puisse donner à ces enfants? » La Supérieure fit apporter des sucreries et des marrons. La Mère Maria était radieuse. Elle se mit donc en devoir d'éplucher les marrons et de les distribuer avec les bonbons à tout ce petit monde. Mais sa pauvre main tremblante se prêtait difficilement à cet office, si doux pourtant. On lui dit : « Ne vous fatiguez pas ; nous allons faire la distribution pour vous. » Elle répondit d'un air suppliant: « Vous aurez trop tôt fini, et je n'aurai pas le plaisir de voir assez longtemps ces enfants ; laissez-moi, je vous en prie, satisfaire mon cœur en leur donnant moi-même ces petites douceurs. » Cette scène était la révélation suprême de son amour pour les pauvres. Avec une intelligence comme la Sœur Maria en avait une, quand on descend à ces détails, on donne la proportion des grandes choses qu'on est capable d'accomplir en faveur de ceux qu'on aime avec une pareille délicatesse de cœur.

C'était le premier article, traduit par un acte sublime, du testament de la Mère Maria : l'amour le plus tendre de ce qui est le plus abandonné.

Voici le second :

La Mère Maria avait demandé qu'on inscrivît sur le frontispice de la chapelle deux mots empruntés à nos livres saints. Ces paroles tombées des cieux à la nuit de Noël, au milieu d'une mélodie angélique, rendent le but de la Congrégation avec une beauté toute divine : *Gloire à Dieu... Paix aux hommes de bonne volonté.* C'est sur ce thème séraphique que sa vie tout entière s'était invariablement exercée ; et en dehors de l'apostolat qui est la gloire de Dieu cherchée avec toute l'ardeur d'un cœur généreux, et en dehors des soins constants d'ajuster sa volonté à la volonté divine, on peut dire qu'elle ne connut rien et ne voulut jamais rien connaître. C'est en cela qu'elle avait toujours vu l'idéal d'une Sœur de Saint-Paul.

La Mère Maria, toujours recueillie en Dieu, appela bientôt de nouveau la Sœur qui était près d'elle : « A-t-on fait graver au-dessus de la porte de la chapelle les mots qu'on m'avait promis d'y inscrire », demanda-t-elle solennellement. On lui répondit : « Oui, ma Mère ; votre désir a été exaucé, et aujourd'hui même on a terminé le travail. » Le cœur de la malade fut comme un instant oppressé ; puis revenant de son émotion, l'œil doucement brillant, elle se souleva et dit : « Oh ! que je voudrais bien voir l'inscription !... » Cette nouvelle avait tout d'un coup ranimé ses forces. Tout ce qu'il y avait d'énergie dans cette âme quand la pensée du bien venait à l'électriser, c'est ce qu'on ne saura jamais. On la vit donc se remuer sur sa couche avec une vigueur dont tout le monde fut étonné. Elle demande avec larmes qu'on l'habille et qu'on la descende pour qu'elle voie de ses yeux l'inscription sacrée. Il y eut alors dans sa parole une autorité si pleine de tendresse qu'il fut impossible de lui résister. On lui mit ses vêtements et on la descendit, en la soutenant sous les bras, à la porte de la chapelle. Les Sœurs étaient alors à l'office. La vénérable Mère lut avec un attendrissement visible les saintes paroles, et elle témoigna sa vive satisfaction. Mais ses forces lui manquant, il fallut la déposer sur un fauteuil et la remonter rapidement dans sa chambre. Ainsi le legs de ces grandes paroles qui renferment si divinement bien le but de la Congrégation et les dispositions du cœur pour l'atteindre constitue, au milieu de circonstances si touchantes, le second article du testament de la Mère Maria. Ces deux actes sacrés accomplis, la vénérable malade rentra dans son doux recueillement, ne pensant plus désormais qu'à se préparer à mourir.

Elle fit sa dernière confession avec les plus grands sentiments d'humilité, et bientôt après la Communauté partait pieusement et tristement de la chapelle, faisant cortége au saint Viatique. La Mère Maria, voyant Notre-Seigneur entrer pour la dernière fois dans sa chambre, fut saisie d'une sainte et profonde émotion. Elle écouta avec un immense respect les paroles du prêtre, et on put voir, à son sourire angélique, le calme et la force de son âme. Quand elle eut reçu l'Hostie divine, elle demeura quelques instants anéantie au sein de son bonheur; puis, voyant qu'on se disposait à lui donner le sacrement d'Extrême-Onction, elle promena doucement ses regards sur les Sœurs agenouillées près d'elle. Élevant alors un peu la voix, elle leur dit : « Je demande pardon à la Communauté tout entière des peines que j'ai pu lui causer »; puis, après une pause, durant laquelle on entendait les sanglots des Sœurs, elle reprit : « J'emporte la Communauté dans mon cœur, et je plaiderai au ciel les intérêts de toutes et de chacune. » Pendant l'Extrême-Onction, elle répondit à toutes les prières avec une simplicité, une foi, une ferveur qui faisaient pleurer tout le monde; et elle présentait elle-même ses mains aux onctions sacrées. Après cette cérémonie suprême et si grandement imposante, elle resta longtemps immobile et silencieuse, absorbée dans l'action de grâces. Tous les assistants étaient en pleurs et livrés à une pieuse admiration.

Quelques personnes du dehors qu'elle avait aimées furent admises encore auprès d'elle; et, avec cette grâce exquise qui ne la quitta jamais, elle se chargea des commissions qu'elles lui donnaient pour le ciel. Il lui vint à la pensée qu'elle n'avait pas répondu à une Sœur qui lui avait écrit, et, malgré son état d'affaiblissement, elle demanda une plume et du papier, pour tracer à cette chère Sœur quelques lignes de consolation. Voici le contenu de ce billet : « 9 janvier 1869. Bien-aimée Sœur, j'ai été administrée; c'est un grand jour de miséricorde. Aidez-moi à en remercier...

CHAPITRE VINGT ET UNIÈME. 413

à cette douce pensée que tout sert à votre perfection, vous vous consolerez bien. Vivez continuellement de l'esprit de foi. J'ai été bien heureuse de voir votre bonne Supérieure. Je prierai Dieu pour vous et les vôtres. Je n'oublierai personne devant Dieu. Toute à vous, bonne sœur. Je vous embrasse et vous aime de tout mon cœur. » C'est par ces mots que se trouve close sa prodigieuse correspondance. Écrit d'une main déjà saisie par la mort, ce billet est presque illisible; il contient des lignes toutes brisées, puis de gros caractères comme ceux d'un enfant qui essaye pour la première fois la plume; et le tout se croise et se mêle sur la page comme dans les ténèbres. La pauvre Mère ne voyait plus. Mais le cœur était toujours là.

La Supérieure vint quelque temps après lui faire une visite : « O ma Mère », s'écrie la malade, avec un ton d'humilité qui pénétrait, « j'ai une grâce à vous demander. » La Supérieure l'assura qu'elle serait heureuse de faire tout ce qui pourrait lui être agréable. « Cette grâce précieuse que je désire de vous », lui dit-elle, « c'est votre bénédiction, avant que je meure. » La Supérieure générale se troubla un instant; en face de cette Mère que son âge, ses vertus et ses travaux rendaient si vénérable, elle pensait involontairement à elle-même, jeune encore. Enfin, elle prit le dessus sur son humilité et dit à la Mère Maria qu'elle allait la bénir, à la condition qu'après elle la bénirait à son tour. La malade reçut avec une profonde religion cette bénédiction tant désirée; et, levant la main à son tour, avec cette majesté qu'elle avait toujours, surtout en accomplissant quelque acte de religion, elle prononça ces paroles : « J'appelle sur vous toutes les grâces du ciel, afin que vous ayez tout ce qu'il faut pour bien gouverner la Congrégation. »

La Mère Maria s'affaiblissait de plus en plus. Tout en s'occupant de sa chère Congrégation, elle avait aussi pour l'Église et la France, à cette heure suprême, les pensées les plus tendres. On peut dire qu'elle emporta dans la tombe une peine cruelle : celle de voir le Souverain Pontife abreuvé de tant d'amertume, et la France si tristement engagée dans les voies funestes qui ne pouvaient, selon elle, aboutir qu'à de lamentables désastres. Dieu lui épargna la peine de voir sur la terre ses douloureuses prévisions réalisées. Mais durant sa maladie, au moment de ses plus grandes souffrances, que de fois elle s'offrit comme victime pour la sainte Église et pour son pays! « Mon Dieu, si j'avais mille vies, que j'aurais de joie de les donner au milieu des plus vives angoisses, pour procurer, ne fût-ce qu'un moment de joie à notre doux et saint Pontife de Rome, ne fût-ce qu'un jour de félicité à cette France adorée, dont les maux rendent mon cœur si malheureux et si inconsolable. » C'est ainsi que le plus pur patriotisme s'alliait dans cette âme ardente avec un inexprimable amour pour notre Mère la sainte Église. Une prudence, qui est peut-être celle de la chair, impose ici à notre plume trop de réserve. Mais, si nous ne croyons pas devoir lever entièrement le voile sur les pensées de cette femme admirable en face de ces deux grandes causes, la religion et la patrie, nous pouvons dire hautement qu'elle eut, relativement à toutes les questions contemporaines, une grande sûreté de vues et une inflexible fermeté de principes. Sa profonde intelligence vit venir de loin avec effroi, sous le déguisement de la douceur, le libéralisme, cette source de nos malheurs en religion comme en politique. Et elle ne varia pas un seul instant pour comprendre et pour dire où est notre salut.

Le moment était arrivé de réciter pour la Mère Maria les prières des agonisants : « Nous étions tout en pleurs », nous dit une Sœur témoin de cette mort bienheureuse ; « notre Mère s'unissait à nos supplications et répondait de temps en temps avec une émotion pleine de suavité. Elle avait une figure d'ange en entendant les saintes prières. » « Vous êtes donc bien heureuse de mourir, ma Mère ? », lui demanda une Sœur. « Ma chère fille », répondit-elle, « oui, mais moins parce que je meurs que parce que, en mourant, je fais la volonté de Dieu. » On lui lut encore une lettre qu'une Sœur lui écrivait. « Oh ! dites à cette chère enfant que c'est du ciel que je lui répondrai, puisque je ne puis plus le faire sur la terre. Aux pieds de Dieu, je lui donne rendez-vous. » On l'entendit bientôt après dire avec un calme ineffable : « Mon Dieu, je remets mon âme entre vos mains ; mon Dieu, je mets en vous toute ma confiance. » Et elle s'éteignit doucement dans cet acte d'amour de la volonté divine, le 14 janvier 1869, à l'âge de soixante-dix-sept ans. Le médecin en se retirant disait avec une émotion qu'il lui était impossible de maîtriser : « Je n'ai jamais vu mourir quelqu'un avec tant de générosité, de calme et de bonheur. » C'était tout simple, car pour elle mourir n'avait pas été autre chose que s'endormir entre les bras de Dieu, pour se réveiller au ciel.

La tranquillité avec laquelle elle expira fit quelque temps douter les Sœurs du malheur qui les frappait. Mais il fallut enfin se rendre à la douloureuse réalité. La pieuse main d'une Sœur liée étroitement avec elle par une sainte amitié lui ferma doucement les yeux, et ce ne fut pas sans un sacré frémissement qu'elle toucha ce front vénérable où régnait une paix céleste. On revêtit son corps de l'habit qu'elle avait porté avec tant d'honneur durant sa vie, et les Sœurs purent contempler bientôt, à travers les larmes, cette figure majestueuse et si belle où se peignait, avec ce charme indéfinissable et pur que la mort donne toujours aux prédestinés, la bonté, la paix, l'amour. On vint lui baiser les mains, comme l'on fait aux saints.

Le corps resta deux nuits et un jour dans la chambre mortuaire, sous la garde sainte de pieuses prières.

Les Sœurs se relevaient afin de payer chacune à leur tour à cette Mère chérie leur tribut de tendre vénération. Le soir du second jour, on la transporta dans la chapelle ardente. Son corps était si bien conservé et si souple, qu'une Sœur qui prenait part à cette douloureuse opération ne put s'empêcher de dire : « Mais notre Mère n'est pas morte. »

Il est impossible de rendre l'impression consolante que sa vue produisit tout le temps qu'elle fut exposée. De ces traits si connus et tant de fois admirés, où maintenant éclatait une paix céleste, il se dégageait je ne sais quoi d'attractif et de souverainement doux. Une jeune Sœur jusqu'ici n'avait pu surmonter la frayeur que lui causait la vue d'un mort. Il lui semblait qu'elle n'aurait jamais le courage d'en ensevelir, et elle s'attristait de cela, parce que la Sœur de charité a plus d'une fois ce douloureux devoir à remplir dans le cours de sa vie. Elle s'approcha toute tremblante de la Mère Maria, et, levant ses yeux sur sa figure si belle, elle sentit instantanément sa frayeur disparaître, et elle ne douta plus qu'elle aurait désormais le courage de rendre aux morts les pieux devoirs qui l'effrayaient tant.

Avant de voir la tombe se fermer sur elle, tout le monde voulut faire toucher à son corps des chapelets, des médailles, des christs, des scapulaires, des couronnes de fleurs et toutes sortes d'objets de piété. On y vint de toutes parts. Les pauvres enfants de Sainte-Élisabeth s'y rendirent aussi. Comment décrire leurs angoisses et leur désolation à la pensée que c'était pour la dernière fois qu'elles voyaient leur bienfaitrice. Toutes pleuraient, sentant bien qu'en elle elles avaient perdu plus qu'une mère.

La nouvelle de la mort de la Mère Maria s'était répandue avec la rapidité de l'éclair, et, des points les plus éloignés, on arrivait pour assister à ses funérailles.

La Congrégatoin de Saint-Paul demanda pour sa Supérieure générale l'enterrement des pauvres. C'est un point de la règle. Mais la reconnaissance publique, dont le digne curé de la cathédrale se fit l'interprète, ne tint compte de ce vœu qu'en partie. L'autel fut décoré de tentures blanches, et on alluma des cierges nombreux autour du corps. Le vénérable évêque crut devoir prendre part à ce deuil, en assistant au saint sacrifice célébré par M. le curé, au milieu d'une affluence innombrable.

Les dépouilles mortelles de la Mère Maria furent conduites au cimetière par une foule énorme, à la tête de laquelle se trouvaient les personnages les plus importants de la ville, des représentants de toutes les paroisses, de tous les ordres religieux, de toutes les administrations et de toutes les institutions. A voir tant de monde, on pouvait juger combien elle laissait de regrets. Sur tout le parcours, ceux qui ne prenaient pas part au cortége sortaient des maisons pour voir passer ce cercueil sacré, s'incliner devant lui avec respect et le saluer d'une larme ou d'une prière. On la descendit dans la fosse au milieu des sanglots. Les pleurs coulèrent surtout des yeux à ce moment si cruel où la terre tombant sur le cercueil avertit le cœur que le temps est venu de l'adieu suprême, et la tombe se ferma sur elle au milieu de la plus profonde émotion.

Son souvenir resta partout en grande vénération. Ses pauvres enfants de Sainte-Élisabeth surtout, elles qu'elle avait tant aimées, étaient inconsolables : « Nous allons travailler durant les récréations », se disaient-elles, « afin d'acheter des fleurs et de les répandre sur sa tombe. De dans le ciel est-ce qu'elle ne nous verra pas? Et quand elle saura que ces fleurs viennent de nous, ses orphelines, son bon cœur s'en attendrira. Nous la connaissons si bien ! » Cet acte de foi dans l'amour persistant de Sœur Maria au ciel, à l'égard d'enfants si malheureux, a quelque chose de sublime, et il suffit à lui seul pour révéler toute la grandeur du cœur qui a su l'inspirer. Et maintenant ces enfants vont à sa tombe à différentes époques de l'année porter leurs doux présents, des arbres verts, des bouquets de fleurs, le jour de sa fête, et d'aimables couronnes de roses blanches, humides de leurs larmes. C'est peu de chose, il est vrai, et tout est bien vite fané ; mais la pensée où cet amour touchant a sa source profonde ne se flétrit pas, et cet humble hommage du pauvre reconnaissant n'est pas sans grandeur.

L'âme pieuse, grâce à la foi, cette inénarrable consolatrice de l'amour éprouvé par la perte d'êtres chéris, n'admet pas que la mort puisse jamais rompre les relations du cœur avec les personnes qu'elle frappe. Il s'en faut bien que la Mère Maria, une fois descendue dans la tombe, fût considérée par ses nombreuses amies comme perdue pour elles sans retour. Des liens plus tendres et plus sacrés que jamais s'établirent donc entre elle et sa chère Communauté qu'elle avait laissée sur la terre avec la promesse de se souvenir toujours d'elle devant Dieu. On pria beaucoup pour sa sainte âme parce que celui qui voit des taches dans ses anges exige, avec une justice rigoureuse à laquelle l'âme qu'il épure ainsi est la première à applaudir, que toute faute soit expiée dans les flammes du purgatoire. Mais aussi on s'adressa à elle avec confiance, afin que, si sa sainte amitié sur la terre voulait déjà tant de bien à celles qu'elle aimait, désormais avec Dieu, elle daignât leur faire ressentir, dans une plénitude plus grande, les effets de son crédit. « Je ne puis pas prier pour elle », nous disait une vénérable Sœur; « pour être obéissante, je le fais, et mes lèvres s'y prêtent; mais mon cœur me dit qu'elle n'en a pas besoin. Il m'est bien plus doux de la prier, et je me figure que son cœur si sensible est tout entier à entendre ce que je lui dis; et, comme je la prie dans le sens des avis précieux qu'elle me donnait étant sur la terre avec son gracieux sourire, sa douce et encourageante voix, elle me dit, ce semble, qu'elle portera avec grande joie ma requête au Seigneur, dont maintenant elle contemple la face auguste. »

Beaucoup de Sœurs, pensant avec raison qu'elle était encore meilleure avec Dieu qu'elles ne l'avaient connue sur la terre, n'hésitèrent pas à lui demander des faveurs. Dans leur pieuse attente, presque toujours elles virent leur confiance bénie. Une fois entre autres il arriva, c'était quelques mois seulement après sa mort, qu'une Sœur se trouvant embarrassée pour trouver dix mille francs qu'il lui fallait, afin de fonder une œuvre importante, ne trouva rien de plus simple que de s'adresser à la Mère Maria. Sans cette somme, toujours considérable quand on n'a pas le premier denier, l'œuvre périssait. La Mère Maria devait être nécessairement sympathique à ces angoisses, car souvent durant sa vie elle s'était trouvée dans ce cas critique. La Sœur, au milieu de ce cruel embarras, descend à la chapelle. Là, sous les yeux du divin Maître, s'adressant avec simplicité à la Mère Maria, elle lui dit : « Ma bonne Mère, j'ai besoin de dix mille francs; c'est pour la gloire de Dieu que je demande cette somme ; vous êtes au ciel, si vous voulez, vous pouvez me la faire obtenir. » La Sœur sort de la chapelle. Une heure après, elle avait entre les mains les dix mille francs.

C'est sur ce fait qu'il nous est doux de clore cette histoire, qui peut-être n'est pas achevée. Au ciel, près de Dieu, pour ceux qu'on aime, on fait plus que sur la terre; et il n'y aurait rien d'étonnant que cette chère Mère y mît à profit à plaisir, avec une efficacité d'intercession plus grande que jamais, les ressources de sensibilité pieuse et généreuse qui faisaient d'elle ici-bas la consolatrice dévouée de toutes les douleurs du pauvre, et la mère tendre des Sœurs de Saint-Paul. Dans ce cas, sa famille religieuse saurait toujours, nous en avons la confiance, faire violence à la sainte humilité qui se trouve si bien de l'obscurité et du silence, pour permettre qu'on raconte, au moins au pauvre, comment la Mère Maria pense encore à lui dans le ciel.

FIN

TABLE DES MATIÈRES

CHAPITRE PREMIER............... 1

Naissance de Louise-Marie, 19 septembre 1791. — Son baptême. — Les premières peines dont son cœur fut atteint. — Les horreurs de la révolution. — L'enfant s'applique à venir en aide à sa mère. — Elle apprend à prier à ses frères. — Les premiers traits de son caractère se dessinent. — Ses succès à l'école. — Elle comprend la nécessité de la lutte contre elle-même, et elle entre résolûment dans cette voie. — Différents défauts qu'elle avait à combattre. — Sa première communion en 1802. — Elle reçoit le sacrement de confirmation.

CHAPITRE DEUXIÈME............ 13

Louise-Marie se sent appelée à la vie religieuse. — Le cas qu'elle fait de sa vocation. — Raisons qui la portaient à se faire sœur de charité. — Elle communique son dessein à ses parents. — L'ajournement. — Son père meurt. — Nouveau délai et dévouement admirable à sa famille. — Elle va à Paris, comme sous-maîtresse, dans l'ouvroir tenu par mademoiselle Loquet. — M. l'abbé Pointeau la dirige. — Sur l'avis de ce digne prêtre, elle entre dans la Congrégation des Sœurs de Saint-Paul, de Chartres.

CHAPITRE TROISIÈME............. 28

Louise-Marie entre à la communauté des Sœurs de Saint-Paul, le 19 août 1816. — Le premier mois d'épreuve. — Elle est reçue au rang des postulantes. — Idée générale de l'institut des Sœurs de Saint-Paul. — La postulante travaille avec énergie à reproduire en elle le type renfermé dans les constitutions.— Elle prend l'habit et commence son noviciat.— Les lumières qu'elle reçoit du ciel. — Comment elle comprend la mortification. — Elle est envoyée à l'hospice de Mantes. — Soins touchants qu'elle a pour les malades. — Son grand esprit de foi. — Son angélique piété au saint sacrifice de la messe, et sa confiance dans la sainte Vierge. — Aucun de ses malades ne meurt sans sacrements. — Son vif attrait pour la parole de Dieu. — Témoignage de sa Supérieure.— Elle fait profession, 2 août 1818. — Après trois années passées à Mantes, elle est nommée Supérieure de l'hôpital de Dreux, en remplacement de la Sœur Charamont.

CHAPITRE QUATRIÈME........... 50

La Mère Josseaume installe la Sœur Maria. — Surprise des administrateurs. — Regrets et larmes de la Sœur Maria en se voyant Supérieure. — Elle confie à Dieu la plus large part de son administration. — Le bien-être des malades devient sa pensée constante. — Elle s'efforce d'inspirer cette sainte sollicitude aux Sœurs, dont elle gagne vite l'affection et la confiance. — Améliorations dans l'hôpital. — La maison de l'aumônier. — La ville tout entière est heureuse d'entretenir des relations avec la Sœur Maria. — Moyens ingénieux pour se procurer des ressources. — Le cercueil des pauvres. — Ses visites journalières dans les salles de l'hôpital. — Quelques esprits chagrins dénaturent ses intentions. — Elle perd sa mère, 17 novembre 1826.

CHAPITRE CINQUIÈME............ 62

Vie intime de la Sœur Maria. — Son extrême discrétion relativement à ce qui se passait dans son âme. — Toujours la lutte. — Le secret de sa grande douceur au milieu des peines et des humiliations. — Son amour pour Dieu. — Sa remarquable simplicité dans ses affaires spirituelles. — Son oraison. — Qualités naturelles de la Sœur Maria. — Sa belle intelligence, sa grande force de caractère, sa vive sensibilité. — Sa distinction. — Son portrait.

CHAPITRE SIXIÈME.............. 70

Une grande miséricorde de Dieu en faveur de la Sœur Maria. — La souffrance nécessaire pour perfectionner l'âme. — État des esprits en France à cette époque. — La presse irréligieuse. — La philanthropie veut détrôner la charité. — Visite d'un de ses adeptes aux établissements de bienfaisance. — Scandale à l'occasion d'une femme protestante. — Sagesse et douceur de la Sœur Maria en cette circonstance. — Elle est calomniée et rappelée à la maison mère. — Deuil des habitants de Dreux à son départ, en mai 1827.

CHAPITRE SEPTIÈME............. 83

La Sœur Maria, infirmière en second à la maison mère. — Les souvenirs douloureux de l'incident de Dreux lui font verser beaucoup de larmes. — Elle est envoyée, vers la fin de l'année 1827, à l'hôpital de Blois, et chargée de la buanderie. — Sa joie profonde. — Entrevue avec M. Pointeau. — La Sœur Maria à la lingerie. — Elle est nommée, en 1829, Supérieure de l'hôpital. — Difficultés pour faire le bien. — La Sœur Maria gagne vite les sympathies des administrateurs. — Toujours ses industries touchantes pour avoir de l'argent. — Aimables surprises. — Apostolat de la Sœur Maria auprès des vieillards. — Combien elle était aimée à l'hôpital du faubourg de Vienne.

CHAPITRE HUITIÈME............. 95

Lettre de Mgr l'évêque de Chartres à la Sœur Maria. — Direction que la Sœur Maria donne aux religieuses placées sous sa conduite. — Elle insiste sur l'amour qu'elles doivent avoir pour la volonté de Dieu et sur l'immolation de soi-même. — Ses instructions fortifiantes sont fort goûtées. — Elle est inflexible pour la règle. — Son extrême amabilité. — Le choléra de 1832. — Relations de la Sœur Maria à l'extérieur. — Sa charité. — Édification qu'elle donne par sa profonde piété. — Nouvelle lettre de

Mgr l'évêque de Chartres. — Construction de la chapelle. — Tact de la Sœur Maria pour aplanir les difficultés. — Comment elle arrive à trouver quatre-vingt mille francs. — Un article de journal dénature ses intentions. — Mgr l'évêque de Chartres la blâme doucement d'avoir été trop sensible à ces injures. — Elle s'en humilie.

CHAPITRE NEUVIÈME. 110

La Mère Josseaume, Supérieure générale de la Congrégation, succombe après une courte maladie. — On procède au choix d'une nouvelle Supérieure. — L'élection de la Mère Césarine est invalidée. — La Sœur Maria élue à l'unanimité. — Un courrier arrive en pleine nuit, 13 octobre 1834, à Blois, avec une lettre de l'évêque de Chartres, enjoignant à la Sœur Maria de venir immédiatement prendre possession de sa charge. — En peu de temps elle pacifie les esprits et se concilie les cœurs. — Lettre de Mgr de Sauzin, évêque de Blois. — Idée que la nouvelle Supérieure se fait de la supériorité. — Différentes réformes. — Un arrêté. — Récitation du petit office.

CHAPITRE DIXIÈME. 125

La Mère Maria s'applique à inspirer aux religieuses l'esprit propre de l'Institut, par les différents moyens à sa disposition. — Dans sa direction intime, elle est douce, encourageante. — Elle devine les âmes. — L'humble aveu des misères est à ses yeux le plus beau gage des bonnes dispositions. — Elle prêche la lutte, le combat sur tous les tons. — Il faut vouloir avec simplicité tout ce que Dieu veut. — Correspondance de la Mère Maria. — Des milliers de lettres écrites au milieu d'embarras et de distractions sans nombre. — Son genre de style. — Différents sujets qu'elle traite. — Sa parole en public. — Sa grande facilité pour traduire les sentiments de son âme et les faire partager aux autres. — Son accent vibrant quand elle parle de l'apostolat, du sacrifice, du besoin que le cœur a de Dieu, de l'obéissance. — Ses visites. — Son recueillement durant les voyages. — Ses instructions aux Sœurs chargées des malades ou de l'éducation. — La paix. — La Mère Maria en récréation. — Sa douce gaieté. — Comme elle était délicate et aimable, en rappelant à l'ordre, quand la charité était blessée. — Elle prenait part aux jeux. — Comment la Mère Maria se prodiguait aux retraites. — Ses sages avis aux Supérieures locales.

CHAPITRE ONZIÈME. 149

La Mère Maria avait grand soin de ne pas cacher aux jeunes personnes qui se présentaient à elle, pour être religieuses, la vie d'immolation qu'il leur faudrait mener. — Le cas qu'elle faisait d'un esprit judicieux. — Paroles remarquables qu'elle adressait aux jeunes filles en les admettant. — Sa joie quand elle les conduisait à l'autel. — Ses conseils avant et après la profession. — La Mère Maria voulait avant tout la dilatation des cœurs. — Avec quelle bonté elle traitait les parents des Sœurs. — Combien les peines des Sœurs la trouvaient sensible. — Le soin qu'elle avait de leur santé, et sa peine quand elle les voyait malades. — Sa douceur et son esprit de justice dans les réprimandes.

CHAPITRE DOUZIÈME............ 162

Administration de la Mère Maria. — Observance de la règle. — Le chapitre. — Uniforme des postulantes. — Les fondations. — Grande sagesse de la Mère Maria sur ce point. — Choix des sujets, et sa remarquable perspicacité. — Sa délicatesse pour les changements et les sacrifices à demander aux Sœurs. — Rapports avec les autorités locales. — Réparation des bâtiments. — Sollicitude de la Mère Maria pour l'instruction du peuple. — Les vœux annuels. — Arrêté relatif à l'élection triennale. — Projet d'échange entre Chartres et Bonneval. — Agrandissement de la chapelle. — L'expropriation.

CHAPITRE TREIZIÈME.., ... 183

Esprit intérieur de la Mère Maria. — Souvenir de Notre-Dame de Nanteuil. — L'époque de Noël. — Notes de retraite. — Dévotion de la Mère Maria envers saint Joseph. — Les âmes du Purgatoire. — Lectures de la Mère Maria. — Son grand soin pour se préparer au sacrement de pénitence. — Son estime pour la Compagnie de Jésus. — Elle jugeait toute chose à la lumière de la foi. — Sa mortification dans les petites choses. — Comment elle pratiquait la pauvreté. — Ses bonnes œuvres. — Incendie de la cathédrale. — Recherches infructueuses, pour le moment, du précieux livre des *Instructions*. — La Mère Maria fait venir à Chartres, pour être enterrées dans la chapelle de la Communauté, les dépouilles mortelles du fondateur de la Congrégation et de son premier Supérieur.

CHAPITRE QUATORZIÈME....... 219

L'avancement aux yeux de Dieu. — Le 7 octobre 1843, la Mère Maria est remplacée par la Mère Thaïs, dans le gouvernement de la Congrégation. — Son bonheur. — Avec quel tact elle sait s'effacer. — Elle observe avec la plus grande fidélité les moindres prescriptions de la Règle. — Sa position devient difficile. — Un trait de sa condescendance. — Elle est envoyée à l'asile des aliénés de Blois. — Sa vive reconnaissance. — Combat de générosité entre elle et la Sœur Eulalie. — Les tendres soins dont elle entoure ses pauvres malades. — Les fêtes à la chapelle. — Incendie. — La Mère Maria avec les administrateurs. — Ses recommandations aux Sœurs relativement au service.

CHAPITRE QUINZIÈME.......... 238

La Mère Maria éprouve toujours le besoin de faire des heureux autour d'elle. — Intelligence et délicatesse de sa charité. — Ses visites aux pauvres. — L'ouvroir. — Où la Mère Maria puisait ses ressources pour faire le bien. — Consolations qu'elle prodiguait aux personnes affligées. — Différentes lettres touchantes. — Ses gaies reparties. — Sa prédilection pour l'enfance. — Comme son amour pour Dieu éclatait dans tout ce qu'elle faisait. — Les Sœurs avaient en elle la plus grande confiance. — Un trait de son attachement à la stricte observance. — Son amour de la pauvreté et de la mortification. — Elle ramène à Dieu, par sa bonté, un vieillard obstiné. — Entrevue avec M. l'abbé Sureau, au lit de mort. — La Mère Maria quitte l'asile des aliénés de Blois, pour aller reprendre à Chartres le gouvernement de la Congrégation. — Vive joie des Sœurs. — M. l'abbé Barrier succède à M. Sureau dans la charge de Supérieur des Sœurs de Saint-Paul. — Reconstruction des bâtiments du noviciat. — Abnégation de la Mère Maria.

CHAPITRE SEIZIÈME............ 263

Ce que fut la Mère Maria durant sa seconde administration. — Sa fermeté et sa tendresse éclatent plus que jamais. — Son amour pour la Congrégation. — Elle est inflexible pour la Règle. — Dans sa direction intime, elle insiste auprès des Sœurs sur la nécessité de la vie intérieure. — En quoi la perfection consistait à ses yeux. — Combien elle inspirait le respect. — Sa grande simplicité. — Ses attentions maternelles pour les Sœurs. — Sa sollicitude à l'égard des religieuses malades, et comment elle les préparait à la mort. — Souvenir touchant qu'elle laissait toujours dans le cœur des parents des Sœurs. — Différents points essentiels qu'elle traite dans sa correspondance. — Visite des établissements. — Ses recommandations. — La Mère Maria durant les retraites. — Son éloquente parole. — Elle avait le don de faire goûter aux parents le sacrifice que Dieu leur demandait. — Importance capitale qu'elle attachait à la prière pour faire de la bonne administration.

CHAPITRE DIX-SEPTIÈME........ 301

La pensée de la Mère Maria sur l'apostolat que la Congrégation des Sœurs de Saint-Paul doit exercer auprès des pauvres. — Les pensionnats. — Paroles remarquables de la vénérable Supérieure au sujet des pauvres. — Les enfants trouvés et la Sœur Valentine. — Admirables traits de charité. — La maison de Sainte-Élisabeth. — Recommandations touchantes et pleines de sagesse de la Mère Maria au sujet des enfants recueillies dans cet asile béni.

CHAPITRE DIX-HUITIÈME....... 316

Les colonies. — La Guyane, la Guadeloupe, la Martinique, Pointe-à-Pitre, Marie-Galante, Hong-Kong, Macao, etc. — Grande circonspection de la Mère Maria dans le choix des Sœurs destinées aux missions lointaines. — Les adieux aux pieds de la sainte Vierge. — La Mère Maria les suivait par le cœur dans leurs voyages. — Ses lettres aux Sœurs des colonies. — Quel accueil elle faisait à ses chères filles à leur retour. — Ascendant des Sœurs sur la terre étrangère, théâtre de leur charité. — Combien la Mère Maria s'occupa des pauvres durant sa seconde administration. — Ses autres bonnes œuvres. — Ses rapports avec l'autorité civile. — Sa vie très-occupée et cependant toujours calme.

CHAPITRE DIX-NEUVIÈME....... 341

La Mère Maria est remplacée par la Mère Élie, 27 octobre 1861. — Elle se réfugie avec bonheur dans l'humilité. — Les égards de la nouvelle Supérieure pour elle. — La vertu d'abandon à Dieu. — Lettres de la Mère Maria.

— Ses voyages. — La retraite à Blois. — Visites à Sainte-Élisabeth. — La Sœur Valentine malade. — La Mère Maria subit une opération. — Alternative de mieux et de souffrance. — La cinquantaine — Amour de la Règle. — La Mère Maria infatigable au travail. — Elle laisse faire son portrait. — Sa grande amabilité. — La retraite. — Trait d'obéissance.

CHAPITRE VINGTIÈME........... 363

Extraits des lettres de la Mère Maria. — L'obéissance. — Le combat contre soi-même. — Le sacrifice et la générosité. — Dieu seul est capable de contenter notre cœur. — Sur les consolations intérieures. — Il ne faut pas se tourmenter en servant Dieu. — La direction et l'ouverture de cœur. — La connaissance de soi-même et l'humilité. — Sur les impressions. — Comment se fait l'œuvre de Dieu. — L'apostolat. — Les oraisons jaculatoires. — La sainte Vierge et le Sacré Cœur de Jésus.

CHAPITRE VINGT ET UNIÈME..... 400

La Mère Maria assiste pour la dernière fois à la messe, le jour de l'Immaculée Conception. — Elle se met au lit. — La sainte Communion trois fois la semaine. — Avec quelle bonté elle reçoit les visites. — Elle se livre encore au travail des mains. — Sa grande union à Dieu. — Sa patience. — Elle se résigne de ne pas mourir le jour de Noël. — Elle veut quitter cette vie en véritable pauvre. — Sa préoccupation constante pour l'observance de la Règle. — Le testament de la Mère Maria. — Elle reçoit l'Extrême-Onction — Un billet à une Sœur. — Ses dernières paroles. — Elle emporte dans la tombe le chagrin de voir l'Église persécutée et la France malheureuse. — Sa douce mort. — La Mère Maria sur son lit funèbre. — Affluence énorme à son enterrement. — Ses petites filles de Sainte-Élisabeth. — On prie pour elle, et on se recommande en même temps à sa bonté.

... la Vie et les ...
... traduit de l'espagnol par M. A...
... précédé d'une lettre de Mgr ...
... volume in-8° elzévirien. Prix : 3 fr.

VERTUS DE MARIE, Mère de Dieu, par le R. P. ..., de la Compagnie de Jésus, traduit de l'espagnol par M. ... Gaveau, prêtre. Un volume in-32 colombier. Prix : 2 fr.

MÉDITATIONS SUR LES EXERCICES DE SAINT IGNACE, par le P. Diertins, de la Compagnie de Jésus. Traduit par M. l'abbé Abel Gaveau, prêtre. Un volume in-18. Prix : 4 fr.

LE JOURNAL DE MARIE-EDMÉE. Introduction de M. Antoine de Latour. Un volume in-8° carré, orné du portrait de Marie-Edmée gravé à l'eau-forte par Flameng. Prix : 8 fr.

HISTOIRE DE NOTRE PETITE SŒUR JEANNE D'ARC, dédiée aux Enfants de la Lorraine, par Marie-Edmée ; précédée de M. A. de Latour. Un magnifique volume in-4°, ... de 55 gravures à l'eau-forte et d'un portrait de l'auteur. Prix : 20 fr.

LA VIERGE LORRAINE JEANNE D'ARC, son histoire au point de vue de l'héroïsme, de la sainteté et du martyre, par Mme la Bonne de Chabannes. Approbation de NN. SS. les évêques de Verdun et de Nantes. Joli vol. in-18, orné d'un portrait. Prix : 3 fr. 50.

LA VIE DU CARDINAL DE BÉRULLE, par M. l'abbé Houssaye, du clergé de Paris, se compose de trois vol.

I. M. de Bérulle et les Carmélites de France (1575-1611). Un volume in-8°. Prix : 7 fr. 50.

II. Le Père de Bérulle et l'Oratoire de Jésus (1611-1625). Un volume in-8°. Prix : 7 fr. 50.

III. Le Cardinal de Bérulle et le Cardinal de Richelieu (1625-...). Un volume in-8°. Prix : 7 fr. 50.

LE BIENHEUREUX PIERRE FOURIER, par Madame la ... de Flavigny, ouvrage précédé d'une lettre ... d'Orléans. Un beau volume in-8° cavalier ... d'un portrait gravé sur acier. Prix : 7 fr.

... R. P. JOSEPH BARRELLE, de la Compagnie ... par le P. Léon de Chazournes, de la même Compagnie ... in-8° enrichis d'un portrait gravé par Morse ... d'autographes. Prix : 10 fr.

... édition. 2 vol. gr. in-18 Jésus. Prix : ...